D1870999

REDLINE WIRTSCHAFT
bei ueberreuter

Helmut Kasper | Peter J. Scheer | Angelika Schmidt

Managen und Lieben

Führungskräfte im Spannungsfeld zwischen Beruf und Privatleben

REDLINE WIRTSCHAFT
bei ueberreuter

Die Deutsche Bibliothek – CIP-Einheitsaufnahme

Kasper, Helmut
Managen und Lieben : Führungskräfte im Spannungsfeld zwischen Beruf und Privatleben /
Helmut Kasper / Peter J. Scheer / Angelika Schmidt. –
Frankfurt/Wien: Redline Wirtschaft bei Ueberreuter, 2002
ISBN 3-8323-0874-1

Unsere Web-Adressen:

http://www.redline-wirtschaft.de
http://www.redline-wirtschaft.at

1 2 3 / 2004 2003 2002

Alle Rechte vorbehalten
Umschlag: INIT, Büro für Gestaltung, Bielefeld
unter Verwendung eines Bildes der Bildagentur ZEFA, Düsseldorf
Copyright © 2002 by Wirtschaftsverlag Carl Ueberreuter, Frankfurt/Wien
Druck: FINIDR, s.r.o.
Printed in the Czech Republic

Inhaltsverzeichnis

1 Einleitung

„Zu Hause brauche ich keine Emotionen, sondern Dienstleistungen!", forderte ein Topmanager während einer heftigen Diskussion über mögliche Zerrissenheit zwischen Beruf und Familie. Wir erschraken ... Was für ein herzloser Mann. Aber machen wir es anders? Führungskräfte geben bei ihrer Präsentation in Seminaren als wichtigstes Hobby zumeist die Familie und die Kinder an. Manchmal finden sich auch Scheidungen darunter. Familie über alles und Managen durchdrungen von Arbeitsleid?

Szenenwechsel: Auf Flughäfen sind Manager zu sehen, wie sie nach dem Erhalt der Boarding-card noch schnell ein Telefonat führen. Angestrengt, oft verbissen gegen den Lärm kämpfend, schreien sie ins Handy. Hastig wird noch ein Brief diktiert. Die Frau zu Hause noch schnell angerufen: „Es wird später werden, Schatz, du weißt ...!" Die meisten Manager behaupten jedoch, dass die Familie ihr Hobby und ihre Liebe ist und der Beruf ihre Last. Je nach persönlicher Art jammern die einen, die anderen ertragen es willig. Fast allen gemeinsam ist jedoch das Lied vom Arbeitsleid. Wie schaut es aber wirklich damit aus? Ist Arbeit tatsächlich so eine enorme Belastung? Ist Familie tatsächlich ein Ort der Erholung und eine Quelle der Lust, für den sich alle Plage lohnt, so wie es alle Manager erzählen, wenn man sie fragt?

Genau diese Fragen – plus unsere eigene Unsicherheit, unsere Ichnähe zu dieser Thematik, konfrontiert mit betroffenen ManagerInnen in vielen Führungskräftelehrgängen – führten zu einer umfangreichen mehrjährigen Studie mit Absolventinnen und Absolventen des Post Graduate Management (PGM) Universitätslehrgangs der Wirtschaftsuniversität Wien mit Top-Führungskräften bzw. oberer Hierarchieebenen (Leitung: Universitätsprofessor Dr. Helmut Kasper), die vom Fonds zur Förderung der wissenschaftlichen Forschung, Wien[1], unterstützt wurde. Das Verhältnis von Familie und Beruf sollte untersucht werden. Welche Bedeutung haben denn Beruf und Familie emotional? Sind Beobachtungen richtig, die zeigen, dass ManagerInnen ihre Familien am liebsten am Schreibtisch friedlich in Fotos gerahmt sehen? Wollen ManagerInnen tatsächlich mehr zu Hause sein? Und wenn das stimmt, wieso wird das Karenzjahr für den Mann so wenig genutzt?

In seiner Studie „Gewinner um jeden Preis“ hat Maccoby[2] den Manager als einen Sieger beschrieben, dem es im Grunde egal ist, ob das, was er erreicht, sinnvoll ist. Er beobachtete, dass Siegen selbst ein Wert ist. Und alle Männer kennen diesen Wert seit ihrer Kindheit. Im Kindergarten und in der Schule werden immer wieder Kämpfe ausgetragen, durch die soziale Rangordnung definiert wird. Diese Definition der Rangordnung ist das Ziel solcher Kämpfe. Männer führen diese Kämpfe ständig durch und werden lebenslang nicht müde, sie immer wieder auszufechten. Ein Mann, der diesem Kampf entgehen will, muss sich selbst aufgeben. Insofern ist Management eine Kunst, diesen Kampf unverdrossen zu kämpfen, nie zu erlahmen bzw. höchstens nur, um sich in die Frühpension zurückzuziehen. Der Kampf selbst ist ein Wert.

Die Familie ist ebenso ein Wert an sich: Im psychobiologischen Sinn, den wir alltäglich erleben können, ist sie auch für ManagerInnen die einzige Gewähr, dass sie nicht spurlos von dieser Welt verschwinden werden. Familie ist die Gewähr, dass ManagerInnen – ebenso wie alle anderen Menschen – unsterblich sind. Eine Gewähr, die ihnen weder ihre Werke vermitteln können noch die Versprechungen mancher jenseits-orientierter Religionen. Insofern ist Familie wichtig. Aber es reicht offenbar, sie herzustellen, sie zu erzeugen, sie im Curriculum Vitae zu erwähnen und sie allenfalls zu präsentieren.

Betrachtet man nun das Verhältnis zwischen Beruf und Familie genauer, so zeigen sich zwei grundsätzliche Lösungen: Die scharfe Trennung und die allgegenwärtige Vermischung des Paares in seinen vielen Funktionen, vom Rekreationsort bis hin zur Aufzuchts- und Erziehungsgemeinschaft. In allen Grautönen werden Lösungen gesucht und angestrebt, und alle sind richtig, alle sind normal. Die Angst, als TeilnehmerIn oder LeserIn eines solchen Buches den Unterschied zwischen gesund und krank, zwischen normal und verrückt kennen zu lernen oder über die eigene Person zu definieren, ist unbegründet. Alle Arten, sich durch's Leben zu schlängeln, sind erlaubt. Ebenso sind Lösungen, wie sie in den Ergebnissen der Befragung vorgestellt werden, akzeptabel. Manche sehen die Karriere, besonders, wenn sie jünger sind, als das einzig Wichtige und vergessen den Witz, wonach man so lange in die Karriere investiert, bis man genug Geld hat, um sich die Wiederherstellung der Gesundheit leisten zu können. Andere versuchen zwischen Beruf und Familie zu pendeln, scheinen in beiden Zusammenhängen zu versagen und schleppen die Last andauernder Schuldgefühle. Stellt man die Familie in den Vordergrund seiner Interessen, ist man als ManagerIn für die Firma verloren. Die austauschbare und mobile Arbeitskraft des Frühkapitalismus geht damit aber in eine postmoderne Ruhefigur über, wie sie fast nur mehr im Museum Europa zu bewundern ist.

Diese Studie hat Emotionen mittels sprachanalytischer Verfahren untersucht und herausgefunden, dass manche Selbstentwürfe der Analyse nicht standhalten. Manche ManagerInnen beteuern zwar, die Familie sei ihnen am wichtigsten, aber, wenn man genauer hinschaut, sieht man, dass sie Begriffe wie „wir“, „uns“ und „miteinander“ vor allem im beruflichen Zusammenhang verwenden. Und wenn man sich ihre Familienerzählungen anhört, weiß man, dass dort zwar Zeit, nicht aber Emotion gebunden ist. Die Emotionen investieren sie lieber in die Firma. Eine spannende Differenz, die natürlich nicht auf alle zutrifft. Wir konnten diverse Cluster von ManagerInnen empirisch festmachen, die der Erotisierung des Berufs mehr oder weniger stark erliegen. Um die aufgefundenen Typisierungen plastischer darzustellen, haben wir verfremdete, anonymisierte Skizzen und sprachliche Portraits einzelner TeilnehmerInnen in Form von Fallvignetten angefertigt, sodass die Vielfalt beruflicher und persönlicher Lebensentwürfe auch für Sie als LeserIn leichter nachvollziehbar ist.

Noch immer waren aber Unsicherheiten zu überbrücken, weshalb wir an die Wurzeln der Studie gingen. Im Post Graduate Management Universitätslehrgang wurden über viele Jahre im Modul „Stress- und Konfliktmanagement“, geleitet von Universitätsprofessor Dr. Peter Scheer, Soziodramen von den teilnehmenden Top-Führungskräften aufgeführt und interpretiert. Diese sollten „Stress und Stressbewältigungsstrategien“ mit einer Übung erlebbarer machen: Die Manager hatten die Aufgabe – nach gründlicher Vorbereitung in der Gruppe mit Drehbuch und Rollenverteilung – gemeinsam in Teams eine Stresssituation szenisch in wenigen Minuten aufzuführen. Es sollten Übergänge inszeniert werden, etwa der Weg von der Arbeit nach Hause oder das Ankommen daheim. Diese Soziodramen wurden von uns im Rahmen dieser Studie narrativ ausgewertet. Das heißt, es wurden Geschichten erzählt, Geschichten, die sich in den Interviews der Studie wiedergefunden hatten, Geschichten, die erzählenswert erscheinen. Und in der Tat: In zwei Lehrgängen wurden Rohfassungen dieser Artikel an die PGM-TeilnehmerInnen ausgegeben und immer wieder konnten sich darin einige wiederfinden. Immer wieder wurden diese Geschichten zu Erzählungen, die mit der unmittelbaren Lebenspraxis der TeilnehmerInnen in Verbindung gebracht werden können und sollen.

Das eröffnet die Möglichkeit, dass auch Sie in diesem Buch etwas finden, was für Sie von Nutzen sein kann. Anregungen, wie Sie Ihr Leben interpretieren können, Anstöße zur Nachdenklichkeit und Lektüre für die PartnerInnen, die in irgendeiner Weise an Ihrem Versuch, Karriere zu machen, teilnahmen.

Denn das ist auch eine Beobachtung, wie sie sonst nur das Ergebnis einer Lesereise sein könnte: Die Betroffenen selbst hören nicht gern von dieser Studie: Das Modul über Beruf und Familie wurde immer wieder als schwierig erlebt. Doch die Nachhaltigkeit war groß: Zu Hause angekommen gab es erstmals etwas zu erzählen, was auch die PartnerInnen interessierte. Vielleicht haben wir ein Mitbringsel erzeugt ...

Das Buch beginnt zur Einstimmung mit drei Lebensgeschichten. Im anschließenden Kapitel 3 über „neue Familie“ werden „traditionelle Lebensformen“ und „nichttraditionelle Lebensformen“ einander gegenübergestellt. Im Kapitel 4 „ManagerInnen heute“ werden die neuesten Tendenzen in Führungsfunktionen vorgestellt, um den Prozess der Veränderungen auch aus dieser Perspektive zu problematisieren. Im Kapitel 5 zeigen wir auf, wie man mit dem Spannungsverhältnis zwischen Familie und Beruf umgehen kann, und daran anschließend, welche Optionen Führungskräfte wählen. Wir fanden drei grundsätzlich verschiedene Verhaltensmuster im Umgang mit Beruf und Familie heraus: „Pseudoharmonische", „Karriereorientierte" und „Zerrissene". Wir schildern diese Typen im Kapitel 8 anhand von anonym gehaltenen Fallvignetten und präsentieren Personen von nebenan: Wie sie leben und lieben, irren und sich freuen, hoffen und verzagen. Kein leichtes Unterfangen. Aber ohne die plastischen Erzählungen wären die analytischen Berechnungen trocken und ungenießbar geblieben, Skelette ohne Fleisch. So sind diese Präsentationen dann auch zu lesen: als Möglichkeiten zur Identifikation, als Chance, in die Werkstatt der Studie hineinzuschauen, und als Herausforderung, für sich selbst neue Wege zu finden.

In der Darstellung der Soziodramen in den Kapiteln 9 bis 12 haben wir heute drängende Fragen herausgesucht und vertieft: etwa die Gefahr, zwischen Beruf, Familie und Partnerschaft zerrissen zu werden; Dauerstress als ständiger Begleiter von ManagerInnen; der Umgang mit PartnerInnen und Kindern. Das verblüffendste Ergebnis für uns: Die Profession des Managens gibt emotionale Befriedigung und Führungskräfte „erotisieren" ihr Handeln und Erleben in Organisationen. Die Familie hingegen droht in eine „Versachlichungsfalle" zu tappen: Ohne ausreichende Paar-Pflege mutiert sie zu einem reinen Dienstleistungsunternehmen, wo einwandfreies Funktionieren vor dem Eros gereiht wird.

Dass es kein saloppes und höchst subjektiver Essay dreier Personen ist, dokumentiert der Anhang, der einerseits unsere methodische Vorgehensweise belegt und andererseits allen wissenschaftlich interessierten LeserInnen zusätzliche Informationen bietet. Neben der Historie der Studie und der gewählten Methoden präsentieren wir im Anhang selektive „harte" und „weiche" Daten aus der Studie.

2 Drei Lebensgeschichten

An den Anfang dieses Buches stellen wir drei Geschichten. Sie bieten unseren Leserinnen und Lesern einen ersten Blick auf die Menschen, die uns dieses Buch ermöglicht haben: auf Managerinnen und Manager, die uns für ausführliche Interviews zur Verfügung gestanden sind, uns ihre Lebensgeschichten erzählten und uns geholfen haben, die Trennlinie zwischen Beruf und Familie besser zu verstehen. Die Partner aus dem Management sind die wirklichen Autoren, von denen dieses Buch lebt. Die drei Einstiegsstorys unterscheiden sich in wesentlichen Kriterien und repräsentieren komplett verschiedene Lebensmuster. Nach welchen Maßstäben die drei Geschichten voneinander differieren, erfahren Sie aber erst im Kapitel 7. Dorthin haben wir die grundsätzlichen Überlegungen zu den ManagerInnen und ihren Familien verfrachtet und die vorgefundenen Facetten der Realität mit den Kenntnissen der Wissenschaft rückgekoppelt. Die drei Erzählungen sollten Sie zunächst nur auf den Geschmack bringen. Genießen Sie diese Geschichten einfach als Erlebnisberichte. Um sich die Lektüre noch spannender zu gestalten, können Sie aber auch gleich nach hinten blättern, sich die Typologisierung (am Ende des Kapitels 7) ansehen, um dann auf eigene Faust zu rätseln, ob Sie die drei Eröffnungsstorys genauso einordnen würden wie wir es wissenschaftlich-empirisch herausgearbeitet haben. Als kleine Spielerei, ganz nebenbei. Uns ging und geht es in jedem Fall darum, unverzichtbare Theorie leichter verdaulich zu machen. Die Wahl liegt ganz bei Ihnen!

„Der Globetrotter"

„Der Handball, das ist mein Leben – bis heute. Immer habe ich in den Kategorien des Handballs gedacht: Mannschaft, siegen oder verlieren, Gemeinschaft und Gegner, die eigentlich auch Freunde sein könnten. Handballer wollte ich immer werden. Nur die Verletzung, als ich 21 Jahre alt war, die hat das unmöglich gemacht. Und weil mein Vater es so wollte, habe ich doch eine technische Mittelschule absolviert. So kann ich den heutigen Job ausfüllen. Sonst wäre ich jetzt ein Niemand auf irgendeiner Trainerbank im Hinterwald, würde kleine Kinder trainieren und mich von den Eltern beschimpfen lassen.

So bin ich Manager in einem internationalen Konzern in der Software-Branche. Irgendwie lustiger. Aber weder zu meiner Herkunftsfamilie noch zu meiner aktuellen Familie habe ich eigentlichen Kontakt. Ich lebe mit meinen Kollegen in der Firma, so wie ich es immer gemacht habe. Zu Hause war nie wer: Meine Mutter in der Partei, mein Vater Geschäftsführer eines Modehauses – ich war immer in der Halle beim Training. Wo sonst hätte ich sein sollen: zu Hause? Dort, wo niemand war? Da war ich lieber in der Halle, bei meinen Freunden und meinem Trainer. So sehe ich auch meine Arbeit bis heute, ich arbeite und dann gehe ich nach Hause. Meistens schlafen meine Frau und meine Kinder dann. Wir haben zwei Kinder, Annalena und Brigitte. Ich sehe die zwei eigentlich nie, nur im Urlaub und da nur selten. Da mache ich meistens Sport und dann lege ich mich in die Sonne, schon, um braun zu werden. Während der Arbeitszeit gehe ich weg, wenn die Kleinen noch schlafen, und nach Hause komme ich … aber das habe ich eh' schon gesagt.

Oft ruft mich meine Frau in der Firma an, um mich etwas zu fragen. Ich finde das toll und freue mich jedes Mal. Sie sagt dann zum Beispiel, dass sie Annalena in einem neuen Kindergarten angemeldet hat. Sie fragt mich, was ich davon halte. Aber ich weiß schon, dass das keine Entscheidungsfrage wie von einem Mitarbeiter ist, sondern nur der Wunsch, gelobt zu werden. Sie will dann einfach hören, dass ich sie toll finde und dass ich ihre Entscheidungen mittrage, auch wenn ich die Sachlage gar nicht beurteilen kann. Sie entscheidet immer alles allein und fragt mich dann. Ich glaube, dass sie das macht, um mir das Gefühl zu geben dazuzugehören und nicht ausgeschlossen zu sein.

Das war früher anders: Da hat meine Frau in einer Boutique gearbeitet und wir haben uns zu Mittag getroffen, sind manchmal in der Stadt herumgeschlendert, so wie man sich ein jungverliebtes Paar eben vorstellt. Dann wollten wir beide ein Kind und Annalena war eben das erste. Aber unser Leben hat sich vollkommen verändert: Sonja ist nicht mehr zu Mittag mit mir durch die Stadt geschlendert, sondern ist zu Hause geblieben, um Annalena beim Schlafen zuzuschauen. Und ich war wieder mit meinen Kumpeln unterwegs: von morgens bis Mitternacht.

Dann haben wir noch Brigitte bekommen und Sonja wollte auf's Land ziehen. Ich nicht. Aber, da Sonja bei uns entscheidet, haben wir uns ein Haus in Oberösterreich gekauft und sind dorthin gezogen. Ich fahre jetzt jeden Tag zirka 35 Minuten in die Stadt zu meinem Büro. Sonja genießt das Landleben und die Kinder haben dort die frische Luft, die sie brauchen. Keines der beiden Kinder ist krank. Jedenfalls sagt Sonja das. Ich sehe die Kinder ja praktisch nie.

Manchmal ist das direkt komisch. Meine Mutter und Sonja mögen sich nicht so wirklich. Mama findet, dass Sonja längst wieder arbeiten gehen könnte, so wie sie es getan hat. Und Sonja findet, dass meine Mama alles falsch gemacht hat und ich deshalb jetzt nicht zu Hause bin. So kommen die zwei nie zusammen und auch meine Schwester mag Sonja nicht so wirklich. Wir sind einfach eine arbeitsame Familie und Sonja drängt gar nicht in ihren Job zurück. Und ich sie auch nicht. Ich will noch viel reisen. Jetzt zum Beispiel überlege ich, nach Schweden zu gehen oder noch lieber nach China. Und da will ich Sonja und die Kinder schon mitnehmen. Ich werde sie zwar dort auch nicht mehr sehen als hier, aber irgendwie ist es schon besser, wenn man mit der Familie reist. Bei meinem letzten Auslandsaufenthalt haben wir nur mehr über E-Mail kommuniziert, das war dann schon komisch. Nicht wegen dem. Aber irgendwie war das dann keine Familie mehr. So will ich nicht leben, auch wenn ich das Andere nicht kann.

So ein Beruf fordert den ganzen Mann: Einerseits muss man im Job lange bleiben. Dann will und muss man immer Neues lernen. Und dann auch noch Sport machen, sonst schaut man nicht wie ein richtiger Manager aus, sondern wie ein Waschlappen. Da kommt dann die Familie immer zu kurz. Ich habe meine Kinder nicht aufwachsen sehen. Sonja erzählt mir am Telefon immer, wie die Kinder jetzt sind und wie sie ausschauen und was sie so machen. Da sind die Handys schon eine tolle Erfindung. Aber ich kenne mich bei den Kindern nicht so aus und will es auch nicht so wirklich.

Im Ausland kann das noch am ehesten besser werden. Da hätten wir dann eine Nanny und einen Hausdiener und Sonja könnte wieder, wie früher, mit mir ausgehen und Dinge machen, die wir schon lange nicht mehr gemacht haben.

Jetzt ist das nicht so. Ich weiß nicht, ob ich das können werde. Jeden Tag zu Haus sein und das zu Hause sein genießen. Aber ich würde es gern versuchen. Vor allem, wenn es meiner Karriere nicht schadet. Denn das wäre schade. Denn erst durch die Karriere bin ich wer. Sonst gelte ich nichts, weder zu Hause noch vor mir selbst. Was soll dann einmal Annalena oder Brigitte sagen, wenn sie jemand nach ihrem Papa fragt. Dass der schon hätte was werden können, aber lieber zu Hause war und bei ihnen. Ihr lieber Papa sozusagen.

Und auch heute ist das noch nicht so: Meine Eltern sind keine guten Großeltern. Sie haben selbst immer zu viel vor und denken gar nicht daran sich mit meinen Mädchen zu befassen. Und zwingen will und kann ich sie nicht. Meine Schwester, die keine Kinder hat, ist keine gute Tante. Lieber bringt sie den Mädchen einmal etwas aus der Stadt mit und noch lieber schickt sie mir ein paar Sachen zu den Geburtstagen mit der Post und ich bringe das dann mit nach Hause. So vermeidet sie Streit mit Sonja und hat doch das Gefühl, dass sie ihre Pflicht getan hat. Wir treffen uns alle nur zu den wirklich großen Festen, zu Weihnachten und Ostern. So als Anstandsbesuch. Nicht nur, weil es Spannungen zwischen den einzelnen Familienmitgliedern gibt, sondern auch, weil wir sonst nicht wüssten, was wir uns sagen sollen. Mein Vater fragt immer nach meinen Erfolgen, meine Mutter, ob es mir wohl gut geht. Meine Schwester spielt kurz mit ihren Nichten. Dann gehen wir wieder nach Hause. Ich würde das konventionell nennen.

Die Freundeskreise und die Interessen liegen auch zu weit auseinander: Ich bin doch in einer anderen Welt als die anderen. Und Sonja kommt auch irgendwie von einem anderen Stern. Sie ist zwar auch in der Modebranche, aber doch ein bisschen was Besseres als meine Mutter und meine Schwester. Und jetzt, wo sie meine Frau ist, sieht sie auch bei Auslandsaufenthalten und bei Firmenessen, wie die große Welt aussieht, die meine Familie gar nicht kennt. Ja, von Sonjas Familie habe ich noch gar nicht gesprochen. Da ist der Unterschied vielleicht noch krasser. Sie kommt von einem Bauernhof, wo man diese Welt gar nicht kennt. Ihre Mutter fragt immer, ob sie sich nicht vor dem Fliegen fürchtet, weil sie nie in ein Flugzeug einsteigen würde. Und ihr Vater glaubt, er muss mit mir nach der Schrift reden, nur weil ich einmal direkt von der Firma zu ihnen gefahren bin und einen Anzug getragen habe. Das hat der Vater so fremd und anders gefunden, dass er mich seither am liebsten mit Sie anreden würde. Und so sind wir eigentlich alle eher Einzelgänger, wie es sich für einen echten Sportler auch gehört. Ich habe meine Welt, Sonja und die Kinder die ihre und meine Eltern auch die ihre. Da ist wenig Berührung möglich: Vielleicht wird sie auch nicht wirklich gewünscht.

Wenn jemand krank oder sogar sehr krank wäre, da würden wir schon versuchen zusammenzuhalten. Aber das ist glücklicherweise nicht der Fall, und ob wir dann wirklich aufeinander Rücksicht nehmen können, ohne unsere eigenen Interessen zu beachten, das wird man erst noch sehen müssen.

Sicherer fühle ich mich in der Firma: Da geht alles so, wie ich es gewohnt bin, die Menschen leben und arbeiten wie ich es kenne und die Prozesse sind vorhersehbar. Jedenfalls zum großen Teil.

Ich kann meine Art zu leben nicht jedem empfehlen, aber, wenn ich mir die Leute anschaue, die ich in der Firma aufgenommen habe, dann sehe ich, dass ich auch Leute bevorzuge, die so denken und handeln wie ich. Auch wenn es manchmal nicht viel bringt, immer in der Firma zu sein und für alles und jeder Zeit zur Verfügung zu stehen, so sehe es jedenfalls ich als die einzige Möglichkeit, es zu etwas zu bringen. Und dann muss eben die Familie leiden und nicht die Firma. So gern ich ein offenes Ohr für meine Mitarbeiter habe, wenn sie persönliche Dinge plagen oder sie das besprechen wollen, so wenig möchte ich zu ihnen gehören. Denn die Arbeit wird unter solch einer Belastung schlechter und schwerer. Mit mehr Aufwand schafft man weniger. Und so weit will ich nie kommen. Ich will, dass mein Privatleben funktioniert und ich mich in Ruhe auf die Arbeit, die hektisch genug ist, konzentrieren kann. Das will doch jeder. Und da ist die Familie dann zwar da, aber sie muss sich diesem Ziel unterordnen. Besser als umgekehrt."

Familie – ein Thema in der Firma?

„Ich komme aus der Slowakei. Mein Vater war dort Außenhandelsbeauftragter der Wirtschaftskammer. So bin ich zu Hause mit Deutsch und in der Schule Slowakisch sprechend aufgewachsen. Man möchte gar nicht glauben, wie weit 40 Kilometer sein können, wenn man die Distanz zwischen Preßburg und Wien bedenkt. Für ein Kind ist das der Unterschied zwischen zwei Welten. Im Herzen wurde ich Slowakin, ich liebe die Musik, die Art miteinander umzugehen, die Herzlichkeit, die Anmut der Armut und die Liebe, die diese Menschen zeigen können. Aber ich verachte ihre Faulheit, ihre Trägheit, ihre Erwartung, dass alles Gute von außen kommen muss, und ihre Bequemlichkeit. Sie sind oft antriebslos. So wollte ich nie sein.

Als ein Schuhkonzern eine Niederlassung in Preßburg eröffnete, wurden ich und ein Kollege mit der Führung beauftragt. Es war eine gute Zeit, die zehn Jahre dauerte. Wir haben Schuhe für die Slowakei, für Ungarn, Tschechien und die Ukraine erzeugt, verkauft, die Logistik aufgebaut, den Vertrieb und die Marke. Alles mehr oder weniger aus eigener Kraft, die österreichische Mutterfirma hat zwar das Know-how geliefert, die Schuhmodelle und die hochpreisigen Schuhe, die im ehemaligen Ostblock ohnehin fast unverkäuflich waren, aber alles andere haben wir zwei selbst gemacht. Wobei mein Kollege nicht Slowakisch konnte und mich daher immer wieder als Dolmetsch brauchte. Man kann es fast nicht glauben, wie sich eine Nation durch Kleindiebstähle ernährt: Der Taxifahrer, der eine längere Route mit dem Ausländer fährt, die Bäckerei, die mehr für das Kilo Brot berechnet, der Zulieferer bei kleinen Empfängen, der mehr verrechnet oder eine bessere Qualität vorgibt als er liefert und so weiter und so fort. Gegen das alles haben wir kämpfen müssen, wobei mein Kollege – in einer klassischen Mann-Frau-Aufteilung – der Böse war und ich die Gute Integrative. Ich habe ihm immer gesagt, wer uns jetzt wieder bestiehlt, und er hat denjenigen zur Rede gestellt oder gleich entlassen. Eigentlich eine furchtbare Kooperation, aber ohne die hätten wir es in der Slowakei nicht geschafft. Außerdem war und ist mein Kollege eher ein zorniger Mensch, der selbst viele Aggressionen hat, die er sonst in seiner Umgebung verspritzt. So hat er sie sinnvoll einsetzen können, und ich habe auch ein gutes Leben neben ihm gehabt. Denn er war der formelle Chef und ich war nur Geschäftsführerin der slowakischen Niederlassung.

Leider hat mein Mann in Österreich diese Zeit des Aufbaus in meiner Firma, eigentlich meinen Aufstieg zur Geschäftsführerin nicht verkraftet. Ich war so stolz, immer bin ich am Wochenende gekommen, manchmal auch unter der Woche und wollte ihm alles erzählen, mit ihm kuscheln und mit ihm fernsehen, aber er wollte was unternehmen, was erleben, am Wochenende in die Berge, unter der Woche in ein Lokal oder tanzen gehen und so fort, und da haben wir uns einfach auseinander gelebt. Ich habe das inzwischen von vielen KollegInnen gehört, die im Auslandsdienst waren, dass man entweder die Familie mitnimmt oder sie verliert. Wenn man sie mitnimmt, dann ist das noch lange keine Gewähr, dass das gut geht. Weil man nie wissen kann, ob sich die Familie dort einleben wird. Aber es ist zumindest ein Versuch. Wenn man aber, so wie ich, allein in das Wagnis Beruf in der Fremde hineingeht, dann wird die Verständigungsbasis so dünn, dass eine Beziehung nicht mehr möglich ist. Ausnahmen bestätigen die Regel.

Sie sehen richtig: Ich bin jetzt schwanger. In sechs Wochen soll das Baby kommen. Wir freuen uns schon sehr drauf. Ich habe meinen jetzigen Mann erst vor zwei Jahren kennen gelernt. Eigentlich durch einen Zufall. Und er passt auch gar nicht in meine großstädtische Welt, in der ich seit vielen Jahren lebe. Eigentlich seit immer, weil ich ja auch in meiner Kindheit in Preßburg zur „Gesellschaft“ gehört habe. Mein jetziger Mann ist eher ein Landmensch aus der Provinz, aus dem Weinviertel, auf einem Bauernhof in bescheidenen Verhältnissen aufgewachsen, und jetzt ist er ein Pendler, der täglich nach Wien fährt. Ich bin entschlossen, mit meinem

Baby zu ihm zu ziehen, auf's Land, dort allein mit ihm zu wohnen, wenn man die Verwandtschaft vergisst, die ringsum wohnt, arbeitet und sich einmischt, kontrolliert. Ich fürchte mich vor dem Schritt, ich habe noch nie – außer im Urlaub – am Land gelebt und soll jetzt dort glücklich sein. Sicher, ich freue mich auf mein Baby, gleichzeitig aber fürchte ich mich auch. Erst zehn Jahre in der Schuhbranche Geschäftsführerin – eigentlich für ein ganzes Land zuständig, Kontakte, Ärger, Konferenzen, aber auch selbstverständlicher Komfort: Telefon, Sekretariat, Dienstwagen, Spesen, Essen in Restaurants – ich habe fast nie gekocht – eine Fähigkeit, die im Weinviertel fast die entscheidende ist. Ich weiß nicht, wie mir diese Umstellung gelingen soll. Man erwartet – wahrscheinlich sogar ich selbst von mir –, dass ich eine perfekte Hausfrau und Mutter bin, aber dazu fehlen mir die Voraussetzungen. Und auch der Wille. Und als Großstädterin will ich auch nicht angesehen werden. Aber als was dann?

Eigentlich plane ich, in die Firma zurückzukommen, zirka nach eineinhalb Jahren. Aber ich glaube, den Plan habe nur ich. Die Firma muss da anders denken. Was soll sie die eineinhalb Jahre lang machen? Meinen Posten freihalten? Das können vielleicht öffentliche Dienststellen, aber eine produzierende Firma kann das nicht. Und das, was ich weiß, ist so kurzlebig, dass sie auch nicht viel verlieren, wenn sie mich ersetzen. Sicher, es wird dem Mutterschutzgesetz und den anderen Gesetzen Genüge getan. Man kann nach Ende des Karenzurlaubs wieder in der Firma anfangen, aber, wenn man dann kommt, dann ist der Platz belegt und es gibt keine Arbeit. Dann wird man pro forma eingestellt und weiß selbst, dass man überflüssig ist. Also mache ich mir da wenig Hoffnungen. Vielleicht wird die Firma mir helfen, etwas Neues zu finden. Da ist man hier sehr sozial eingestellt. Auch ich habe das in Preßburg so gemacht. Das ist so etwas wie Firmenkultur. Aber es ist natürlich nur ein schwacher Trost. Wenn ich im Weinviertel mit Kind sitze und an die Firma denke, fürchte ich mich sehr, dass mir die Decke des kleinen Bauernhauses auf den Kopf fällt.

Ob das ein Frauenschicksal ist, wollen Sie wissen? Ich weiß es selbst nicht. Ich bin in meinem Zustand glücklich und würde nicht mit meinem Mann tauschen wollen. Aber ich weiß auch, dass ich für mein Leben, das ich in den nächsten Jahren plane, falsch ausgebildet bin. Einfach die richtigen Dinge nie gelernt, auch nie gebraucht habe. Und bei meinem Mann ist es genauso: Der lebt seit Jahren allein, hat sich seinen kleinen Haushalt selbst geführt, gewaschen, geputzt, gereinigt – und soll jetzt brav nach Hause kommen und sein Essen steht auf dem Tisch. Ich bin sicher, so wird's nicht gehen. Aber ich wüsste auch nicht, wie es richtig sein wird.

Vielleicht müssen wir alle neue Umgangsformen mit Frauen im Management finden. Denn die biologische Tatsache, dass Frauen Kinder bekommen, wird sich nicht ändern. Dass wir darauf nicht vorbereitet sind – das ist neu. Ob das Weinviertel ein guter Boden für den Versuch ist, eine neue Form der Partnerschaft auszuprobieren, weiß ich nicht. Aber ich habe mich jetzt so entschieden und bleibe dabei. Ich freue mich auf das Kind und die Ehe, die jetzt mein Beruf sind, und ich werde eine neue Erfahrung machen."

„Der Pole"

Arbeit und Leistung bestimmen das Leben. Das Leben des Einzelnen wie das der Familie. Wiederaufbau nach einem verlorenen und nicht-gewollten Krieg, Wiederaufbau in Österreichs politischer Landschaft. An diesem Wiederaufbau haben er und seine Eltern ihren Anteil. Darauf sind sie stolz, ohne Chauvinismus. Einfach, weil sie Österreicher sind, mit starker Identität und einer Offenheit nach Europa hin. Immer schon sei das so gewesen: In der Schule, in der Familie, alle waren bewusste Europäer. Er im Besonderen, denn er hasst den Ausschluss der so genannten „anderen". Wer leistet und arbeitet, soll auch essen, im realen und im übertragenen Sinn. Und damit basta.

Osteuropa ist für „den Polen" Markt und Herausforderung. Obwohl er selbst nicht dorthin ausgewandert ist, ist er als Österreicher immer mit den Kronländern verbunden. Auch und vor allem bei deren Loslösung vom Ostblock. Was Polen alles sein könnte: Verheißung des Paradieses auf Erden, Keimzelle der Weltrevolution oder der Erneuerung des Christentums – für ihn ist es ein ökonomisches Hoffnungsgebiet, in das er aber nie gehen wollte.

In seiner Herkunftsfamilie haben immer alle gearbeitet, da gab's Belohnungen für gute Zeugnisse, da wurden alle etwas in der gesellschaftlichen Hierarchie. Und so wird es auch weitergehen. Seine Frau ist ein Star im Gesundheitswesen, er selbst Generaldirektor einer renommierten italienischen Firma. Der Kalender am Schreibtisch spiegelt eigene Termine ebenso wider wie die der Frau und des sozialen Engagements beider. Mit Kindern und Brüdern trifft man sich an bestimmten Plätzen, meist als fixe Wochentermine im Kalender eingetragen. Ein Bruder musste allerdings seinen Platz im Kalender räumen: Er hatte nicht mehr trainiert und daher war für alle der Spaß verloren gegangen.

Man weiß um die Begrenztheit dieser Art von Spaß. Denn vieles kann so nicht mehr stattfinden. Zum Beispiel das Nichts. Aber das hat einem nie gefehlt, es fehlt einem auch heute nicht.

Was man von den Kindern weiß? Sie sind ebenso leistungsorientiert wie die Eltern, gehen ins Ausland, sprechen drei Fremdsprachen und haben trotzdem ein wenig von der heutigen Jugend, wie zum Beispiel beim Fernsehen oder Nichtstun. Sie sind angenehm und passen in die Familie gut hinein. Die Frau, die den Haushalt neben ihrer angespannten beruflichen Tätigkeit schupft und die Kinder in die Museen gebracht, ihnen musische Interessen nahegebracht hatte, diese Vielbeschäftigte ist für die Kinder immer da. Außer sie ist gerade wochenlang beruflich unterwegs, etwa auf einem anderen Kontinent, oder sie muss arbeiten, um beruflich weiter zu kommen.

So sind die Kinder Termine, die selten wahrgenommen werden, wichtig, aber nicht entscheidend, wenn man das Leben Revue passieren lässt. Denn entscheidend für jedes Treffen, jede Zusammenkunft, jede Besprechung und jede Art der Tätigkeit (und der Untätigkeit) ist die Leistung. Da mag kommen, was will, die Haarfarbe und das Aussehen der Kinder, ihre Liebe und ihre Sorgen werden ihren Lebensweg nicht so bestimmen wie ihre Leistung. Diese bestimmt das Ansehen der Kinder in den Augen des Vaters und vielleicht auch in denen der Mutter.

Es ist billig, sich den Leistungswillen nur über die Wiederaufbaugeneration nach dem Krieg zu erklären. Nein, dann da gibt es noch die Spezifika der jeweiligen Familie, die das bürgerliche Ideal der eigenen Leistung formt und im Leben hoch hält. Da gibt es eine Partnerschaft, in der Leistung für beide Partner eine große Rolle spielt. Und da gibt es noch ein gewähltes Umfeld, in dem man etwas sein will und in das man auch hineinpasst.

Die Frage nach den Emotionen hilft da wenig. Wozu fragen, warum der „verlorene“ Bruder nicht mehr trainiert? Man weiß es: Es ist seine Frau. Wozu fragen, wie es zu Hause mit dem Essen klappt, wer zusammen sitzt und redet, sich verständigt? Essen ist nicht so wichtig und in der Tat können sich im Wesentlichen alle selbst ernähren. Und dann ist man auch nicht so viel zu Hause.

Was ist für den Beruf wichtig?

Die Leistung.

Was ist für die Familie wichtig?

Die Leistung.

Leistung als Richtschnur des Zusammenlebens ist etwas Besonderes. Denn die an sich säuberlich getrennte Arbeits- und Familienwelt verschmilzt nicht durch die gemeinsam getragene Sorge oder durch die gemeinsamen Interessen. Nein, gemeinsam ist das Kriterium „Leistung“, an dem Arbeit wie Familie gemessen wird. Wenn Leistung auch zu Hause die bedeutendste Rolle spielt und wichtiger ist als Emotion, dann ist das Kriterium der Messung gleich. In der Wertung verschmelzen so Familie und Beruf.

Tatsächlich sind die Treffen mit der Frau berufliche, wo der Mann die Frau begleitet oder umgekehrt. Die Erfahrungen, die mit der Frau wiedergegeben werden, sind immer wieder berufliche. Auch die Art des Zusammenlebens zu Hause hat etwas Berufliches. Da wird nicht von gemeinsamen Essen und Wanderungen geschwärmt, sondern es wird um jede Minute gerungen, die man mit Leistung verbringt. Jede Ablenkung ist störend, jeder Trainingsverlust bei einem Familienmitglied ein Ausschlussgrund. Erst wenn die Kinder den Sport des Vaters entsprechend können und das auch unter Beweis zu stellen bereit sind, können sie zu dieser erwachsenen Tätigkeit zugelassen werden. Diese Tätigkeit ist auch der Ort des Emotionsaustausches. Denn nach vielen gelungenen Partien hat man auch Zeit, eine Kleinigkeit zu trinken und dann ein paar persönliche Worte am Hin- oder Rückweg zu wechseln.

Es mag absurd sein und eine überzogene Idee, dass Familie nach anderen Kriterien zu funktionieren hätte als der Beruf. Dass in der Familie andere Kriterien wichtig wären, wie etwa Gefühle, Ruhe oder Sinnsuche. Aber das ist in dieser Familie hier gleichgültig. Wichtig ist, dass in einem Haushalt alle nach der Leistung (jedenfalls aus der Sicht des männlichen Interviewpartners) gewertet werden, dass diese Leistung über Interesse oder Desinteresse entscheidet und dass diese Art der Bewertung die Grenze zwischen Beruf und Familie verschwimmen lässt.

Alles ist Leistung. Sie bestimmt das Leben.

Weh dem, der versagt. Das Altersheim ist noch die beste Lösung. Der Ausschluss die wahrscheinlichste.

Arbeit endet einmal. Leben auch. Familie nie. Emotion ist nicht jedermann/frau in gleichem Maße gegeben. Weder ist sie zu haben, noch auszudrücken. Und sie bestimmt das Leben auch nicht so sehr.

Aber ebenso ist es mit Leistung. Auch sie wird überschätzt. Hat man einmal die „Leistungsbrille" auf, wird alles durch sie gesehen: die Erfolge der Länder Südostasiens, die Erfolge der USA, die Erfolge der Familie, sowohl der eigenen als auch anderer; die Misserfolge im eigenen Land, die Schwäche der EU, das Versagen mancher Menschen in der Familie und nicht zu Letzt alle Schwächen, wie Alkoholismus, Nikotinsucht oder die einfache Faulheit.

Das ist das Faszinierende an diesem Interpretationsrahmen: Er setzt einen ins Recht. Das Unrecht tragen die anderen, denen man deswegen nicht böse ist. In großer Toleranz erlaubt man ihnen zu leben. Man verachtet sie nur. Das Leben straft die anderen ohnehin durch Ausschluss von den Genüssen des Lebens. Unbeachtet dessen bleiben zwei Möglichkeiten:

Erstens: Es gibt kaum einen Platz für Schwäche, wenn man in dieser Familie bleiben will, daher kann man auch selbst nicht schwach sein oder werden, geschweige denn sich schwach zeigen. Das führt zu einem Verlust an Gefühlen und allenfalls zum Ausschluss eines wertvollen Mitglieds der Gemeinschaft. Denn so sinnvoll es sein mag, faule oder unfähige Mitarbeiter auf die Strasse zu setzen, so undurchführbar kann dieser Gedanke zu Hause sein. Und wenn es doch einmal gelänge, einen „Versager" auf diese Weise los zu werden, kann es geschehen, dass man daran nicht froh wird.

Zweitens: In dieses „saubere Haus“ kann der Teufel über die Tür der Selbstgerechtigkeit immer eintreten. Immer kann der Teufel dort hineinkommen, wo sich Menschen anderen überlegen fühlen. Denn das Eingeständnis der eigenen Fehlbarkeit, der eigenen Schwäche macht erst offen für die Schwäche der anderen. Wer selber immer pünktlich ist, hat es schwer, Nachsicht zu üben mit Unpünktlichen. Dann zu sagen: „Ich sehe, dass Sie unpünktlich sind, und es belastet mich. Aber ich leite daraus nicht ab, dass ich der Bessere bin, dass ich Ihnen überlegen bin oder Sie jetzt strafen kann“, ist schwer.

Daher wäre die Alternative, bei sich und den anderen Schwäche zu suchen und diese Suche nicht in einem Bekenntnis enden zu lassen. Denn die eigene Schwäche würde dann offen machen für alle Veränderungen, die auf eine Familie zukommen können; und allenfalls den Verlust eines Mitglieds verhindern helfen. Oder nur dabei helfen, dass sich niemand überarbeitet oder glauben könnte, er würde wegen seiner Leistung geliebt und nicht um seiner selbst willen.

3 ManagerInnen heute – Die Sicht bestimmt das Leben

Die Profession von ManagerInnen ist untrennbar mit einem zentralen Begriff verknüpft: mit Karriere. ManagerInnen sind die, die „Karriere" machen. Tiefgreifende Veränderungen in den Organisationen, aber auch ein neues Selbstverständnis der ManagerInnen, stellen das traditionelle Karrieremodell in Frage. Dringend gefragt ist eine Neudefinition der berufspolitischen Rolle von ManagerInnen.

Der traditionelle Karrierebegriff ist eng gesteckt und wurde in der Regel mit einem auch nach außen sichtbaren hierarchischen Aufstieg in einer Organisation gleichgesetzt. Ein Symbol dafür war ein Vorstandsjob mit allen Insignien der Macht: repräsentatives Büro, hochdotierte Gage, wuchtiges Dienstauto, eigener Parkplatz.

„Laufbahn im Sinne des amerikanischen Begriffs ‚career' wird heute hingegen als ein Set an Erfahrungen in unterschiedlichen organisatorischen Umgebungen verstanden: keine lineare Abfolge, sondern ein Management von Höhen und Tiefen, Unterbrechungen und Starts, d.h. Management von Mosaiksteinen im Rahmen der individuellen Kernkompetenzen."[3] Laufbahnzyklen mit den klassischen Phasen des Einstiegs, des Wachstums, der Reifung, der Sättigung und des Rückzugs werden immer mehr durch die Auseinandersetzung mit Diskontinuität, Abbrüchen und Aufstiegen ersetzt. So werden Karrieren nicht mehr nur auf einen Arbeitgeber hin ausgerichtet oder auf eine einzige Funktionsorientierung hin. Dies eröffnet auch Chancen, sich zwischen verschiedenen Formen des Status zu bewegen, aber auch die privaten Interessen zu berücksichtigen. Hand in Hand mit diesen Entwicklungstendenzen in der Praxis vollzog sich auch in der Organisationstheorie eine schrittweise Abkehr vom herkömmlichen Rollenbild des Managements.

Die systemtheoretische Perspektive bildet am ehesten die aktuellen Änderungen im Managementalltag ab. Da dieser moderne Ansatz noch nicht breitflächig kommuniziert wurde und seine Implikationen als nicht allgemein bekannt vorausgesetzt werden können, wird in aller Kürze dieses moderne Rollenverständnis skizziert, das die Systemtheorie dem Management abverlangt:

Die klassische Sicht, wie ManagerInnen managen, schaut so aus: Sie geben Anweisungen an Mitarbeiter, reden mit ihnen und deren Kollegen. Sie pflegen direkte Kontakte mit Außenstehenden, mit Kunden, Lieferanten, Behörden – Stichwort Lobbyismus. Zudem steuern sie eine Organisation durch die Gestaltung von Strukturen, indem sie den Aufbau einer Organisation in Abteilungen und Produktgruppen festlegen, Berichtslinien fixieren und neue Organisationsformen wie Teamorganisation, den Aufbau von Netzwerken und Prozessen einführen.

Im vielfältigen Geflecht von Ursache und Wirkung der verschiedenen für die Unternehmung wichtigen Faktoren werden ManagerInnen einseitig als Auslöser gesehen. Das hat Vor- und Nachteile: ManagerInnen lassen sich somit zu Helden hochstilisieren und zu Sündenböcken degradieren. Außerdem kann so die Machbarkeitsillusion – „Alles ist möglich, weil machbar“ – aufrecht erhalten werden.

Zwingend oder überzeugend ist diese Sichtweise aber nicht.[4] Schon einfache Abläufe zeigen, dass dem nicht so ist. Keine Sitzung verläuft wie geplant! Die Zukunft lässt sich nicht vorhersagen. Mitarbeiterverhalten, Gruppen- und Organisationsverhalten lassen sich weder genau planen noch beherrschen. Jürgen Schrempp, der Top-Macher bei Daimler-Chrysler, zeigt sich als klassischer Vertreter seines Genres, wenn er sagt: „Wenn die Fakten sind, wie sie sind, dann wird entschieden. Und dann wird nicht gekurvt und nicht gemacht und verzögert, dann wird entschieden und dann wird gemacht." Doch selbst er, ein Prototyp des Machers, schränkt neuerdings ein: „Man kann heutzutage fast alles simulieren – Gott sei Dank –, nur eines kann man nicht simulieren: Man kann nicht simulieren, wie ein Konzern wie Daimler sich verhalten wird."[5]

Ja, es gibt viele nicht gewollte Nebenwirkungen, Aufschaukelungsprozesse und Nichtbeachtungen, die das Gewollte, Geplante, Gewünschte konterkarieren. Die alleinige Wirkung komplexer Ursache-Wirkungsbeziehungen ausschließlich den Führungskräften zuzuschieben, greift viel zu kurz.

Genau hier greift die neuere Systemtheorie ein. Sie bricht mit vielen Annahmen der klassischen Management-Theorien und ist dadurch in der Lage, bessere Antworten auf künftige Management- und Organisationsfragen zu geben. In allen Situationen von höherer Komplexität und Dynamik kann die neuere Systemtheorie Probleme besser strukturieren und diagnostizieren und damit effizientere Lösungen finden. Die neuere Systemtheorie ist eine faszinierende Sache. Nur braucht es Mut und letztlich auch Übung, um diese hochentwickelten Denkwerkzeuge im Managementalltag auch nutzen zu können.

Durch die „Brille" der Systemtheorie gesehen, verwandeln sich Manager vom „Macher" zum „Konstrukteur" einer Organisation.[6] Ganz einfach

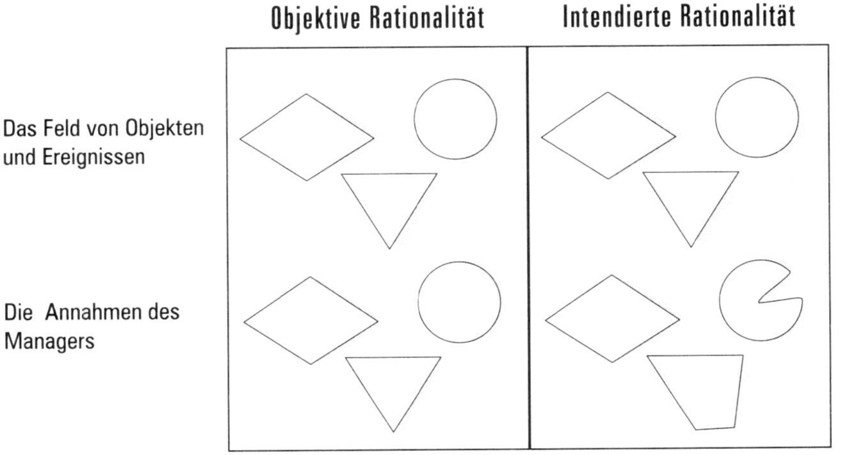

Abbildung 1: Von der „objektiven" zur „intendierten" Rationalität

deshalb, weil die Informationssuche anders abläuft, als es die These des rationalen Entscheidens postuliert. Bislang wurde die „pure“ oder objektive und – etwas moderner und plausibler – die subjektive oder so genannte „intendierte“ Rationalität des Managers/der Managerin zur Erklärung von organisatorischen und kundenorientierten Prozessen herangezogen. Man konzentriert sich dabei vor allem auf die Frage, welche personalen und sozialen Hindernisse der Realisierung von objektiver Rationalität im Wege stehen (vgl. Abbildung 1).[7]

Ganz anders sieht das die neuere Systemtheorie: Auch bei Managementprozessen kommt es entscheidend darauf an, wie die Führungskraft in bestimmten Situationen Wirklichkeit wahrnimmt, interpretiert und „gestaltet“. Entscheidungen werden also nicht „produziert“, sondern „konstruiert“. Die graphische Darstellung in Abbildung 2 zeigt den Perspektivenwechsel: Ereignisse und Objekte werden aufgrund von Annahmen, die auf Lebenserfahrungen, Interessen, Perspektiven etc. basieren, „erfunden“.

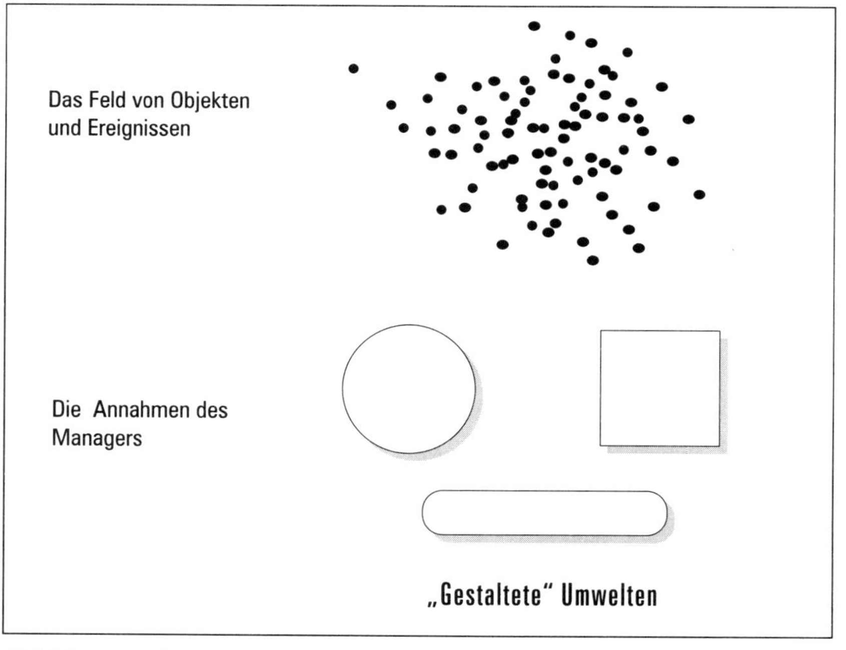

Abbildung 2: „Gestaltete“ Umwelten

Auch in Organisationen geht es laut der neueren Systemtheorie darum, wie der Manager in einer bestimmten sozialen Situation die Wirklichkeit wahr-nimmt, versteht, interpretiert und somit konstruiert. Entscheidungen werden nicht auf der Grundlage von objektiv gegebenen Tatbeständen und analytischen Fähigkeiten getroffen, sondern aufgrund von Konstruktionen (= „Erfindungen") der ManagerInnen. Um Missverständnissen hinsichtlich der individuellen Möglichkeiten von Wirklichkeitskonstruktion vorzubeugen, ist dabei immer das Reden mit anderen unentbehrlich, um zu einer akzeptablen Sichtweise der Wirklichkeit zu kommen. Zur Konstruktion braucht man die anderen, man ist nicht ganz frei, um sich zu konstruieren, was man will. So verbringen Menschen in Organisationen viel Zeit damit, untereinander eine annehmbare Darstellung dessen, was vor sich geht, auszuhandeln, um eine Einigung darüber zu erzielen, was Wirklichkeit ist, was (wirklich) gilt, oder besser zu gelten hat. Neben dem mehr oder weniger gemeinsamen Sinnesapparat sind es die gemeinsamen zwischenmenschlichen Erfahrungen, die Spielregeln über soziale Prozesse und deren Interpretationen, die zur allgemeinen Vereinbarung, was gültig ist, führen.[8] Dieser Prozess des Aushandelns, des Sinngebens von Wirklichkeit ist nicht (immer) konfliktfrei, sondern machtdurchdrungen, widersprüchlich, da es auch gilt, (Macht-)Positionen zu sichern, Komplexität zu reduzieren, interessenbezogen vorzugehen etc. Dabei wird Wirklichkeit oftmals eben buchstäblich herbeigeredet. Selbst wenn dabei so bezeichnete „objektive" Fakten und Zahlen bei der Interpretation der Wirklichkeit als Argumente eingesetzt werden, bleibt das Geschehen letztlich immer subjektiv konstruiert, weil es ja darauf ankommt, wessen Daten es sind, wessen Argumente sie stützen etc.

Was in einer Organisation beobachtet wird, ist von den benutzten Rastern, also den „Brillen" derjenigen abhängig, die beobachten. Was beim Anfertigen solcher „Raster" herauskommt, ist das Resultat eines Prozesses, der in Organisationen tagtäglich und kontinuierlich abläuft und permanent Unterscheidungen wie die folgenden hervorbringt: „Heute haben wir eine bessere, aktuellere, spannendere Zeitung produziert als unsere einschlägige Konkurrenz." Oder: „Die neue Imagekampagne läuft besser als die letzte." Oder: „Der ständig nörgelnde Abteilungsleiter ist heute sichtlich zufriedener als sonst." Mit derartigen Differenzschematismen werden somit Bezeichnungen fixiert und Festlegungen getroffen. Mit anderen Worten, mit ihrer Hilfe werden innerhalb eines Systems Informationen gewonnen. Die Spannbreite der erzeugten Informationen umfasst sowohl Informationen über die Organisation selbst („Der ständig nörgelnde ...") als auch über ihre Umwelt („Wir haben die bessere Zeitung produziert als ..."). Auf Grundlage der neu gewonnenen Informationen treffen Organisationen Entscheidungen, die dann von der Organisation – oder aber auch vom einzelnen Organisationsmitglied und der ManagerIn – neuerlich zur Informationsgewinnung benutzt werden können. So setzt sich der Kreislauf von Differenzschema – Informationsgewinnung – Entscheidungsfindung innerhalb einer Organisation unaufhörlich fort.

Aus diesem Ablauf ergibt sich, dass Informationen keineswegs als etwas Feststehendes, Objektives, Unveränderbares oder gar Fixes angesehen werden können. Sie sind nicht als eine Art Gegenstand handelbar, der irgendwo und womöglich auch noch fix verpackt abgeholt oder ins Haus geliefert werden kann. Man kann sie daher auch nicht eins zu eins von einer Organisation in eine andere transferieren. Informationen können nur in Eigenregie, im System selbst entstehen.

Diese Eigenlogik der Systeme erklärt auch, warum es eine direkte, unmittelbare Einflussnahme durch ManagerInnen – wie sie die klassischen Managementansätze postulieren – in der systemtheoretischen Perspektive nicht geben kann. Um einem häufigen Missverständnis vorzubeugen: Die Anerkennung einer prinzipiell eingeschränkten Einflussnahme durch Manager bedeutet nicht etwa, dass diese nun keine Spielräume mehr hätten! Sie müssen bei ihrer Gestaltungsaufgabe nur anderswo ansetzen als bisher.

ManagerInnen müssen die prinzipielle Eigenlogik lebender Systeme ins Kalkül ziehen. Was passiert, wenn sie das nicht tun, können wir tagtäglich erleben. Sie scheitern mit ihren Führungsbemühungen und können ihre Kernaufgabe – die zielgerichtete Beeinflussung der jeweiligen sozialen Systeme wie die Gruppe der unterstellten Mitarbeiter, Projektteams, Kundengruppen – unmöglich bewerkstelligen. Wenn sie in ihrer Verzweiflung dann dazu übergehen, ihre Maßnahmen zu verschärfen, also ein Mehr vom Gleichen einzusetzen, ist keine Verbesserung zu erwarten. Viel zielführender und pragmatischer scheint es daher, den alten Machbarkeitswahn aufzugeben und die prinzipiell nicht gegebene unmittelbare Steuerbarkeit der Betroffenen anzuerkennen.

Ist diese Position einmal akzeptiert, so stellt sich nicht mehr die klassische Frage nach der zielorientierten Beeinflussbarkeit. Vielmehr lautet das Problem: Wie können ManagerInnen Bedingungen für die Möglichkeit schaffen, dass sich soziale Systeme in die „richtige" Richtung bewegen?

Managen heißt beobachten, konstruieren (und intervenieren). Ziele des Managens sind: Sinn schaffen (Sinngrenzen vergrößern / verändern), Bedeutungen zuschreiben, Aufbau und Abbau von Komplexität, Unterschiede anbieten (die einen Unterschied machen) und Veränderungen unterstützen. Bezogen auf die Verantwortung der einzelnen Führungskraft heißt dies: Er hat Einfluss und Wirkung, und dennoch kann er nicht determinieren, wie sein eigenes Schicksal und das des sozialen Systems verläuft. Er muss die Herausforderung annehmen und die Komplexität des Systems akzeptieren. Mit Komplexität ist aber kein mythischer Entschuldigungsmechanismus für Nichtstun, kein Anlass zur Resignation gemeint. Komplexität heißt nur, dass wir es in Systemen fast immer mit der Wechselbeziehung von mehr als zwei Teilnehmern zu tun haben, die wir bei unseren Verstehens- und Erklärungsversuchen nicht ohne Strafe ausblenden dürfen. Deshalb müssen wir lernen, mindestens bis drei zu zählen und vernetzte Abläufe zu erfassen. Systemisch zu berücksichtigen ist: Die Beobachtungslogik (und im Anschluss dann auch die Interventionslogik) des Managers kann eine andere sein als die Prozesslogik des Systems. Dies dürfte im Übrigen den Unterschied zwischen einem „guten" (effizienten, erfolgreichen) Manager und einem „schlechten" (für soziale und systemische Prozesse unreflektierten) Manager ausmachen. Es kommt auf die Anschlussfähigkeit an, ob das Managerhandeln „passt".

Die Überlegungen zu Möglichkeiten und Grenzen des Managementhandelns zur Steuerung sozialer Systeme im gewählten theoretischen Rahmen machen eine Neueinschätzung des Managerhandelns notwendig. ManagerInnen sind in der hier vertretenen Sichtweise weder ohn- noch allmächtig. Sie haben nach wie vor eine bedeutsame Rolle – aber eben eine andere als bisher üblich. Das kann gleichermaßen enttäuschend wie auch befreiend wirken.

Befreiend deshalb, weil der Blick vom einzelnen Element auf das ganze System gelenkt wird und die auch konzeptionell adäquate Möglichkeit bietet, Managementhandeln über das sprichwörtliche Stochern im Nebel hinauszuheben. Auch befreit diese Sichtweise von einer Überverantwortung, die einzelnen ManagerInnen das Wohl und Wehe ganzer sozialer Systeme aufbürdet und damit das Unmögliche möglich machen will.

An die Stelle eines Machertums tritt die „Kunst der behutsamen Einflussnahme“: Menschen und Organisationen können „lediglich nur“ mittels Interventionen zu Eigenaktivitäten angeregt werden, eine direkte Einflussnahme ist prinzipiell nicht möglich.

Damit aber ergeben sich an die Managementaufgabe neue Fragen wie: „Wie kann es dem Management überhaupt gelingen, Menschen und Organisationen anzuregen?“ – und nicht mehr: „Wie setzen ManagerInnen ihre Tools im Unternehmen möglichst effizient ein?“ Der Begriff „Managen“ ist zu revidieren. „Managen“ kann im systemischen Sinn immer nur ein Steuerungsversuch sein. ManagerInnen können grundsätzlich nur über Interventionen versuchen, Einfluss zu nehmen.

Systemisches Management[9] eröffnet beim „Wie“ des Managements gänzlich neue Perspektiven, die nicht nur in der Theorie, sondern vor allem (noch?) in der Praxis weitgehend mit Skepsis, widerwillig bis ablehnend zur Kenntnis genommen werden. Jahrtausendalte Denkmuster prägen kausale, logische Wenn-Dann-Muster ein.[10] Davon Abschied zu nehmen oder besser anzuerkennen, dass es über diesen Denkrahmen hinaus weitere Formen des Managens gibt, ist ein Lernprozess, der weder von Managementpraktikern noch von Managementlehrern „sofort“ erwartet oder gar gefordert werden kann. Spätestens hier ist die Frage einzuschieben, warum es – obwohl eine Steuerung objektiv nicht möglich ist – in der Praxis wiederholt vorkommt, dass Handlungsabläufe von mehreren Personen dermaßen berechenbar ineinander greifen, sodass sie dem Bild einer trivialen Maschine vollkommen entsprechen. Als Erklärung bietet sich an: Jeder einzelne Mitarbeiter tut nur so, als wäre er steuer- und berechenbar. Er spielt dieses Spiel mit, weil es sich für ihn in seinem persönlichen Kalkül rechnet, die individuelle Kosten-Nutzen-Rechnung also stimmt. Jeder einzelne Mensch, der zu organisiertem Verhalten beiträgt, hat sich seine Nicht-Trivialität abkaufen lassen.[11] Man verhält sich, wie es die Organisation (nicht?) will. Der Preis, den die Organisation aber letztlich dafür zahlt, dass das Organisationsmitglied sich nur in trivialisierter Form verhält, ist allerdings ein sehr hoher: Dem Unternehmen entgehen wertvolle Ressourcen, die mögliche Vielfalt an Anregungen. Durch die Benennung von Personen werden Verantwortlichkeiten festgelegt und für den Misserfolgsfall Sündenböcke bereitgestellt. Menschen haben sich damit abzufinden, für soziale Phänomene verantwortlich gemacht und im Bedarfsfall geopfert zu werden. Die Organisation beobachtet, wie ManagerInnen entscheiden, und schreibt ihnen die Konsequenzen zu. Im Misserfolgsfall werden dann die Manager ausgetauscht ...

Zusammengefasst: Die Bedeutung des Projektmanagements und damit verbunden das Team als neue Arbeitsform des Managements nimmt noch zu. Als ManagerIn sind nicht nur die mit allen erdenklichen Machtinsignien ausgestatteten Führungskräfte zu bezeichnen, sondern, in einem erweiterten Sinne, alle, die temporäre Aufgaben übernehmen, Reflexionsarbeit besorgen und unter Unsicherheit Entscheidungen treffen.

Die neuen Erwartungserwartungen an ManagerInnen sind in der Praxis erst rudimentär erkennbar und werden sich mit großer Sicherheit in Zukunft auch noch weiter verstärken. Dafür sorgen schon die informationstechnologischen Entwicklungen – Stichwort: Internet –, die sich in atemberaubendem Tempo abspielen und fast schon täglich neue Berufe hervorbringen. Neue Arten von Berufen, für die es oft nur vage inhaltliche Bezeichnungen und auch keine präzisen Namen gibt.

Computerinduzierte Entwicklungen haben gravierende Auswirkungen auf Entscheidungsprozesse: Moderne Informationsverarbeitung macht es tendenziell möglich, die seit Taylor ausschließlich dem Management vorbehaltene „Kopfarbeit", also die operative Planung, Ausführung und Kontrolle vermehrt auf den Ort der Ausführung – sprich „Handarbeit" – zu verlagern. Letztlich erfolgt dadurch die Reintegration der „Kopfarbeit" in die „Handarbeit".

Zur operativen Dezentralisierung innerhalb von Organisationen kommen auch noch Tendenzen zur überbetrieblichen Vernetzung. Organisationsgrenzen werden selbst zum Thema: Öffnung und Vernetzung statt Schließung und Identität. Über Nacht finden sich die Mitarbeiter nicht nur globalisierter Großkonzerne vor die Frage gestellt, wo die Öffnung aufhören und die Identität der eigenen Unternehmung enden soll.

In einer komplexen Umwelt wird die Diskussion und Redefinition der eigenen Identität in der Tat auch zur dauernden Aufgabe des Managements. Dabei geraten Organisationen und Management in eine mitunter fatale Fristigkeitsschere: Während organisationale Veränderungsprozesse wie beispielsweise Identitätsentwicklungen träge ablaufen, beschleunigen sich die operativen Prozesse in geradezu atemberaubender Weise.

Anders gesagt: Die Entwicklung neuer Netzwerk- und Marktstrukturen, die Dezentralisierung und Abflachung von Hierarchien fordert eine noch intensivere überbetriebliche Zusammenarbeit. Die organisationale Identität wird kurzlebiger und erfordert noch dazu ständige Pflege. Gleichzeitig gestaltet sich auch die Identifikation der ManagerInnen und MitarbeiterInnen mit „der" Organisation als zunehmend schwierig, da die Organisation nicht mehr klar abgrenzbar ist. Ähnliches gilt für traditionelle Charakteristika von Managementfunktionen wie Loyalität gegenüber der Organisation, maximale Verfügbarkeit und starke wechselseitige Abhängigkeiten.

Zur Pflege der innerorganisationalen Beziehungen kommt die Pflege der Beziehungen zwischen Organisationen hinzu. In der Folge ist eine Verschärfung der auftretenden Loyalitätskonflikte zu erwarten. Wem ist man im Zweifelsfall verpflichtet: der Organisation, auf deren Gehaltsliste man steht, den MitarbeiterInnen, KollegInnen, denen man ein Entgegenkommen schuldet, ProjektauftraggeberInnen oder nur der eigenen Person?

Begleitet sind diese Veränderungen im Anforderungsprofil zukünftiger ManagerInnen von den Fähigkeiten, sich selbst zu managen: von der operativen Arbeitsorganisation über karrierestrategische Entscheidungen bis hin zur Übernahme der Verantwortung für die eigene Entwicklung.

Die Veränderungstendenzen der letzten Jahre lassen den Schluss zu, dass dieses klassische Karrieremodell drauf und dran ist, seine Gültigkeit zu verlieren. Die Auslöser dafür kommen aus zwei Richtungen, von Seiten der Organisation und von Seiten der Individuen. Der Druck ist also ein doppelter.

Organisationaler Druck: Hierarchieproduzierende und hierarchiestabilisierende Laufbahnstrukturen passen immer weniger zu den sich stärker verbreitenden modernen horizontalen Kooperationsbeziehungen. Karrieren im klassischen Sinne lassen sich angesichts rasch wechselnder Verhältnisse kaum mehr durchhalten. Flach und dezentral verteilte Kompetenzen verringern die offensichtliche Zahl jener Aufstiegspositionen, die – klar und deutlich erkennbar – Karriere verkörpern, im klassischen Sinne des Wortes. Nicht ohne Auswirkungen auf den Karrierebegriff bleibt umgekehrt die Tatsache, dass gewisse Kernkompetenzen für ein Unternehmen unabdingbar werden, ohne die klassischen Kriterien an eine Führungsposition zu erfüllen. Für solche Experten – siehe Informationstechnologieexperten – müssen andere Wege gefunden werden, um sie zu halten – alternative Insignien der Macht.

Individueller Druck: Individuelle Berufsorientierungen und subjektive Erfolgsbegriffe lassen sich immer schwer mit den gängigen Laufbahnstrukturen und den statusbezogenen Gratifikationssystemen in den Unternehmen vereinbaren. Versierte IT-Experten jüngeren Zuschnitts scheren sich weniger um dekorative Titel oder ebensolche Büros. Sie wollen als das gesehen, bezahlt und aufs Podest gehoben werden, wofür sie sich selber halten: als ausgezeichnete Experten, aber nicht als Manager im traditionellen Sinne. Sie brauchen neue Bühnen der Darstellung, denn an standardisierten Laufbahnen sind sie nicht interessiert. Dieses Auseinanderklaffen zwischen individuellen Bedürfnissen und offiziellen Positionen, die eine Unternehmung anbieten kann, ist eine wesentliche Ursache, warum das traditionelle Karrieremodell nicht mehr greifen kann.

Obwohl qualitativ neue Ansprüche an Arbeit und Beruf sehr stark im Wachsen begriffen sind, kommen die meisten Unternehmen nur langsam weg von ihren ausgetretenen Karrierepfaden, die ausschließlich auf Status- und Machtzuwachs fixiert sind. Es ist wohl das berühmte Gesetz der Trägheit, das sie daran hindert zu sehen, was in Amerika unter dem Begriff „career“ längst „Karriere“ gemacht hat: Career impliziert ein Set an Erfahrungen in unterschiedlichen organisatorischen Umgebungen, keine lineare

Abfolge, sondern ein Management von Höhen und Tiefen, geprägt von Unterbrechungen und Starts. Managen im neueren Sinne ist ein Management von Mosaiksteinen im Rahmen der individuellen Kernkompetenzen. Aufstieg, Abbruch, Diskontinuität lautet das übliche Szenario. Die klassischen Phasen des Einstiegs, des Wachstums, der Reifung, Sättigung und des Rückzugs haben ausgedient. Die Karriere neueren Typus orientiert sich weder an einem einzigen Arbeitgeber noch an einer speziellen Funktion. „Karrieristen" können sich losgelöst vom starren Status-Begriff im herkömmlichen Sinne zwischen allen möglichen Formen bewegen. Und so gewinnen sie den gewünschten Spielraum, um ihre privaten Interessen zu berücksichtigen. Doch auch diese sind im Wandel begriffen.

Es gilt, diese Veränderungen im (Selbst)verständnis von ManagerInnen als „mitlaufenden Verstehenstest" beim Lesen unserer Studie zu berücksichtigen.

4 Neue Familie

Was für die Entwicklung der Karriereverläufe gilt, ist auch auf die klassische „Normalfamilie" übertragbar. Auch hier entwickeln sich neue Formen, kommt es zu Auflösungsprozessen.

Familien sind wesentlich durch normative Verbindlichkeiten und kulturelle Leitbilder determiniert. So galten Ehe und Familie lange als *das* auf emotionale Bedürfnislagen spezialisierte System. Auch das „normale" Erwachsensein wurde tendenziell über Familie und Ehe definiert. Diese traditionelle Familie ist zwar auch heute noch immer ein handlungsbestimmender Leitbegriff, der aber zunehmend seine gesellschaftliche Basis verliert.

Nach wie vor existieren in der Gesellschaft auch breit geteilte Überzeugungen über den richtigen Zeitpunkt und über die Abfolge zentraler biographischer Entscheidungen und Ereignisse, z.B. nach dem Bildungsabschluss zu heiraten, einige Zeit zusammenzuleben und dann Kinder zu bekommen. Diese sozialen Normvorstellungen schlagen sich auch auf die staatliche Gesetzgebung (z. B. Schulpflicht, Volljährigkeit, Heiratsalter, Pensionsalter etc.) nieder. Die Zählebigkeit dieser Normen kommt im Widerstand zum Ausdruck, den konservative Bevölkerungskreise gesetzlichen Änderungen entgegenbringen – Stichwort: Homosexuellen-Ehe.

Die gesellschaftlich geprägten Normvorstellungen sind geschlechtsspezifisch ausdifferenziert. So spielt sich die männliche Standardbiographie in drei klassischen Phasen ab: Ausbildung, Erwerbsleben, Ruhestand. Die Familienbildung ist gesellschaftlich zwar auch beim Mann erwünscht, läuft aber nebenbei mit: unscheinbar, en passant und nicht karrierestörend. Die weibliche Standardbiographie folgt keineswegs diesem einfachen Dreischritt. Ausbildung, Erwerbsleben, Familie, Kinderpause, Wiedereinstieg und Ruhestand heißt die weit turbulentere Abfolge eines Frauenlebens.

Nicht zufällig sind die grundlegend anders angelegten Lebensmuster von Männern und Frauen so verzahnt, dass der klassische Biographieverlauf der Frau die ideale männliche Lebensgestaltung überhaupt erst ermöglicht, während umgekehrt die männliche Biographiegestaltung die weibliche einschränkt.

Wie gesagt mehren sich die Hinweise, dass solche Normalbiographien ihre faktische Alltagsmächtigkeit einbüssen. Das fängt bei der Abnabelung vom Elternhaus an: Anders als noch vor wenigen Jahrzehnten lösen sich Kinder nicht erst durch Gründung einer eigenen Familie von zu Hause, sondern entscheiden sich schon lange vorher für eine individuelle, spezifische Lebensform. Der Übergang ins Erwachsenenalter ist immer weniger eine Standardabfolge von klaren Übergangsereignissen, sondern gestaltet sich immer häufiger als ein langwieriger „Einfädelungsprozess". Das Ende der Ausbildung und der Eintritt ins Berufsleben sind in den letzten Jahren immer unsicherer und riskanter geworden und eignen sich immer weniger dazu, Übergänge auch nach außen zu markieren.

Ein weiterer zentraler Hinweis auf die Auflösung von Normalbiographien ist bei den Frauen zu finden, die sich immer weniger in das bekannte Schema hineinpressen lassen. Neuere Untersuchungen dokumentieren deutlich, dass Frauen – in allen Phasen ihres Lebens – arbeiten: formell und informell oder beides. Den Zugang ins Erwerbsleben finden sie in allen möglichen Varianten. Nicht nur über genormte Ein- und Ausstiege, sondern auch über Seiten- und Hintertüren. Der Nachteil solch unkonventioneller Praktiken ist nur, dass sie häufig keinen adäquaten Ausdruck in den Statistiken finden.[12]

Die folgende Tabelle 1 soll helfen, zwischen den Sichtweisen der traditionellen Lebensform – die „Normfamilie" mit Vater, Mutter, Kind(ern) – und der nichttraditionellen Lebensformen zu vergleichen.

Tabelle 1: Sichtweisen der Familien – Vergleich[13]

Sichtweisen Dimensionen	Traditionelle Lebensform	Nichttraditionelle Lebensformen
Grundhaltung	• Dauerhaftigkeit der Beziehung • Unkündbar • Harmonieanspruch	• Kindorientierte Formen: Erziehung dominant • Geschlechterrollen klar definiert • Partnerschaftsorientierte Formen: Liebe dominant • Individualistisch orientierte Form: Selbstverwirklichung, Liebe • Zeitliche Begrenztheit möglich • Geschlechtsspezifische Konturen der PartnerInnen
Verantwortung für	• Übernommene Rollen • Biographie vorgegeben	• Eigene Biographie • Emotionale Stabilität
Aufgaben	• Klare Aufgabenteilung: Mann – Ernährer, Frau – Haushalt, Erziehung	• Aufgabenverteilung aushandelbar • Im Zeitablauf veränderbar
Konsequenzen	• Verknüpfung der ökonomischen, politischen und teilweise religiösen Handlungszusammenhänge • Erziehung, Haushaltsführung stehen im Vordergrund	• Entflechtung von ökonomischen, politischen und religiösen Handlungszusammenhängen • Konflikt- und Kompromissfähigkeit gefragt • Zeit für Interaktion notwendig • Umgang mit individueller Autonomie

Wo früher die „Familie“ mit ihrer klaren Rollen- und Aufgabenteilung im Blickfeld war, werden jetzt Männer und Frauen sichtbar, die höchst unterschiedliche Erwartungen und Interessen mit Familie verbinden. Es lassen sich Konturen spezifischer männlicher und spezifisch weiblicher Lebensverläufe beobachten. Durch die Veränderung der Lebensmuster müssen immer mehr Menschen ihre Biographie selbst herstellen und ohne den

Kompass fraglos vorgegebener Glaubenssätze, Werte, Regeln inszenieren. Allerdings lockert sich das Netzwerk institutioneller Kontrollen und Zwänge nur sehr langsam auf (z.B. Arbeitsmarkt, Bildungssystem, Sozialstaat).

Eine naheliegende Unterscheidung[14] der Lebensformen, die verschiedene Tendenzen berücksichtigt, ist die in

- kindorientierte,
- partnerschaftliche und
- individualistische Lebensformen.

Kindorientierte Lebensformen

Die Normalfamilie gilt hier als ein System, das auf Sozialisation spezialisiert ist. Es herrscht eine klare Rollenaufteilung. Der Mann ist durchgängig berufstätig und sorgt langfristig für ein kontinuierliches Familieneinkommen. Beide wollen Kinder, die Frau zieht sie groß und besorgt den Haushalt. An Berufstätigkeit hat sie keinerlei Interesse mehr. Familiensoziologen[15] definieren so eine Kleinfamilie als ein kindzentriertes Interaktionssystem, dessen herausragende Funktion in der Erziehung der Kinder liegt. Die Erwartungshaltungen an die Erziehungs- und Sozialisationsleistungen der Familie haben in den letzten Jahren generell zugenommen.

Eine zweite Lebensform, die ebenfalls in diese Gruppierung fällt, ist das temporär traditionelle Paar, bei dem der Mann durchgängig berufstätig ist und langfristig für ein kontinuierliches Einkommen sorgt. Beide wollen Kinder. Aber solange die Kinder klein sind, verzichtet die Frau auf eine eigenständige Berufstätigkeit. Hausfrau und Mutter ist für sie demnach keine langfristige Lebensperspektive. Bei dieser Lebensform scheint die traditionelle Rollenverteilung vorherrschend zu sein, aber nur vorübergehend.

Eine dritte Lebensform ist das voneinander unabhängige Paar. Der Mann ist berufstätig und die Frau übt einen Teilzeitberuf aus, auch wenn die Kinder noch klein sind. Der Balanceakt zwischen Teilzeitarbeit und Fürsorge für die Familie wird im Wesentlichen der Frau zugeschanzt, ein Problem, das sie zu lösen hat.

Eine vierte Lebensform ist das voneinander unabhängige Paar mit starker Karriereorientierung („dual career couples"), wobei die Grenze zum voneinander unabhängigen Paar durchaus fließend ist. Bei den „dual career couples" (DCC) streben Mann und Frau eine gleichwertige Berufstätigkeit an. Die Betreuung der Kinder übernehmen externe Hilfen, sei es Tagesmütter, Omas oder Ganztagskindergärten. Eine solche Partnerschaft lässt sich jedoch nur dann in gleichberechtigter Form realisieren, wenn beide PartnerInnen sehr flexibel sind, sich gut absprechen können und nicht wieder der weibliche Teil letztlich die Hauptlast des Organisierens trägt.

Eine weitere spezielle Form sind Ein-Eltern-Familien, alleinerziehende Mütter oder alleinerziehende Väter. Dabei lebt ein Elternteil mit dem Kind/den Kindern zusammen und geht aus wirtschaftlichen Gründen zum überwiegenden Teil einer Berufstätigkeit nach. Für Ein-Eltern-Familien ist außerdem charakteristisch, dass ein Elternteil gleichzeitig die unterhaltssichernd-ökonomische Funktion und die sozialisatorisch-emotionale übernimmt.

Im Wesentlichen laufen die bisher genannten Modelle auf eines hinaus: „Kinder haben heute, bedeutet vor allem für Frauen Verzicht auf genau das, was das Leitbild der Moderne ausmacht: die aktive Lebensplanung, die die eigene Person in den Mittelpunkt stellt und deren Gebote Mobilität, Unabhängigkeit und Selbständigkeit heißen."[16] Das ist auch der Grund, warum viele Frauen und Paare auf Kinder verzichten: und zwar freiwillig. „Beruf **oder** Kinder" lautet die knallharte Devise. Die Folge solch aktiver Lebensplanung? Partnerschaftliche und individualistische Lebensformen haben Konjunktur und werden nun näher beschrieben.

Partnerschaftsorientierte Lebensformen

Darunter verstehen wir Lebensformen, die zentral und strukturprägend die Paarbeziehung zum Inhalt haben. Die Beziehung selbst steht im Mittelpunkt und nicht etwa die Familie als solche oder gar Kinder. Kinderlose Ehe und nichteheliche Lebensgemeinschaft (NELG) sind spezialisiert auf Liebe und Emotionalität. Die zunehmende Entkoppelung von Liebe und

Ehe bringt mit sich, dass die affektive, die erotisch-sinnliche und die sexuell-körperliche Dimension der NELG wichtiger wurde. Die NELG fordert besonders die Institution der Ehe heraus, als traditionellen Ort gemeinsamer Haushaltsführung und als Monopol für sozial legitimierte Intimität und Sexualität.

NELGs sind weder als dauerhafte Alternative zur Ehe zu verstehen noch als Sprungbrett dorthin. Sie ist eine Zweierbeziehung, die gerade besteht. NELGs sind geprägt von ungewissen Temporalstrukturen. Diese unbestimmtere Zeitperspektive drückt sich auch in dem unklaren Beginn und in der Antizipation der immer präsent gehaltenen Möglichkeit einer Trennung aus.

Als moderne partnerschaftliche Lebensform haben sich „Commuter-Partnerschaften", auch als „two-location" oder „long-distance marriage" bezeichnet[17], herausgebildet. Das ist eine Beziehung, bei der beide PartnerInnen ihre beruflichen Karriereambitionen verfolgen und an zwei unterschiedlichen Orten getrennte Haushalte gründen. Die Trennung erfolgt ausschließlich deshalb, weil beide PartnerInnen stark karriereorientiert sind und am gleichen Ort nicht gleichzeitig eine angemessene berufliche Stellung finden können. Commuter-Partnerschaften unterscheiden sich in diesem Punkt auch ganz wesentlich von den „living apart together"-Beziehungen (LAT), die wir im nächsten Abschnitt beschreiben.

Zu Commuter-Gemeinschaften finden sich vor allem Personen in den oberen Berufshierarchien zusammen. Sie sind beruflich oft stark spezialisiert und können sich ihre Arbeit selbständig einteilen. Die gemeinsame Beziehung hat für die Betroffenen einen außerordentlich hohen Stellenwert. Dass sie kein gemeinsames Nest haben und ihre täglichen Kontakte einschränken müssen, erleben sie als ein Problem. Positiv sehen sie hingegen die erhöhte Kommunikationsdichte: die Zeit mit dem/der PartnerIn wird sehr intensiv und ganz anders genossen, ohne triviale Alltagskonflikte.

In diesem Punkt entpuppt sich die räumliche Trennung eindeutig als Vorteil: Sie entlastet beide Partner vor der Verantwortung für den nichtexistenten, gemeinsamen Haushalt. Dies zeigt auch eine Studie[18], in der Commuter-Paare mit dual career couples verglichen werden. Commuter fühlen sich insgesamt weniger überlastet. Allerdings kommt es auf die zeitliche Staffelung der Trennung an: Wochenendpaare sind am zufriedensten. Unregelmäßige Zusammenkünfte stellen sich dagegen als ziemlich belastend heraus.

Individualistische Lebensformen

Darunter sind die Lebensformen der Singles und die kollektive Form der Wohngemeinschaften zu verstehen. Gemeinsam ist ihnen, dass die Einzelnen auf sich selbst zurückgeworfen sind, zumindest eine gewisse Zeit lang und somit dem Phänomen der „Singularisierung“ entsprechen. Auffallend dabei ist, dass diese Lebensformen zwar wachsende gesellschaftliche Anerkennung finden, von Betroffenen selbst jedoch meist als „defizitäre“ Lebensform empfunden werden.

Eine sehr junge Form ist die Beziehungsform der getrennt Zusammenlebenden – „living apart together“-Beziehung (LAT). Es sind vor allem 18- bis 32-Jährige, die sie zunehmend bevorzugen.[19] Charakteristisch dafür ist, dass die Lebenssphären mehr oder weniger getrennt bleiben, obwohl sich die PartnerInnen als festes Paar verstehen. Diese Lebensform kann auch „beruflich erzwungen“ sein, wird häufig aber auch freiwillig gewählt. Die Abwechslung zwischen dem Alleine-Wohnen und der intensiv genutzten gemeinsamen Zeit heben die Beteiligten als positiv hervor, als prickelnden „Kick“, der die Beziehung belebt. Es gibt zwei verschiedene Lebensstile und Haushalte, die nur begrenzt miteinander koordiniert werden müssen. Es sind nur lose gekoppelte Haushaltssysteme, die da kombiniert werden müssen. Attraktiv ist diese Lebensform gerade für junge Frauen um die 30, die aufgrund ihrer bisherigen Erfahrungen bewusst auf die Gemeinsamkeit mit einem Partner verzichten. Zusammenfassend: Nichteheliche Lebensgemeinschaften verzichten lediglich auf den Trauschein, die Paare der LAT-Beziehungen aber auf eine weitere Säule – auf die gemeinsame Wohnung, den gemeinsamen Haushaltsalltag. Im Gegensatz zu ehelichen und nichtehelichen Lebensgemeinschaften stehen hier die Außenkontakte im Vordergrund.

Neben dieser individualisierten Paarform finden sich die Singles als Lebensform, in der vollends auf eine Paarbeziehung verzichtet wird. Während unfreiwillige Singles nach PartnerInnen suchen, sehen freiwillige Singles ihr Dasein als gewünschte Lebensperspektive, inklusive Freiräumen und Flexibilität. Dabei ist das ausgeprägte Interesse an Autonomie, Unabhängigkeit und individuellen Entfaltungsmöglichkeiten strukturprägend. Charakteristisch für Singles ist die Ausdifferenzierung und Verteilung der Bedürfnisse und Interessen wie Liebe, Sexualität, Sport, kulturelle Neigungen oder politische Aktivitäten auf mehrere Personen.

Unter den heutigen Bedingungen kann Familie als Familie nur existieren, wenn sie sich gegenüber der Umwelt verselbstständigt, abgrenzt und ein eigenes soziales System bildet. Dazu brauchen die Familienmitglieder ausreichend Zeit für Interaktionen und vor allem dafür, sich ihren Alltag so zu organisieren, dass die wechselseitigen Bedürfnisse befriedigt werden können. Zusammengefasst: Die klassische Frage, *was* eine Familie ausmacht, weicht zunehmend der Frage, *wie* eine Familie ihre Aufgaben meistert, wie sie funktioniert.

Doch die Aufgaben der Familien haben sich geändert und bleiben nicht ohne Auswirkungen auf Schulen, Gemeinden, andere staatliche Organisationen. Diese neben- und übergeordneten sozialen Systeme haben ursprüngliche Funktionen der Familien übernommen. Besser gesagt, sind sie ihnen im Laufe der Zeit einfach zugewachsen. Diese Funktionsverlagerung auf außerfamiliäre Strukturen verstärkt und ermöglicht erst neue Aufgabenverteilungen innerhalb der Familie. So ist etwa die Existenz von Kinderhorten für Einjährige eine unabdingbare Voraussetzung, dass Mütter wieder relativ rasch nach der Geburt eines Kindes ins Arbeitsleben zurückkehren können. Umgekehrt wirft diese Funktionsanreicherung etwa der Schulen wieder Abgrenzungsprobleme auf: Was an Erziehungsarbeit darf, kann oder muss das Elternhaus leisten, wie weit darf, kann oder muss sich die Schule einmischen?

Durch die gesellschaftlich gewünschte neue Aufgabenaufteilung zwischen Mann und Frau – etwa „halbe-halbe" im Haushalt und gemeinsame Verantwortung bei der Kindererziehung – geraten Familien, die an den traditionellen Mustern festhalten – der Mann ist primär für das Einkommen verantwortlich, die Frau für Heim und Kindererziehung – in die Defensive. Sie müssen sich Kritik gefallen lassen, ja geraten sogar in Legitimationsschwierigkeiten.

Die Veränderungen im Umfeld der Familie, der Sichtweisen von Familie und der ihr zugeschriebenen Funktionen kumulieren in ein neues Anforderungsprofil an jedes einzelne Familienmitglied: Statt Kontinuität und Stabilität wird von ihnen auch im familiären Intimbereich nun Flexibilität gefordert. Um zur Familie dazu zu gehören, brauchte es früher Zeit, musste man lange und beständig dabei sein. Jetzt aber, in Zeiten größerer innerfamilialer Fluktuation – Scheidungen, samt bunt zusammengewürfelter Patchwork-Konstellationen – wird der verbliebenen Restfamilie abverlangt, völlig neue Gesichter als Familienmitglieder zu akzeptieren. Dazu gehören nicht nur neue PartnerInnen der Eltern, sondern auch deren Kinder, Eltern und Geschwister.

In diesen neuen Familienstrukturen schwindet auch die Bedeutung traditioneller Zurechnungsregeln: Nicht Heirat oder Abstammung lassen Verwandtschaften entstehen. Viel wichtiger ist, ob die existierenden sozialen Beziehungen auch nach der Trennung weitergepflegt werden. Werden sie abgebrochen, ist es auch mit der Verwandtschaft vorbei. Das Aufrechterhalten solcher Nach-Trennungs-Beziehungen ist kein selbstverständlicher Akt, sondern eine freiwillige Handlung, die den Familien neue Solidaritäts- und Loyalitätsregeln abverlangt und die alten auf den Kopf stellt.

Solche Prozesse bringen die Vorstellung von Familie als Ort der Ruhe und Sicherheit gehörig ins Wanken. Der ständige Wechsel von Personen zwingt Dynamik in die Familien, verändert dort die Positionen und bringt ein gerütteltes Maß an Unsicherheit mit sich: Schließlich müssen dadurch die Beziehungen zwischen den einzelnen Familienmitgliedern neu gestaltet werden. (Im Übrigen bleibt auch den Familien traditionellen Zuschnitts eine Neudefinition ihrer Beziehungen nicht erspart, allein schon umweltbedingt!)

Ein weiterer wichtiger Faktor trägt dazu bei, dass das Bild der Familie als ein Ort der Harmonie endgültig verblasst. Familien sind zunehmend damit beschäftigt, Konflikte auszutragen und Problemlösungsstrategien zu entwickeln. Der Grund: Die Familie ist heute das einzige soziale System, in dem der Mensch als Person, d. h. grundsätzlich in all seinen Lebensbezügen angesprochen wird. „Alles, was eine Person betrifft, ist in der Familie für Kommunikation zugänglich. Geheimhaltung kann natürlich praktiziert werden, aber sie hat keinen legitimen Status. Man kann eine Kommunikation über sich selbst nicht ablehnen mit der Bemerkung: das geht dich nichts an. Man hat zu antworten und darf sich nicht einmal anmerken lassen, mit welcher Vorsicht man auswählt, was man sagt", merkte Luhmann[20] zu Recht an. Gerade die Tatsache, dass in Familien alles zum Thema wird, legt eine breite Basis für Konflikte.

Verschärfend zu all dem kommt der Faktor Zeit hinzu. Abgesehen einmal von den selbstfabrizierten Destabilisierungseffekten über Scheidung und ihrer erhöhten Beziehungsorientierung geraten Familien auch aus anderen Gründen zunehmend unter zeitlichen Druck: Die Komplexitätssteigerung in der alltäglichen Lebensorganisation, die drastische Zunahme der räumlichen Mobilität, die Beschleunigung im Alltagsleben und der geforderte Umgang mit dem Konsum- und Freizeitangebot bringen es mit sich, dass Zeit zu einem limitierten Faktor wird.

Zusammenfassend: Die Zuschreibung an Familien als Ruhepol, Ort der Kontinuität und emotionalen Stabilität als Gegenpol zur stressigen Dynamik in Organisationen kann nicht weiter aufrechterhalten werden. Familien werden zunehmend dynamische Orte, die vermehrt mit Unsicherheiten konfrontiert sind. Das gilt nicht nur für neue Lebensformen, sondern in gewissem Ausmaß auch für Familien traditionellen Zuschnitts.

5 Zwischen Familie und Beruf

Die Änderungsprozesse, die sich in Unternehmen und Familien abspielen, haben fundamental eines gemeinsam: Es ist die Erosion des „Normalen", die auf beiden Seiten im Gange ist. Das führt zur spannenden Frage, wie sich das Untergraben normierter Leitvorstellungen auf das bilaterale Verhältnis von Beruf und Familie auswirkt. Ein Verhältnis, das nicht unwesentlich die Alltagsrealität und Lebensqualität arbeitender Menschen prägt. Das gilt vor allem für Führungskräfte, die schon funktionsbedingt im Zentrum organisationaler Entwicklungen stehen.

Wird sich das existierende Spannungsverhältnis bei ManagerInnen zwischen Arbeit und Privatleben noch weiter verschlechtern oder gibt es Signale für eine Entspannung? Vieles spricht für Ersteres, nur wenig für Zweiteres. Das zeigt ein kurzer Blick auf die zwei vorhergehenden Kapitel dieses Buches.

Zwei Tendenzen in beiden Bereichen sind es, die den ManagerInnen eine ideale Kombination kräftig erschweren:

1. die unsicheren Rollenerwartungen,
2. der ausgesprochene Engpassfaktor Zeit.

Rollenerwartungen

Von beiden Seiten her sehen sich ManagerInnen mit wachsender Unsicherheit konfrontiert, es ändern sich die Rollenerwartungen gleichzeitig:

zu Hause und im Büro. Die Familie bietet sich nicht mehr als Refugium vor dem Alltagsstress an, sondern fordert ihrerseits Flexibilität. Flexibilität im Verhalten, das selbst beim besten Willen nicht geliefert werden kann, jedenfalls nicht auf Knopfdruck.

Wer all diese Rollenerwartungen erfüllen will, kommt gehörig in Stress. Ein volles Engagement auf beiden Seiten übersteigt mit größter Wahrscheinlichkeit die Kapazität einer Person oder geht zu Lasten ihrer Identität. Das daraus resultierende Dilemma hört sich aus dem Mund eines Betroffenen[21] so an: *„Je mehr ich versuche, nicht nur einem System anzugehören – also nicht nur der Firma –, desto mehr werde ich in jedem System ganz gefordert (...). Je mehr ich jedoch ganz gefordert werde, desto mehr habe ich das Gefühl, diesen Forderungen nicht gerecht werden zu können.“*

Kurzum: das Dilemma, in beiden Bereichen gut zu sein, nimmt ebenso zu wie die Versuchung, auf einen der zwei Bereiche praktisch zu verzichten, ohne dies gleich dezidiert auch anzukündigen. Die drohende Destabilisierung ist eine wechselseitige: Es ist nicht nur die Arbeit, die Menschen und ihre Familien kaputt machen kann, sondern umgekehrt auch das Privatleben, das Karrieren verhindern, bremsen oder zerstören kann.

Vieles spricht für die Vermutung, dass die neuen Rollenansprüche besonders den männlichen Managern zu schaffen machen. Laut einer Untersuchung Anfang der 90er Jahre hält ein übergroßer Teil der untersuchten Top-ManagerInnen am tradierten Bild der Familie fest, speziell an der Rolle der unterstützenden Ehefrau, obwohl dieses „Idealbild“ in Wirklichkeit immer seltener zu finden ist.[22] Der Grund für dieses konservative Denken der ManagerInnen ist leicht zu finden. Gerade in einem so dynamischen, fordernden Beruf wie dem Management – so die nicht uneigennützige Ansicht – sei es besonders wichtig, in der Familie „auftanken“ zu können. Daran sollte sich nach Wunsch der profitierenden ManagerInnen auch möglichst wenig ändern. „Stabilität“ fordern die ManagerInnen von ihren Familien geradezu ein! Das zeigen eindrucksvoll auch unsere eigenen Studien neueren Datums. Anekdotisch dazu ein Statement aus einem Managementseminar:[23] *“Wenn es zu viel wird, fühle ich mich überfordert, werde leicht grantig (...) dann zurückkehren zu können in mein Zuhause, in die Geborgenheit und Wärme (...)“*

Während ältere Semester am ehesten mit der geforderten und traditionell auch vorhandenen Unterstützung ihrer PartnerInnen rechnen können, kommen vor allem die jüngeren ManagerInnen in die Bredouille. Sie sind es ja, die einerseits zu neueren privaten Lebensformen tendieren und andererseits in der Firma Managementkarrieren neueren Stils durchlaufen. Ob sie neue Formen des privaten Zusammenlebens aus eigenem Antrieb wollen oder weil sie mit PartnerInnen liiert sind, die besondere Ansprüche an die Partnerschaft stellen, ist in diesem Zusammenhang nur nebensächlich.

Der Wunsch nach alternativen, besseren Lebensformen ist allerdings kein Zufall. Es ist schließlich kein Geheimnis, dass viele zwischenmenschliche Beziehungen an „innerer Leere“, „Routinisierung“, an Langeweile oder an fehlenden Zukunftsperspektiven scheitern. Was fehlt sind Anwesenheit, Interaktion, Sozialität und Transparenz, lauter Faktoren, die von den nichttraditionellen Lebensformen propagiert werden.

Jedenfalls gibt es Anzeichen dafür, dass gerade jüngere ManagerInnen aktiv nach einem brauchbaren Kompromiss zwischen Arbeit und Privatleben suchen. Scase und Coffee kamen zu dem Schluss, dass 35- bis 50-jährige ManagerInnen nicht mit aller Macht Karriere machen wollen, wenn dies ausschließlich auf Kosten persönlicher oder familiärer Beziehungen geht. Auch hier spielt herein, dass akademisch ausgebildete ManagerInnen typischerweise mit ebenso hochqualifizierten PartnerInnen leben, die neue familiale Beziehungsstrukturen einfordern.[24]

Engpassfaktor Zeit

Vorgesetzte und „Shareholder“ fordern gerade von ManagerInnen, jederzeit verfügbar zu sein, vor allem wenn es um Berichte und Konzepte geht, die womöglich schon gestern hätten fertig sein müssen. Gleichzeitig soll diese Person auch zu Hause nicht nur präsent, sondern auch aktiv sein: Im Familienverband „Beziehungsarbeit“ leisten, Aufgabenverteilungen aushandeln oder bei der Erziehung der Kinder mitwirken. Beide Systeme – Unternehmen und Familien – beanspruchen nahezu die Vollinklusion dieser Menschen, jeweils für sich natürlich. Das stößt auch – abgesehen von den schon erwähnten Problemen mit Vollinklusionsansprüchen von gleich zwei Seiten – auf rein zeitliche Grenzen.

Nur auf den ersten, oberflächlichen Blick schaffen neue Medien und flexiblere Formen des Arbeitseinsatzes diesbezüglich Erleichterung. Doch was hilft es dem Familienleben, wenn die Mutter/der Vater zwar zu Hause ist, aber ständig am Handy telefoniert oder am Computer hängt? Körperliche Präsenz allein reicht nicht, um den gewachsenen Ansprüchen der Familie Genüge zu tun. Ganz im Gegenteil: Wenn die lustige Familienbalgerei oder das Tennisspiel sofort und abrupt unterbrochen werden, nur weil das Handy schrillt, wird der Vorrang der Firma und der untergeordnete Stellenwert der Familie selbst für jedes Kleinkind evident. Ein Erlebnis, das die Familienkohäsion nicht gerade verstärkt.

Auch von flexibleren Arbeitszeitformen, wo auf arbeitsintensive Einsatzphasen ruhigere Zeiten folgen, könnten ManagerInnen-Familien nur profitieren, wenn solche Zeitfenster auch vorhersehbar wären und damit in die Familienplanung einfließen könnten. In den meisten Fällen tun sie sich aber plötzlich auf und schließen sich auf ebenso unberechenbare Weise. Selbst bei zuverlässiger Planung wäre es der Familie wahrscheinlich unmöglich, Schularbeitskalender, die unkonventionelle Freizeit und die Zeit der Mutter/des Vaters aufeinander abzustimmen. Häufig gibt es solche Koordinationsschwierigkeiten ja schon in Ferienzeiten, die jahrelang davor fixiert und bekannt sind.

Diese zeitliche Unberechenbarkeit ist charakteristisch für flexible Arbeitseinsätze, die ja mehr und mehr wichtige Meilensteine auf modernen Karrierewegen darstellen. Die Unabwägbarkeit, wann die Firma die uneingeschränkte Verfügbarkeit einfordert, strapaziert aber nicht nur die Nerven der gesamten Familie, sondern setzt eine bedingungslose Berufsorientierung und die permanente Einsatzbereitschaft voraus, was nicht ohne Folgen fürs Privatleben bleibt. Wer kann – ständig auf Abruf lebend – seelenruhig einen langen Urlaub oder gar nur ein frugales Mahl samt Knoblauch und Wein so richtig genießen?

Wie gehen einzelne ManagerInnen mit diesem Grundsatzdilemma um? Welche individuellen Problemlösungsstrategien setzen sie ein?

Tabelle 2: Anforderungen an die Arbeitssituation[25]

Lebensform	Kennzeichen	Charakteristische Anforderungen
Traditionelles Paar	Klare Rollenaufteilung: Mann – Beruf, Frau – Familie und Haushalt	Reduzierung überlanger Arbeitszeiten und Dienstreisen
Temporär-traditionelles Paar	Mann und Frau wechseln einander in der Berufsorientierung ab. Für eine bestimmte Zeit steht jeweils der Beruf eines Partners im Vordergrund, während der/die andere zurücksteckt.	Nicht lineare Berufskarrieren mit Phasen reduzierter Arbeitszeit Aushandeln von festen Jahresarbeitszeiten Wiedereinstiegsgarantien
Unabhängiges Paar	Der Mann strebt eine lineare Karriere an. Die Frau sucht eine Teilzeitbeschäftigung, solange die Kinder klein sind.	Teilzeitarbeitsplätze mit flexibler Arbeitszeitgestaltung Betriebliche Kindergärten bzw. Horte
Unabhängiges Paar mit starker Berufsorientierung (dual career families)	Mann und Frau streben eine gleichrangige Berufstätigkeit an. Beide sorgen in gleicher Weise für den Haushalt und die Kinder. Für den Alltag müssen oft Kompromisse gefunden werden.	Eingeschränkte Erwartungen an Mobilität, da der/die PartnerIn beruflich gebunden ist. Flexible Arbeitszeiten, um die Abstimmung mit dem/der PartnerIn zu ermöglichen
Kinderloses Paar	Mann und Frau streben eine Berufskarriere an und verzichten auf Kinder.	Eingeschränkte Erwartungen an Mobilität
Nichteheliche Lebensgemeinschaft	Mann und Frau leben zeitlich begrenzt zusammen, stehen zumeist beide im Beruf, gründen keine Familie und sind spezialisiert auf Liebe und Emotionalität.	Beruf und Partnerschaft sind gleich wichtig. Oft muss sich die Partnerschaft den beruflichen Anforderungen unterordnen. Der Wunsch nach Familie gefährdet diese Lebensform.
Commuter-Partnerschaft	Beziehung, bei der beide PartnerInnen ihre beruflichen Karriereambitionen verfolgen und getrennte Haushalte an zwei unterschiedlichen Orten gründen. Treue spielt eine große Rolle.	In dieser Form sind auch Beruf und Partnerschaft von hoher Bedeutung. Jedoch ist meist unter der Woche eine starke Konzentration auf den Beruf zu beobachten, während die gemeinsamen Zeiten sehr intensiv erlebt werden.

Tabelle 2 (Fortsetzung)

Lebensform	Kennzeichen	Charakteristische Anforderungen
„living apart together"-Beziehung	Lebenssphären bleiben mehr oder weniger getrennt, die PartnerInnen verstehen sich als festes, emotional sehr bedeutendes Paar.	Es müssen zwei getrennte Haushalte geführt werden. Berufliche Anforderungen stehen im Vordergrund. Das Paar muss sich jeweils zeitlich und räumlich aufeinander abstimmen.
Single	Mann oder Frau streben nach einer Karriere und verzichten auf eine feste Beziehung zu einer PartnerIn.	Können sich voll auf die beruflichen Anforderungen einlassen und diese ganz auf ihre individuellen Ziele abstimmen.

Selbstredend stellt sich diese Frage umso vehementer für ManagerInnen mit Kindern. Wer aber – wie wir – in langjähriger Forschungspraxis und in intensivem Kontakt mit Führungskräften arbeitet, weiß, dass sich diese Problematik gerade auch für kinderlose Paare und so genannte Singles stellt, die ja auch nicht in beziehungslosem Raum leben.

Freilich konkretisiert und ändert sich das Spannungsfeld Beruf–Familie je nach familialer Konstellation. In der Praxis macht es sehr wohl einen Unterschied, ob ein Paar eine traditionelle Rollenaufteilung bevorzugt oder unabhängig voneinander agiert, ob Kinder da sind oder nicht. Entsprechend ihrer privaten Situation stellen ManagerInnen unterschiedliche Anforderungen an die Arbeitssituation, offenbar im Bestreben, das sich auftuende Spannungsfeld irgendwie in den Griff zu bekommen.

Einen Überblick zeigt Tabelle 2, in der acht verschiedene Lebensformkonstellationen dargestellt sind, die im Versuch, Beruf und Familie zu integrieren, unterschiedliche Ansprüche in punkto Arbeitszeit, Arbeitsorganisation und Karriereperspektiven stellen.

Aus der Tabelle ist deutlich erkennbar, dass traditionelle und kinderlose Paare sowie Singles die allerwenigsten, privat bedingten Extra-Wünsche an ihre Arbeitgeber haben. Bei den temporär-traditionellen Paaren wird es schon etwas schwieriger, ebenso bei den unabhängigen Paaren.

So richtig kompliziert gestaltet sich das Arbeitsleben vor allem für unabhängige Paare mit starker Berufsorientierung (dual career families), die am stärksten die Integration von Familie und Beruf versuchen. Sie suchen ständig nach einem Gleichgewicht zwischen beruflicher Selbstverwirklichung und der Bereitschaft, für Interessen des anderen zurückzustecken, was oftmals bedeutet, dass immer wieder einer der PartnerInnen in einer Phase der beruflichen Entwicklung „kürzer“ tritt. Diesen Formen der Partnerschaft steht die noch immer gängige Ansicht im Wege, dass Brüche als Makel in einer traditionell linearen Karriere gelten. Die gegenwärtige Berufsrealität bildet somit für viele solcher Paare ein enormes Hindernis und es müssen oft kräfteraubende Integrationsleistungen erbracht werden.

6 So kann man sich verhalten

Mit welchen Strategien ManagerInnen dem Spannungsfeld zwischen Familie und Beruf begegnen, hängt entscheidend davon ab, welchen Stellenwert sie diesen zwei Bereichen jeweils zumessen. Je nachdem, ob der Beruf als wichtig oder unwichtig und die Bedeutung des Privatlebens als hoch oder niedrig eingestuft werden, gibt es theoretisch vier verschiedene Typen von Handlungsmustern.[26]

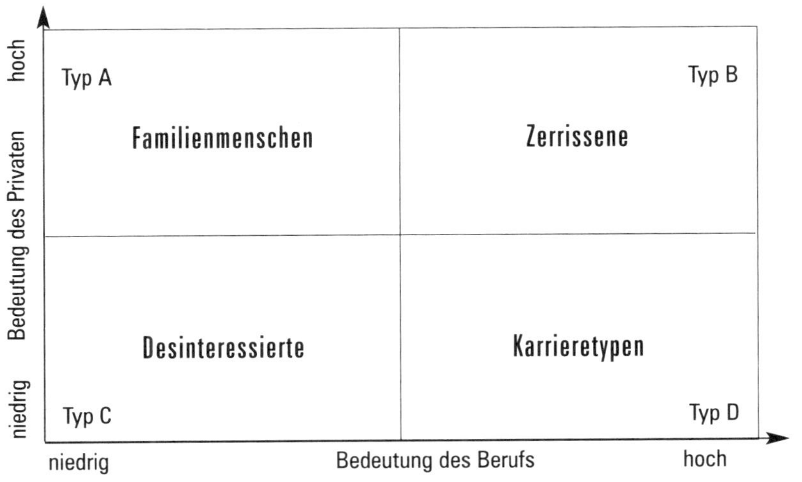

Abbildung 3: Individuelle Herangehensweisen an das Spannungsfeld Familie und Beruf[27]

Typ A: Familienmenschen

Dabei handelt es sich um ManagerInnen, die der Familie einen hohen Stellenwert zumessen, ihrem Beruf dagegen nur eine geringe Bedeutung. Diese Kombination findet sich vermutlich einerseits bei ManagerInnen, die schon eine Top-Position erreicht haben, sodass sie beruflich für sich kaum mehr Verbesserungschancen sehen. Sie sind über die eigenen Ambitionen erhaben, karrieremäßig saturiert. Parallel dazu steigt das private Engagement, das sich die ManagerInnen aus ihrer gesicherten Position heraus nun gönnen können. Unterm Strich sinkt der Stellenwert des Berufs in ihrem Leben.

Andererseits ist eine ähnlich starke Familienpräferenz bei jüngeren ManagerInnen am unteren Ende der Karriereleiter festzustellen. Für sie haben die Ansprüche aus Partnerschaft, Familienarbeit und Elternschaft eindeutig Vorrang vor den Karriereperspektiven und dem beruflichen Aufstieg. Sie stecken der Familie zuliebe die Karriereambitionen zurück. Es ist durchaus plausibel, diesen Typus von ManagerInnen als „Familienmenschen" zu bezeichnen.

Typ B: Zerrissene

Für diesen Typus spielen sowohl das Privatleben als auch das Berufsleben eine große und bedeutende Rolle. Es liegt auf der Hand, dass vor allem engagierte ManagerInnen dieser Kategorie zuzurechnen sind, die sich überall und prinzipiell voll einbringen wollen, im Privatleben genauso wie im Berufsleben. Es sind jene Typen, die von vornherein nirgendwo zurückstecken können und wollen und sich mit allen Kräften zunächst bemühen, beides auf die Reihe zu kriegen. Powertypen sozusagen, die wahrscheinlich ständig Gefahr laufen, sich auszupowern und ihre buchstäbliche Zerrissenheit auf Dauer nicht aushalten können. Ein etwaiges Scheitern muss nicht zwangsläufig auch nach außen spektakulär sichtbar werden, sondern kann sich auch in einem langsamen Zermürbungsprozess materialisieren, dessen Wurzeln sich mit der Zeit verwässern.

Typ C: Desinteressierte

Dieser Typ zeichnet sich durch eine niedrige Bedeutung des Berufs und des Privaten aus. Hier kommt das Spannungsfeld zwischen Beruf und Familie kaum zum Tragen, ist individuell kaum spürbar. ManagerInnen, die dieser Kategorie zugeschrieben werden, messen beruflichen Positionen nur geringe Wertschätzung zu. Dementsprechend verhalten ist auch ihr Einsatz in beruflichen Belangen. Vermutlich sind ManagerInnen in dieser Gruppe eher spärlich gesät, der es sowohl an Kreativität als auch an Flexibilität mangelt. Eher vorzufinden sind hier andere Gruppen von Beschäftigten. Mit großer Wahrscheinlichkeit handelt es sich um Menschen ohne jedwede Perspektive auf berufliche Veränderungen und ohne Hoffnung auf ein wie immer geartetes Vorwärtskommen auf der Karriereleiter. Auch privat sind Desinteressierte kaum gefordert. Es ist gut vorstellbar, dass sich in dieser Kategorie Menschen versammeln, deren Privatleben auf eher starren Schienen läuft und deren Berufsweg sich dem Ende nähert. Oder aber jüngere Menschen ohne besonderen beruflichen Kick, die noch zu Hause bei ihren Eltern leben.

Typ D: Karrieretypen

Der Typus der Karrieristen ist am leichtesten beschreibbar. Der Beruf wird großgeschrieben, ganz speziell die eigene Karriere und deren Fortschritt. Ihr wird alles geopfert, Privatleben inklusive. Hier haben wir es mit Typen zu tun, die bis tief ins Privatleben hinein alles dem Karriereidol unterordnen. Das fängt bei der Auswahl der Hobbys an, geht über eine berufsinduzierte Freundschaftspflege und reicht weit ins Familienleben hinein. Die privaten Interessen der Karrieretypen sind völlig hintangestellt. Gemeinhin ist dieser Typus unter dem Begriff des „workaholic“ bekannt. Mit der Einschätzung, dass ManagerInnen in dieser Gruppe sehr verbreitet sind, geht man kein hohes Risiko ein.

Familienmenschen und Karrieretypen befinden sich jeweils am Ende der beiden Skalen. Bei beiden Typen dominiert eines der zwei Systeme, ist eine asymmetrische Beziehung erkennbar und liegen die Präferenzen klar auf dem Tisch. Für Desinteressierte ist das uns faszinierende Spannungsfeld kaum spürbar und kaum ein Problemdruck gegeben. Besonders spannungsgeladen ist die Situation für Zerrissene, die den Erwartungen aus beiden Systemen (Familie und Organisation) entsprechen wollen – und das mit hoher Intensität.

So viel zu einer ersten Charakterisierung dieser vier möglichen Handlungsmuster. Um tiefere Einblicke und genauere Rückschlüsse für den Umgang mit dem Spannungsfeld Privat–Beruf zu gewinnen, werden diese Idealtypen in einem nächsten Schritt an die Logik von Wirklichkeitskonstruktionen und Interaktionsmustern rückgebunden. Die oben beschriebenen Idealtypen finden sich in einem Feld der Handlungslogik[28] wieder:

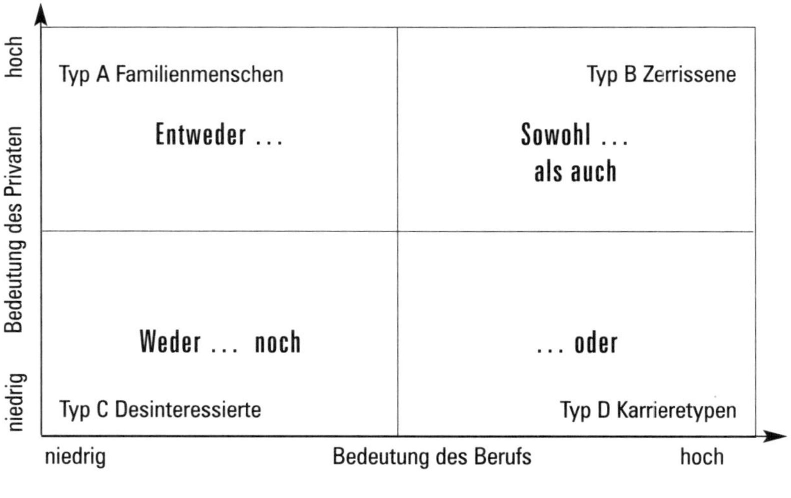

Abbildung 4: Handlungslogiken der individuellen Herangehensweisen

Das Feld der Handlungslogiken zeigt, wie die beiden Lebensbereiche und deren Bedeutung in Beziehung gesetzt werden können. So kann der/die Einzelne sich für einen der beiden Lebensbereiche entscheiden und dem anderen wenig Bedeutung zuschreiben – dies entspricht den Positionen

ENTWEDER des Familienmenschen und ODER des Karrieretypen. Diese Entscheidung ist jeweils das Ergebnis eines Abwägungsprozesses mit klarer Präferenz einer Seite. Auf diese Weise wird das Individuum jedenfalls handlungsfähig, weil der jeweils andere Aspekt künstlich abgewertet wird. Wird der Beruf verleugnet und aus der Selbstbeschreibung quasi ausgegrenzt, bleibt nur eines übrig: die konfliktfreie Entscheidung für die Familie.[29] Bleibt die Familie ausgeblendet, bleibt es bei der absoluten Präferenz für die Firma.

Zwischen diesen eindeutig parteilichen Funktionen des Entweder/Oder liegen zwei – handlungslogisch gesehen – neutrale Ansätze, die Typen B und C. Beim Typus C, dem Desinteressierten, wird die Entscheidung zugunsten eines einzigen Lebensbereiches vermieden, d. h. WEDER dem Privatleben NOCH dem Berufsleben wird sonderlich Bedeutung zugeschrieben. Alle Handlungen werden vermieden, die eine Präferenz für die eine oder andere Seite signalisieren könnten.

Der Typus B, der Zerrissene, unterstreicht SOWOHL die Rolle des privaten ALS AUCH des beruflichen Bereiches. Diese Position hat ein herausragendes Merkmal: Hier wird die Unterscheidung zwischen Beruf und Familie aufgehoben. Und damit auch der Widerspruch zwischen diesen Sphären.

Lassen wir nun drei Typen nach dem handlungslogischen Muster Revue passieren. Ausgeklammert bleibt dabei der Typus des Desinteressierten, der wegen seiner schwachen Spannung eine vernachlässigbare Größe darstellt.

Bei den Familienmenschen ist die Lebensplanung familienzentriert. Die Familie hat eindeutig Vorrang gegenüber dem Beruf. Die Lebensplanung ist eng verbunden mit der Akzeptanz des traditionellen hierarchischen Geschlechterverhältnisses und der dazugehörigen Arbeitsteilung: der Mann als alleiniger Familienernährer und die Frau als Hausfrau.

Die Lebensplanung der Zerrissenen kann mit dem Begriff der doppelten Lebensplanung beschrieben werden. Die künftige Entwicklung beider Lebensbereiche – Beruf und Familie – wird gleichermaßen als wichtig erachtet, wenn auch mit wechselnden Prioritäten im Lebenslauf. Eine berufliche Ausbildung hat einen hohen Stellenwert. Dabei geht es nicht um irgendeine Ausbildung, sondern der Beruf soll Spaß machen und Möglichkeiten zur Selbstentfaltung bieten. Die Phase des jungen Erwachsenen ist geprägt von der Vorstellung von Gleichheit der Geschlechter, von der Erwerbsarbeit beider PartnerInnen und von partnerschaftlicher Arbeitsteilung im Haushalt. In der Familienphase treten dann jedoch häufig Konfliktsituationen auf. Allzu oft setzt mit der Geburt des ersten Kindes plötzlich jene geschlechtsspezifische Arbeitsteilung zwischen Frau und Mann ein, die das junge Paar niemals bewusst angesteuert hat und eigentlich niemals praktizieren wollte. Und der partnerschaftlich orientierte Annäherungsprozess, den das noch kinderlose Paar gestartet hatte, erfährt ein jähes Ende. Der Prozess der Angleichung der Lebenslagen von Männern und Frauen wird faktisch unterbrochen. Meist sind es die Frauen, denen die enorme Integrationsleistung zugemutet wird, künftig eben beide Lebensbereiche in einem individuellen Arrangement zu vereinbaren. Die Rolle des Mannes als Familienernährer wird dabei nicht hinterfragt.

Beim Karrieretypen dominiert die berufszentrierte Lebensplanung. Der familiale Bereich ist dem Beruf nachgeordnet. Vollzeiterwerbstätigkeit zur eigenen Existenzsicherung steht im Vordergrund. Deshalb ist die biographische Kontinuität in erster Linie die Erwerbskontinuität. Dies bedeutet jedoch nicht, dass sich Personen dieses Typus gegen Familie und Kinder entscheiden. Sie wissen jedoch, dass es schwierig sein wird, Beruf und Familie(ngründung) miteinander zu vereinbaren.

Für die Familienmenschen und die Zerrissenen können neben der ausgeprägten Berufsorientierung auch die orientierungsstiftende Vorstellung vom Leben mit Kindern und/oder von einer beglückenden Paarbeziehung treibende Motive darstellen. Personen, die diesen Typen zuzuordnen sind, artikulieren öfter ihr massives Interesse, die Entwicklung der Kinder direkt mitzuerleben und eine intensive Beziehung zum Nachwuchs aufzubauen. Außerdem steckt häufig die Überzeugung dahinter, dass beide in puncto Berufstätigkeit, Haushalt und Kinderbetreuung gleichberechtigt sein sollten. Umsetzbar sind diese Idealvorstellungen allerdings nur dann, wenn wenigstens ein Partner auch eine gewisse Bereitschaft zeigt, die Karriere- und Weiterbildungschancen nur eingeschränkt wahrzunehmen, und sei es nur vorübergehend.

Wie schon erwähnt, sind die Karriereorientierten und Zerrissenen unter den ManagerInnen mit hoher Wahrscheinlichkeit stark vertreten und vor allem auch die letztere Kategorie im Wachsen begriffen. Ausschlaggebend ist nicht nur die theoretische Auseinandersetzung mit neuen Rollenleitbildern für Mann und Frau und auch nicht nur die persönlichen Vorerfahrungen, egal, ob als negatives Vorbild einer im Elternhaus erfahrenen traditionellen Arbeitsteilung oder als positive Erfahrungen mit partnerschaftlicher Arbeitsteilung im Haushalt. Ein nicht zu unterschätzendes Faktum ist, dass sich das Paar den gewünscht-gewohnten hohen Lebensstandard ohne zweites Einkommen nicht mehr leisten könnte.

Im Gegensatz zu den Zerrissenen sind die Familienmenschen in puncto geteilter Elternschaft hochmotiviert und haben dabei ganz klar definierte Ansprüche an ihr Leben mit Kindern und an die Paarbeziehung. Die Familienmenschen stellen dieses private Leitmotiv höher als ihre Karriere und riskieren mitunter auch Einbrüche in ihrer beruflichen Laufbahn.

Die Zerrissenen zeichnet ein deutliches Maß an Ambivalenz hinsichtlich ihrer beruflichen und familialen Orientierung aus. So sind für Männer meist die beruflichen Ambitionen der Partnerinnen ausschlaggebend dafür, sich mit den beiden Bereichen auseinanderzusetzen und einen egalitären Teil der Familienarbeit zu übernehmen. Im Gegensatz zu den Familienmenschen schwingen oft noch die traditionellen Formen der Arbeitsteilung mit. So bleibt letztlich diese Gruppe auf das Berufsleben eines Partners fixiert, zumeist jenes des Mannes.

Soweit die theoretische Präsentation dieser vier Idealtypen. Im nächsten Abschnitt wollen wir prüfen, ob dieses theoretische Gerüst den Fakten standhält und inwieweit die genannten vier Typen in der Realität auch empirisch auffindbar sind. Anders gesagt: Wir wollten wissen, wie ManagerInnen tatsächlich mit dem Spannungsfeld Beruf–Familie umgehen, wie sie diese zwei wichtigen Lebensbereiche gestalten.

7 Wissenschaftlich gefundene Typen

Wie also vollziehen ManagerInnen ganz real den Trapezakt zwischen Firma und Familie? Sind die vier theoretisch abgeleiteten Typen in Wirklichkeit überhaupt existent? Wenn ja, wo sind die meisten ManagerInnen zu finden?

Um das zu beantworten, starteten wir – wie eingangs erwähnt – bereits vor Jahren ein sehr aufwendiges Forschungsprojekt mit Führungskräften. Um drei Themenkomplexe kreisten die Fragen:

Komplex 1: Was ist den ManagerInnen wichtiger, Familie oder Beruf? Über welche familiären oder beruflichen Themen sprechen sie am häufigsten?

Komplex 2: Sind den ManagerInnen die Beziehungen zu ihren EhepartnerInnen oder Kindern wichtiger oder ihre sozialen Beziehungen zu Chefs, Kollegen, Untergebenen?

Komplex 3: Welche Rolle spielt das Thema Zeit und wie wird mit Zeitknappheit im familiären und beruflichen Kontext umgegangen? Gibt es hier unterschiedliche Muster (individuelle Strategien)?

Die empirischen Antworten verdichtet:

Komplex 1: Den ManagerInnen ist – ganz generell gesehen – der Beruf wichtiger als die Familie. Selbst wenn sie über ihre Familie sprechen, reden sie am häufigsten über berufliche Tätigkeiten (siehe Abbildung 5).

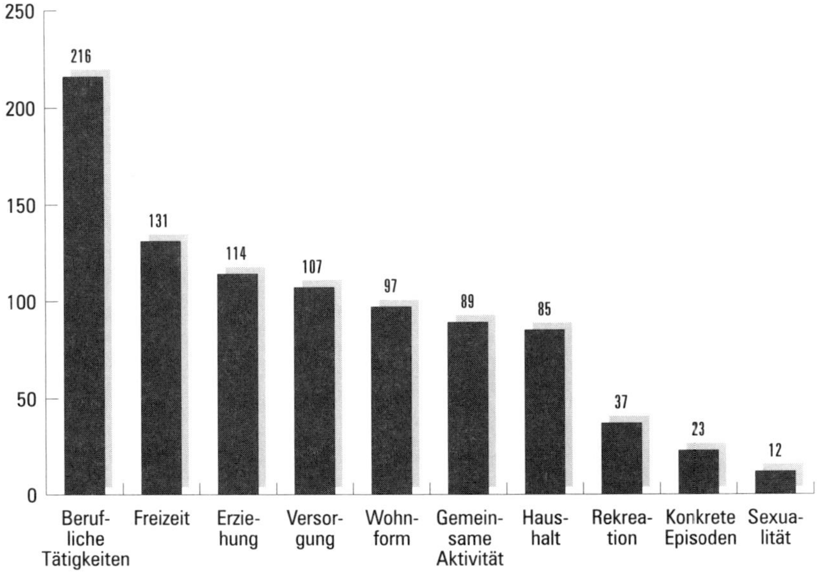

Abbildung 5: Themen im Bereich Familie

Wenn sie über ihren Beruf sprechen, kommen sie meist auf Inhalte oder auf die Gesamtorganisation zu sprechen. Viel seltener erwähnen sie berufsbezogene Familienthemen (siehe Abbildung 6).

Komplex 2: Es fällt ManagerInnen leichter, sich in die Haut ihrer Chefs, KollegInnen und MitarbeiterInnen hineinzuversetzen als in die Perspektive ihrer Familienangehörigen. Sie denken auch eher über ihre sozialen Beziehungen in der Firma nach als über ihre Beziehungsmuster in den eigenen vier Wänden.

Komplex 3: Termine und Zeitdruck spielen im Privatbereich eine größere Rolle als im Beruf. Flapsig ausgedrückt: Termine drücken – besonders in der Familie. Wenn es hart auf hart geht, bleibt die Firma Sieger.

Nun, ehrliche Insider und Kenner eingefleischter ManagerInnen-Karrieren werden diese Antworten wohl kaum vom Sessel werfen. Dass ManagerInnen eher mit der Firma verheiratet sind als mit ihren PartnerInnen, gehört fast schon zum mehr oder weniger gepflegten Klischee dieser Berufsgruppe, wenngleich es nicht alle Betroffenen auch freimütig eingestehen.

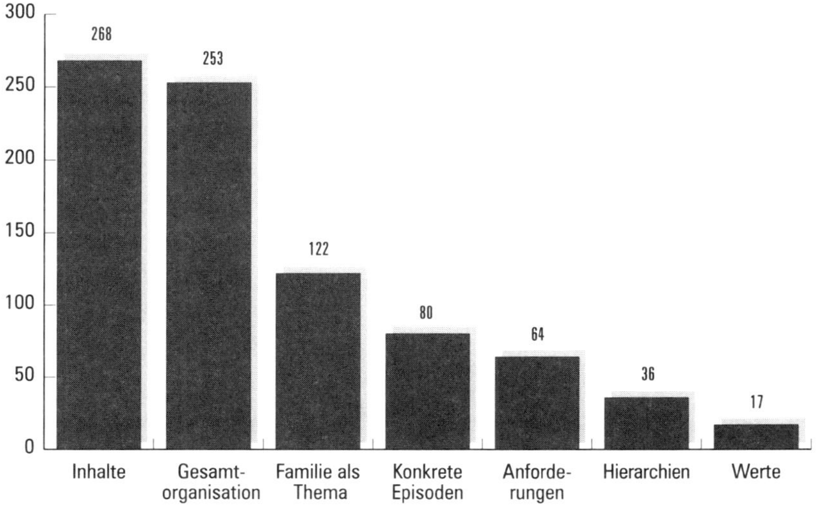

Abbildung 6: Themen im Bereich Beruf

Viel Interessanteres brachte die weitere, mehrstufige Auswertung unserer empirischen Daten hervor: Die theoretisch abgeleiteten Typen – Familienmenschen, Karrieretypen, Zerrissene, Desinteressierte – sind unter den ManagerInnen nicht zu finden, jedenfalls nicht in Reinkultur.

Empirisch nachgewiesen und aufgefunden haben wir drei verschiedene Cluster[30] von ManagerInnen und zwar:

Cluster 1: „Familienmenschen", die wir auf Grund der Positionierung in der 4-Felder-Systematik in „Pseudoharmonische" umbenennen

Cluster 2: „Karrieretypen"

Cluster 3: „Zerrissene"

Um optisch zu sehen, wie die empirisch vorgefundenen Muster vom theoretischen Schema abweichen, blenden wir sie kurz in die Ursprungsgrafik ein (Abbildung 7).

Dass keine einzige der untersuchten ManagerInnen in die theoretische Kategorie der Desinteressierten, Typus C, fällt, ist dabei nicht weiter verwunderlich. Dass sich unter erfolgreichen ManagerInnen niemand findet, der weder am Beruf noch an Familie interessiert ist, hatten wir ja auch schon im theoretischen Teil unterstellt.

Was nicht oder in diesem Ausmaß nicht zu erwarten war, ist, dass unter den ManagerInnen auch kein Familientypus (A) aufgespürt werden konnte. Statt dessen haben wir es mit Menschen zu tun, die eher als „pseudoharmonisch“ einzustufen sind, weil sie trotz anderslautender Rede in Wirklichkeit sehr stark berufs- und karriereorientiert leben. Deshalb erscheint uns ab nun der Ausdruck „pseudoharmonisch“ treffender, weil der berufliche Status trotz augenblicklicher Konzentration auf die Familie nicht aus dem Auge verloren wird. Die intensive Familienorientierung ist eindeutig nur eine vorläufige und kann – mit dem Auftauchen einer konkreten Aufstiegschance oder mit Gefährdung der als gesichert angenommenen Top-Position – schlagartig wieder kippen.

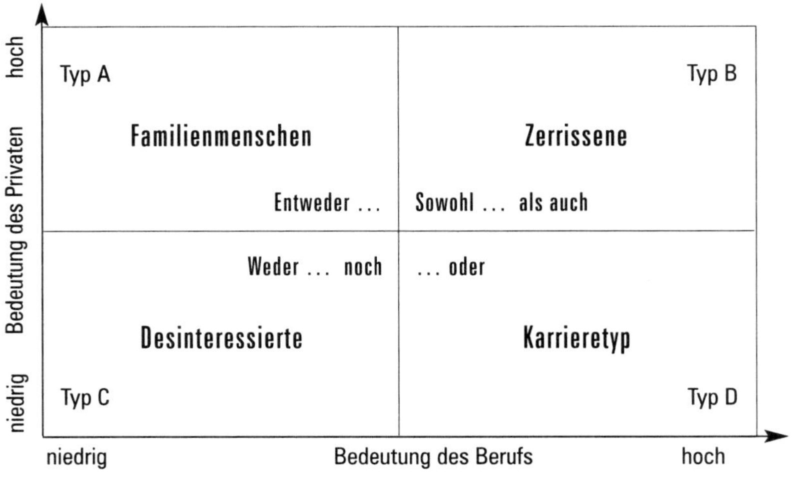

Abbildung 7: Handlungslogiken bzw. Konfliktfelder der untersuchten Gruppe

Stark präsent unter den ManagerInnen sind die Zerrissenen und Karrieretypen. In beiden Fällen passen Realität und theoretischer Rahmen am ehesten überein.

Wir wollen diese drei verschiedenen Muster im Umgang mit dem Spannungsfeld Beruf und Familie im Einzelnen beschreiben. Vorauszuschicken ist noch, dass sich das intensiv befragte ManagerInnen-Sample so ziemlich gleichmäßig auf alle drei Cluster verteilt, also keines davon dominiert:

„Pseudoharmonische" (Cluster 1)
„Karrieretypen" (Cluster 2)
„Zerrissene" (Cluster 3)

Cluster 1: Pseudoharmonische

Die „Pseudoharmonischen" betrachten Beruf und Familie zwar grundsätzlich als strikt getrennte Bereiche, die auszubalancieren sind. Doch es handelt sich dabei nur um „eine scheinbare Balance: die Tradition der zwei Welten ... und Schweigen." Aus diesem Grund haben wir diesen Cluster eben auch als „pseudoharmonisch" bezeichnet.

Im Prinzip sind auch die zehn Männer und eine Frau, die in diese Kategorie gehören, eindeutig berufsorientiert, obwohl sie auf eine saubere Trennung zwischen den zwei Sphären pochen. Von ihnen sind etwa folgende Sätze zu hören:

„Aber für mich ist also – Geschäft ist Geschäft und Schnaps ist Schnaps und ich möchte meine Familie nicht in meine Probleme involvieren. Meine Frau sieht das völlig anders, die sagt, eigentlich erwarte ich mir das."

„Es sind für mich schon typische Zeichen, dass man Beruf und Privat trennt, dass man einfach um neun Uhr morgens dann schön angezogen sich einfindet, weil es ganz wichtig ist, und man doch eher später nach Hause gehen soll als zu früh, weil man halt dem Unternehmen gegenüber da loyal sein muss."

„Strenge Rechnung, gute Freunde – ganz klar, hier gibt es eine ganz klare Trennung."

Im Unterschied zu den echten Karrieretypen betrachten sie das berufliche Feld aber primär sachlich-thematisch und besetzen es nicht emotionell. Zudem spielen Zeit- und Karriereaspekte bei den Pseudoharmonischen eine etwas geringere Rolle als bei den Karrieretypen.

Hierher gehören Führungskräfte, die mit starken Selbstbildern die strikte Trennung von Beruf und Familie geradezu beschwören. Die Partnerschaft wird als wichtig wahrgenommen, es gibt viel Gemeinsamkeit, aber keine Dominanz – jedenfalls nach dem Selbstbild der Befragten. So verweist in dieser Gruppe eine große Mehrheit (7 von 11) auf eine gleichrangige Partnerbeziehung mit einer Schnittmenge von Gemeinsamkeiten.

„*Wir wollen uns nicht nur über die Kinder definieren, dass das der einzige Zweck des Zusammenlebens ist, die Brutpflege sozusagen, wie wir es schaffen, werden wir sehen, ich kann das momentan nur wünschen.*"

Kinder betrachtet diese Gruppe vor allem als Objekte, denen Zeit geopfert werden muss. Hier sind sich die Befragten durchaus bewusst, dass sie ihre Rollenerwartungen nur mangelnd erfüllen. Es fallen Sätze wie:

„*Mein Sohn hat sicherlich von mir nicht sehr viel – nur wenn er was von mir hat, dann hat er es glaube ich zumindest in einer sehr ausgeprägten Form, weil ich nicht der typische Familienvater bin der um fünf Uhr nach Hause kommt, sondern ich bin sehr unregelmäßig zu Hause und – versuche also hier die Stunde oder halbe Stunde oder eineinhalb Stunden, was noch geht am Abend, mich ihm, meiner Familie zu widmen und eigentlich meinen Hobbys – deren hab ich sehr wenige – meinen Hobbys nachzugehen, da ist eigentlich von der Wertigkeit her ganz klar der Sohn an erster Stelle.*"

ManagerInnen dieses Clusters bevorzugen das exkludierende und eher dominierende „Ich" auch im familialen Kontext, und zwar so signifikant, dass daraus ebenfalls auf eine dominierende Stellung in der Familie geschlossen werden kann. Andererseits kommt ihnen signifikant oft das partnerschaftliche „wir" über die Lippen, wenn sie von der Familie erzählen. Über den Beruf sprechen sie eher nur einseitig: Im Mittelpunkt steht eindeutig die Firma. Unternehmen werden dabei als familienähnliche Gebilde konstruiert, als Gemeinschaften, in denen es zwar hohe Anforderungen gibt, aber im Ernstfall jeder jedem hilft:

„ *... dass das Unternehmen die große Familie ist, und wenn es einem Mitglied schlecht geht, dann muss man helfen, da müssen halt die anderen ein bisschen mehr arbeiten, aber dem muss man helfen.*"

Andererseits werden Versuche, Beruf und Familie zu verbinden, eher skeptisch betrachtet:

„Wir haben einen Heurigen, wo sich alle besaufen oder, oder Schifahren, das gibt es schon da. Einen Schiausflug, da kriegt halt jeder so eine Mailmitteilung, dass es ein Schiwochenende gibt, aber da werden sich vielleicht auch aus Gründen des persönlichen Näherkommens, das vielleicht nicht gewünscht ist – werden sich wenige Abteilungsleiter dabei finden – aber ich könnte damit leben, habe auch gar nichts dagegen, ansonsten gibt es das nicht."

Cluster 2: Karrieretypen

In diesem Cluster befinden sich „sozial reflektierte und zielbewusste" Menschen, die vergleichsweise jung sind und wohl einen Gutteil der Karriere noch vor sich haben. Es sind Menschen, die ihren Beruf absolut ins Zentrum ihrer vitalen Interessen stellen, mit hohen Ansprüchen an die Profession, aber auch an soziale Sensibilität. Die Familie dagegen ist ein reiner Erwartungsadressat.

Interessanterweise kann dieser Kategorie keine einzige der befragten Frauen zugeordnet werden, es ist ein ziemlicher Männerverein, der die Karriere als Spiel der Beziehungen ansieht, als ein Geben und Nehmen. Unsere empirische Analyse zeigt eindrucksvoll, wie sehr dieser Typ von Führungskräften darauf erpicht ist, die Erwartungen der Vorgesetzten und Untergebenen ständig zu reflektieren, manchmal durchaus selbstironisch, wie dieses Zitat zeigt:

„Da gibt es Mitarbeiter, die formulieren das sehr deutlich, die sagen, ich will nicht so werden wie Sie, nicht? (lacht), zumindest jetzt nicht."

Diese Manager machen sich ein Bild davon, was ihre Untergebenen von ihnen halten und von ihnen erwarten. Genauso haben sie ein Bild von der Organisation und deren Erwartungen:

„Und: solange ich keine Fehler mache, wird ja so ein Einmischen in der Regel von der Hierarchie goutiert."

„Was ich heute mache, ist das, was mir Spaß macht, die Firma akzeptiert das, das hat Vorteile, das hat Nachteile. Vorteile sind, dass ich eine sehr gute Stellung in einem Unternehmen habe, dass offensichtlich ein bestimmter Karriereweg für mich im Unternehmen vorgezeichnet ist, zumindest das Unter-

nehmen hat Pläne mit mir, ob ich dann die Erwartungen erfülle, werden wir sehen.“

Viel Platz nehmen berufliche Termine und Zeitbudgets ein. Nicht die sachlichen Aspekte zählen im Beruf, sondern die sozialen und zeitlichen. Kurz, sie genießen ihr Leben im Unternehmen, die Karriere als Faszinosum, auch wenn ihnen die Nachteile durchaus bewusst sind:

„Mag wohl auch bis zu einem gewissen Grad Eitelkeit sein, ich weiß nicht, Eitelkeit im Sinne davon, dass man dazu gehört, es ist ja doch irgendwo die Position immer noch ein Teil auch Ansehen, denk ich mir, bis zu einem gewissen Grad hat man ja auch studiert, um eben da hinein zu kommen, dieses Ziel zu erreichen, und wenn man drinnen ist, dann genießt man es wahrscheinlich auch bis zu einem gewissen Grad, unbewusst zumindest, ist denk ich schon auch eine gewisse Modeerscheinung, dass man sagt, man ist so im Stress und man ist so in der Hektik und man ist so, man ist am Samstag, Sonntag noch im Büro und ist mit dem Handy vielleicht noch überall erreichbar, mag schon auch mitschwingen, ja, also wenn solche Szenarien dann, wenn man sich die einmal bewusst macht, dann denk ich, gäbe es da schon noch die eine oder andere Stunde zum Einsparen, wenn man nur konsequent genug ist.“

Sehr blass hingegen ist das Bild der Familie. Diese fungiert bloß als Adresse von Erwartungen und: Diese Art von Managern braucht eine Partnerin, die zu Hause bleibt und volle Unterstützung bietet!

„Beruf und Familie, für mich ist es zum Glück, zum Glück kein Spannungsfeld an sich, weil und das ist, glaub ich, das Wichtige, dass die Frau dahinter steht und, wie gesagt, die ganzen Entscheidungen, wo und wann ich mich entwickle und wohin ich mich entwickle, gemeinsam besprochen, gemeinsam getragen und dann relativiert das Ganze, was an Spannung auftritt, bei meiner Frau ist es eher so, dass sie sagt, jetzt möchte sie aber nicht, dass ich hundertprozentig zu Hause bin, da würde ich unrund.“

Im familiären Feld dominiert der sachlich-thematische Aspekt, auch daheim dreht sich alles um den Karrieretypen. Im völligen Gegensatz zu den anderen zwei Clustern lehnt diese Gruppe auch die Arbeit zu Hause als Chance zur Stressbewältigung völlig ab.

Was die Familie selbst erwartet, interessiert die Befragten nicht, bleibt unklar und wird selten zu einem Thema. Dazu ist keine Zeit.

„In den ersten sechs bis neun Monaten war es speziell schlimm, weil ich relativ lange unterwegs war und jedes Mal, wenn ich nach Hause gekommen bin, war ich ein Fremdkörper in der Familie, jetzt ist es besser, weil jetzt erinnert er sich schon."

Insbesondere die Kinder werden selten als Träger von Bedürfnissen und Erwartungen, sondern bestenfalls – und auch dies nur selten und im Konjunktiv – als Objekte der Zuwendung erlebt:

„... dann würde ich so weiterleben wie bisher, vielleicht etwas mehr Augenmerk auf den Werdegang oder das Werden meines Sohns legen, ja oder sicherlich sogar."

Auffallendes Detail: Fünf von acht (!) GesprächspartnerInnen geben zur Form der Paarbeziehung[31] nicht einmal eine Antwort. Die Unterstützung der „karrierefördernden" Frau wird zwar voll beansprucht, verbal aber heruntergespielt oder ignoriert.

Das Tabu über die Form der Partnerschaft ist kein Zufall. Die wichtige Rolle dieses hausgemachten Full-Services offen zuzugeben, ist diesen jungen Managern wohl nicht zumutbar. Aussprechen darf man das nicht mehr. Wer verstößt schon gern gegen den Zeitgeist? Zu dieser Einsicht reicht die soziale Kompetenz der betroffenen Führungskräfte allemal.

Dass die Manager das genau wissen und daran interessiert sind, die wahren Verhältnisse zu verschleiern, drückt sich beispielsweise auch darin aus, dass ausgerechnet diese Gruppe von Managern überdurchschnittlich signifikant häufig das Gemeinsamkeit signalisierende Wort „wir" verwendet, wenn sie von ihrer Familie spricht.

Cluster 3: Zerrissene

Im Unterschied zu den Karrieretypen sind hier die Frauen stärker vertreten. Diese Gruppe von ManagerInnen misst der Familie einen gleichen Stellenwert zu wie dem Beruf. Oft haben sie keine andere Wahl. Bei den meisten handelt es sich um typische „dual career couples", in denen beide Partner arbeiten. Die DoppelverdienerInnen und Doppeltbelasteten sehen ihre PartnerInnen zwar im Prinzip auch als gleichrangig an, sie haben aber im Alltag nicht viel miteinander zu tun und die Schnittmenge der gemeinsamen Interessen bleibt klein. Im Originalton klingt das dann so:

„Wünschen tut man sich alles Mögliche, wahrscheinlich ist es eh so besser, nicht, wenn einer am anderen draufsitzt, ist es auch nicht, vielleicht auch ein bisschen mehr Schnittmenge, nicht, wäre vielleicht nicht schlecht, nicht, vielleicht kommt man dann in der Pension wieder dazu, im Moment sind die Umstände nicht sehr förderlich, wenn also jeder zehn Stunden lang in seiner Welt verhaftet ist, dann ist das eh schon gut."

Der Versuch, die Karrierewünsche beider PartnerInnen miteinander zu vereinbaren, hat Folgekosten. Familie wird zum Organisationsproblem:

„Ansonsten glaube ich, dass man ganz einfach mit einem Au-pair-Mädchen arbeitet, und dann würde ich mir vorstellen eben einfach zeitmäßig intensiver zu arbeiten und damit kürzer zu arbeiten, was ich also schon glaube, dass das möglich ist. Und auch einfach einen Teil der Verantwortung ein bisschen abzugeben und dann halt einfach die drei, vier Jahre ein bisschen kürzer zu treten. Ich glaube aber, dass man damit wirklich ohne Probleme Familie und Beruf kombinieren kann, ganz einfach weil meine Mutter selber immer gearbeitet hat und ich als Kind jetzt deswegen keine schlechtere Beziehung zu ihr habe, ich habe einfach immer gewusst, wenn sie da ist, dann ist sie wirklich da."

Dies ist trotzdem das einzige Cluster, in dem die familiäre Sphäre eine größere Rolle spielt als die berufliche. Besonders auffällig ist die thematisch-sachliche Dominanz, was Versorgung, Haushalt, Freizeitgestaltung und gemeinsame Aktivitäten betrifft. Auch die private und berufliche Familiengeschichte wird ausführlich dargelegt.

Überdurchschnittlich viel Platz ist konkreten Aspekten der Partnerschaftsbeziehung gewidmet, während bei der Artikulation von Erwartungen Zurückhaltung geübt wird. Auffällig dabei: Diese Gruppe spricht zwar am relativ ausführlichsten über familiäre Beziehungen, das Gemeinschaft insinuierende Personalpronomina „wir" verwendet sie dabei aber äußerst sparsam. Beruflich interessiert die RepräsentantInnen dieses Clusters primär die konkreten Tätigkeiten, die eigene Karriere und das berufliche Selbstbild.

Gravierend heben sich die Zerrissenen auch in einem anderen Punkt von den anderen zwei Gruppen ab: Schnelles Arbeiten als Mittel der Stressbewältigung, das alle anderen ManagerInnen praktizieren, lehnt diese Gruppe rundweg ab.

Die Zerrissenen haben praktische Erfahrungen aus beiden Welten: Versorgung, Haushaltsarbeit und Freizeitgestaltung sind ebenso ein Thema wie Jobinhalt und Karriere. Dazu eine Sprechprobe:

„*Den Haushalt managen wir so weit wie möglich gemeinsam, wobei ich der kleinere Teil des Gemeinsamen bin, aber ich grundsätzlich mittue, allein schon durch meine Geschichte war ich immer auch Selbstversorger und somit auch Hausmann.*"

Niemand spricht so viel über sich selbst. Niemand spricht so viel über die Karriere. Niemand spricht so viel über die Familie. Niemand spricht so viel. Das lässt wenig Zeit für die Reflexion sozialer Beziehungen: Die Erwartungen anderer bleiben ein blinder Fleck. Wenn die Erwartungen der PartnerIn dann reflektiert werden, betreffen sie wiederum nur den Haushalt und das Wohnen:

„*Meine Frau ist an sich auch in einer eigenen schönen großen Villa aufgewachsen in X, die war aber immer irrsinnig tolerant, die hat gesagt, du das ist so, wir wohnen da und ich bin zufrieden damit und alles bestens. Die hat sich eingestellt auf die Situation ohne Probleme.*"

Diese Versachlichung des familiären Feldes zeitigt Folgekosten:

„*Na ja! Bei uns speziell – also in unserer Beziehung – wir haben uns letzten Endes ein bisschen auseinander gelebt. Die Interessen sind nimmer ganz so deckungsgleich wie sie einmal waren. Wir haben eigentlich früher sehr viele gemeinsame Interessen gehabt und jetzt ist es doch eher so, dass meine Frau ein bisschen zurücksteckt oder auch andere Interessen in den Vordergrund spielt. Sei es aus beruflicher Belastung oder aus ähnlichen Gründen, das ist nicht ganz so klar. Aber wir haben uns entschieden, dass wir keine weiteren Kinder kriegen.*"

Zwischenresümee

Fassen wir die drei überraschendsten Resultate unserer empirischen Studie kurz zusammen:

- Es gibt keine ausschließlich familienorientierten ManagerInnen.
- ManagerInnen mit ausgeprägter Karriereorientierung investieren ihre Emotionen in erster Linie in die Firma. Sachliche Aspekte sind auf ihrem Karriereweg nur zweitrangig. Banal gesprochen: Das Managen wird erotisiert.
- ManagerInnen, die ihre Energien gleichermaßen in den Beruf und in die Familie stecken, tappen in eine Versachlichungsfalle. Das Familienleben hat nichts mehr mit Liebe und Zuneigung zu tun, sondern wird aufs Funktionieren, auf die Organisation des täglichen Lebens reduziert. Banal gesprochen: Die Familie wird versachlicht.

Alle Emotionen in den Beruf und alle Sachlichkeit in die Familie? Das birgt einige Sprengkraft. Immerhin wird die gewohnte Gleichung dadurch auf den Kopf gestellt! NUN: Beruf – ein Ort der Beziehungen und Familie – ein Ort der Versachlichung!

Um die LeserInnen noch besser in die Lage zu versetzen, sich einem der drei Cluster zuzuordnen, wollen wir neben den schon eingangs beschriebenen Lebensgeschichten nun jeden Cluster noch mit weiteren drei Fallbeispielen illustrieren.

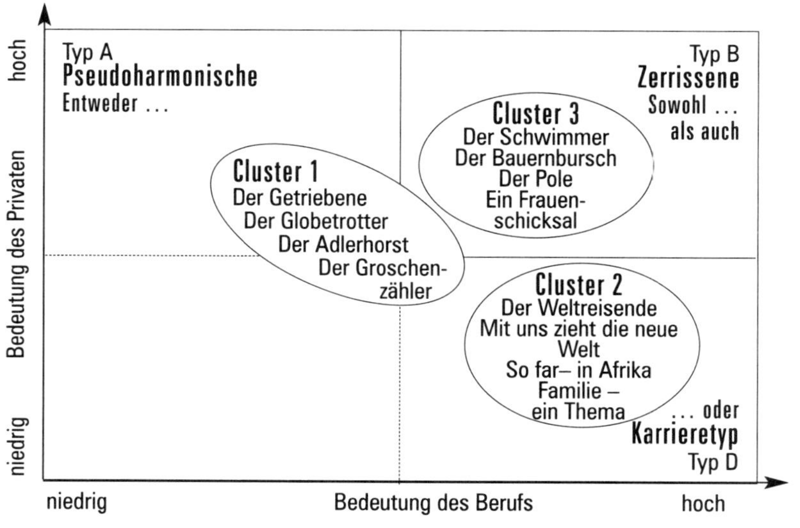

Abbildung 8: Zuordnung der Fallvignetten

8 Neun Lebensgeschichten

Diese Lebensgeschichten wurden gemäß den Tonbandaufzeichnungen aufgearbeitet und – damit die Anonymität gewahrt bleibt – verfremdet. Sie sind sprachliche Portraits einzelner TeilnehmerInnen, die die Vielfalt beruflicher und persönlicher Lebensentwürfe nachvollziehbar machen sollen. Nach J. N. Nestroy haben wir unseren befragten Führungskräften Studiennamen bzw. signifikante Bezeichnungen gegeben, die eine gewisse Camouflage darstellen.

Pseudoharmonische ManagerInnen

„Der Getriebene"

Hat man eine Stufe erreicht, schaut man sich schon nach der nächsten um. Genießen ist unmöglich, die schwächste Eigenschaft. Man lernt nicht aus seinen Schwächen, schon deshalb, weil man keine hat. Abendschule mit Abschluss als Ingenieur, Studium der Betriebswirtschaftslehre als Werksstudent, Tennislehrer und technischer Zeichner, Einstieg in den Konzern – geradlinig, immer nach oben geschaut, nie nach unten.

Die Frau ist auf dem Weg verloren gegangen, Kind hat es noch keins gegeben, allein kann man sich auch besser auf die Arbeit konzentrieren. Erfolg macht Spaß und Leistung bringt die Erkenntnis, dass man mehr aus sich raus holen kann.

Am Anfang stand ein kleiner Bauernhof im Innviertel. Dort hat er schon als Kind mitgeholfen und bis heute eine kleine Hube, wo er Landwirtschaft betreibt. Arbeiten ist Lebensglück. Eine Lehre als Industriekaufmann folgte. Arbeit als Gelderwerb, ohne Freude, ohne Aufstiegsmöglichkeiten, einfach Buchhaltung, Ein- und Verkaufsrechnungen, selten Kundenkontakte – und wenn, dann, um die Kunden zu mahnen.

Also Abendschule mit kaufmännischem Abschluss. Mehrere Jahre jeden Abend in die Schule und abends, besser gesagt in der Nacht, zu Hause lernen. Bald wurde die Klassengemeinschaft die wichtigere soziale Bezugsgruppe; Freunde, Familie, Frau und Hobbys wurden unwichtig. „Von 36 Schülern haben nur 15 den Abschluss geschafft!" Und das waren die, die sich der Sache ganz verschrieben haben. Die Frau hatte bald einen Freund und die Ehe war am Ende. Auseinanderentwicklung nennt man das. Der eine will aufsteigen, die andere „leben", was immer das heißen mag.

Dann in die Firma. Den Tag über arbeiten. Eine viel bessere Arbeit allerdings nun. Die Firma hatte den ganzen Ablauf des Lernens miterlebt. Die alten Freunde haben sich etwas abgewendet, „Streber" haben sie ihn genannt. Früher hätte man Klassenverrat gesagt. Andere waren begeistert, haben ihn als Ansporn gesehen. Die Eltern waren stolz, aber sie haben schon lange nicht mehr verstanden, was der Kleine will. „Sei doch zufrieden, dass du eine sichere Arbeit hast!", hat der Vater immer gesagt. Der Vater verstand die Entwicklung der modernen Wirtschaft nicht, auch nicht, dass die Menschen gekündigt werden, wenn sie sich nicht qualifizieren. Zu Hause dachte man noch in Äckern, Kühen und sicheren Arbeitsplätzen.

In der Arbeit war er weiterhin im kaufmännischen Büro, jetzt zwar als Herr Ingenieur, aber doch. Eigentlich an derselben Stelle, mit mehr Gehalt, aber doch. Und das Lernen hatte Spaß gemacht. Finanziell ging es jetzt auch besser, als Schi-, Snowboard- und Surflehrer machte er Kurse im Winter und im Sommer. Manchmal verdiente er dabei in einer Woche mehr als sonst in einem Monat. Und Spaß und Frauen hatte er obendrein, ohne Aufwand.

Studieren. Noch niemand hatte in der Familie die Universität betreten. Geschweige denn absolviert. Und jetzt er. Irgendwie befiel ihn eine komische Mischung aus Andacht und Gleichgültigkeit, als er in die Uni kam. Einerseits: Die Professoren haben doch vom wirklichen Leben keine Ahnung. Andererseits: Ich versteh‘ nichts von dem, was die sagen. Und kein Latein in der Abendschule. Aber: Strahlendes Lächeln des Schilehrers, an die Frauen gehalten, vor allem an die blassen, die Matura haben und alles mitschreiben. Manchmal mit einem Beispiel aus der Praxis in Betriebswirtschaftslehre beeindrucken, das keiner der anderen bieten kann. Vor allem die Professoren griffen gierig danach. Endlich wieder mal was aus dem Leben und nicht aus Büchern. Exkursionen in die Firma organisiert.

Und dann der Abschluss, die Sponsion. Alle Verwandten aus dem Innviertel kamen, in ihren Trachten und Anzügen, die Frauen in neuen Kleidern. Sie bestaunten ihn, als ob er zum Priester geweiht würde. Und aus ihrer Sicht war die Differenz auch nicht auszumachen. Ob Primiz oder Sponsion, wo liegt da der Unterschied? Immer treten Männer in Ornaten auf, es wird geschworen, einmal, dass man der Kirche dient, einmal der Wissenschaft – plus eine lateinische Urkunde und würdig, würdig.

In der Firma steigt er zum Assistent der Geschäftsleitung auf. Die Kollegen aus der Lehrlingszeit sind schon so weit unten, dass der Kontakt lächerlich wird. Immer in Sakko und Krawatte, ein typischer white collar worker. Manchmal aber im Arbeitsgewand, wenn man zu Hause auf der Hube arbeitet.

Heute steht die Welt offen. Sportlich, dynamisch, weltoffen, Englisch selbstverständlich, alles ist möglich.

Familie? Wozu? Ja, wenn es sich ergibt, aber schon in der Personalagenda sieht man da so viele Schicksale. Sicher, jeder möchte ein Zuhause haben und die Eltern fragen auch manchmal. Aber früher hat man auch erst eine stabile Existenz gegründet und sich erst dann vermehrt. Und eine fixe Freundin hat er schon. Fast wie eine Ehe, aber eben nur fast. Wozu so viel festlegen.

Wozu Alternativen erfinden? Bei einem jungen Mann, der den Traum aus der illustrierten Managementzeitung lebt. Der so lebt, wie es alle wollen. Die, die dann nicht verstehen, warum sie eine Familie gegründet haben, die Geschiedenen, Gescheiterten, die, die lieber allein geblieben wären, und die, die am Abend nach Hause kommen und von einer frustrierten Ehefrau und deren Kindern gefragt werden, warum sie nicht schon vor Stunden da waren, und wo sie denn so lange geblieben sind. Endlich einmal einer, der so lebt, wie es alle wollen.

Und dem soll man dann Familie verordnen, nur weil dieses Buch so heißt? Moderne Partnerschaft, nennt man das. Sicher, sie kommt auch einmal an ihre Grenzen, dann, wenn sie zum Beispiel den Vermehrungsdrang in sich spürt, wenn plötzlich die Alternative entweder Wechsel der Partnerschaft oder Kind vor einem steht. Selbst bei Letzterem muss man sich immer noch vor Augen führen, dass die Frau vorerst alles versprechen wird: Nicht frustriert zu Hause zu warten, keinen Beitrag von ihm zur Kindererziehung zu erwarten. Sie will schließlich nur ein Kind.

Und dann wird es völlig anders laufen: Die Frau wird frustriert sein, sie wird im Park anderen Frauen begegnen, die sie nach dem Mann fragen. Sie wird dann nach Hause kommen und ihn zur Rede stellen. Und er wird in diesem Augenblick wissen, dass das Leben stärker ist als das, was man sich ausgemacht hat, und dass der Satz lautet: „Vor Tisch sprach man anders, als wie man zu Tische saß."

Alternativen müssten sich hier mit der Langzeitplanung der Zukunft befassen: Wünscht sich unser Getriebener ein zu Hause? Will er seine Füße in Hausschuhen vor dem Kamin ausstrecken? Will er immer dieselbe Frau sehen und mit ihr auch älter werden? Und wie kommt er mit den Vorstellungen seiner Eltern zurecht? Diese Fragen stellen aber meist die, die sich schon in die Malaise gebracht haben, die sie dem jungen Mann wünschen.

„Adlerhorst"

Herr Vogel ist ein Mann in den Dreißigern. Er kommt aus einer Familie, in der er das einzige Kind war. Seine Eltern waren sehr arbeitsam. Er wuchs zuerst in einer Kleinstadt auf, in der er Freunde bei seinen Nachbarn hatte. Sein Vater war sehr viel weg und kam immer am Wochenende.

Nach ein paar Jahren, als er acht war, zog die Familie in eine größere Stadt. Die Eltern sagten immer, sie wollten kein weiteres Kind, da sie es sich nicht leisten könnten. Dort wurde die Familie ansässig und gründete ein kleines Immobilienunternehmen, das heißt, der Vater baute und kaufte kleine Häuser, deren Vermietung bis heute Herrn Vogel gut gelingt. Er selbst hat seine Kindheit in bester Erinnerung, es hat immer alles gegeben, die Eltern waren positiv, leistungsbezogen.

Nach dem Abitur hat er Wirtschaftswissenschaften studiert, allerdings das Studium nicht abgeschlossen. Er hat eine Super-Karriere gemacht. Derzeit ist er Technischer Direktor bei einem Tochterunternehmen eines großen Konzerns in Innsbruck.

Privat hat er mit einer Frau ein Kind, die er gerne in seinem Stammsitz, seiner Villa mit Stuck etc. in Deutschland wohnen ließe, aber sie wollte vor zwei Jahren bei ihm sein und so wohnt man in Innsbruck zusammen. Es ist nicht sein Wunsch, er würde gut mit einer Wochenendehe auskommen, aber sie wollte es so. Sie wollte auch ein zweites Kind, das nun unterwegs ist. Er will kein Kind mehr haben, aber sie will es so.

Er teilt sich seine Zeit ein und ist immer wieder – auch unter der Woche – mit seiner Tochter zusammen. Für die Wahrnehmung seiner Führungsfunktionen ist nicht die Anwesenheit, sondern die Zielerreichung wichtig. Daher müssen auch seine Mitarbeiter nicht immer da sein und können auch mal auf den Patscherkofel gehen.

Sie wohnen mit einer Nachbarsfamilie in einem Zweifamilienhaus, wodurch seine Tochter auch Spielkameraden hat. Allerdings sucht seine Frau jetzt ein Haus, in dem sie allein ist. Er bräuchte das nicht, weil er ohnehin seinen Stammsitz hat und dem wird so bald nichts gleichen. Außerdem will er sich karrieremäßig nicht auf Innsbruck festlegen, er kann sich gut vorstellen, bald wieder woanders für seinen Konzern hinzugehen, und deshalb will er nirgends sonst Wurzeln schlagen. Insofern fände er es noch immer am besten, wenn seine Frau mit den Kindern in den Stammsitz ginge.

Er liebt seine Frau und freut sich an dem Kind. So schwer es fällt, sein Konzept auch zu verstehen, es würde in dieser Phase „Adlerhorst" passen.

Er hätte kein zweites Kind gewollt, nicht, weil er es sich nicht leisten kann, aber er fürchtet, dass die Kinder streiten, und außerdem erinnert er sich nicht an eine solche Kindheit, und daher findet er auch nicht, dass ein einziges Kind unglücklich ist.

Streit mit seiner Frau gibt es am ehesten über das Projekt, in Innsbruck ein Haus zu bauen. Wie schon erwähnt, möchte er das nicht.

Das Lebenskonzept von Herrn Vogel ist von seiner Kindheit geprägt. Er ist der Erfolg seiner Eltern. Und er will eigentlich auch so leben. Seine Frau ist mit dem Kind in dem schönen geerbten Haus und er geht „jagen" und bringt fette Beute nach Hause. So würde sich auch sein Besitz mehren.

Allerdings will seine Frau bei ihm sein. Er akzeptiert das und findet das gut, wenn sie es so will, aber er kann nicht sagen, dass er das bräuchte. Er versucht zu verhindern, dass man sich in Innsbruck ansässig macht, weil er sich für seine weitere Karriere, der er aber nicht blindlings hinterherläuft, frei halten will.

Psychomäßig würde man sagen, dass er nie pubertiert hat. Er lebt das Modell seiner Eltern weiter. Abweichungen, die zum Beispiel durch den Wunsch der Frau zustande kommen, dass sie bei ihm bleiben will, kann er zwar überwinden, sind ihm aber nicht angenehm.

Den Beruf-Familie-Konflikt möchte er durch klare Linien in Wochenende: Familie, Woche: Beruf und Sport, trennen. Wenn das nicht geht, versucht er Modelle, die dem am nächsten kommen. Allerdings muss er eingestehen, dass sein derzeitiges Leben dem Modell nicht entspricht. Seine Frau ruft in der Firma sehr oft an, weil sie ihn braucht. Sein Motiv, am Abend pünktlich nach Hause zu gehen, ist die Kleine, die er zu Bett bringt.

Einer der beiden Partner wird von seinem Modell wohl Abstriche machen müssen. Das zweite Kind wird die Situation zur Entscheidung bringen und vieles ändern. Vor allem, weil Herr Vogel merkt, dass sein Kindheitsmodell nicht mehr passt. Er wird sich, was er sicher gut kann, sehr stark anpassen müssen.

„Groschenzähler"

„Mein Leben ist eigentlich aus der Sicht eines kleinen Krämers in der Provinz zu verstehen: Immer Münze auf Münze gelegt, bis dann etwas zusammen kommt. So habe ich mein ganzes Leben gelebt und geplant. Sicher, manches ist nicht so gegangen, wie ich es mir vorgestellt habe. Meine Schwester ist in Not gekommen und das hat viel Geld gekostet. Meine Eltern sind alt geworden, und da habe ich dann doch – unerwartet – ihr Geschäft übernehmen müssen. Und meine Frau hat statt zwei vier Kinder bekommen, und ist jetzt zu Hause und unzufrieden, weil sie nicht arbeiten gehen kann, und ich nie nach Hause komme, weil ich mich ums Geld kümmern muss. Aber sonst: Immer Groschen auf Groschen gelegt.

Am Anfang war das leicht: Ich war Mitglied der österreichischen Handballnationalmannschaft und habe meine Karriere aus der Sicht des Sports gesehen. Immer an der Spitze, trainieren, so viel wie möglich. Keine Angst vor Verletzungen und stark sein, wenn der Wettkampf kommt. So bin ich von einer Firma, in der ich in einer Stabstelle war, zur anderen gegangen, in eine Linienfunktion. Heute bin ich Mitglied der Geschäftsleitung, mit einem zwar schönen Gehalt, der aber natürlich für sechs Personen nie ausreicht. Und dann noch das Elternhaus, das ich mitbetreue, und dann noch die Schwester, die immer wieder Forderungen stellt.

Aber da muss ich jetzt einen Riegel vorschieben, so kann's nicht weitergehen, ich muss vor allem an meine vier Kinder denken und an meine Familie. Immer kann ich nicht als der Erfolgreichste für alle da sein.

Eigentlich komisch wie so eine Woche verläuft. Am Montag fahre ich um halb sieben Uhr zur Arbeit, am Dienstag ebenso, am Mittwoch wieder, am Donnerstag, am Freitag und komme immer so um 22 Uhr nach Hause. So als ob ich allein leben und wohnen würde. Manchmal sehe ich die größeren zwei Kinder, bevor sie zur Schule gehen, und kann Hallo sagen. Am Abend lege ich mich zu meiner Frau ins Bett und hoffe, dass sie mir keine Vorwürfe macht.

Langsam kommt es mir so vor, als ob ich mich emotional stärker an die Firma binde als an meine Familie. Deshalb habe ich auch das Geschäft in meinem Elternhaus gekauft. Da fahren wir am Wochenende hin und versuchen über die Renovierung zu sprechen, über neue Pächter und was wir in Zukunft damit machen können. So probiere ich, meine Familie in meine Projekte zu integrieren, besonders die Kinder, denen das alles doch einmal gehören soll.

Bei uns zu Hause war das Finanzielle immer im Vordergrund. Über das Finanzielle wurde alles geregelt. Komischerweise hat das wenig gebracht. Durch die Notlage meiner Schwester, über die ich eigentlich nichts wissen sollte, aber doch alles weiß, weil ich den Schaden ja letzten Endes abdecken soll, ist alles Geld weg. Und jetzt mache ich dasselbe: Bei meiner kleinen

Familie. Ich überweise meiner Frau jeden Monat das Haushaltsgeld, mit dem sie auskommen muss; ich kontrolliere die größeren Ausgaben und versorge meine Familie finanziell. Und als Zukunftsperspektive habe ich das Elternhaus gekauft und besuche es am Wochenende. Aber Aktivitäten außerhalb des Geldes habe ich wenige. Sicher, ich spiele auch mal mit den Kindern. Aber ich könnte jetzt nicht sagen, was es ist. Ich rede auch mal mit meiner Frau, auch über andere Inhalte, aber mir fiele jetzt keiner ein. Und so bleibt eigentlich in meinem Beruf wie in meiner Familie immer das Thema gleich: die finanzielle Bedeckung.

Ich finde, mein Chef macht das besser: Er stellt immer den menschlichen Faktor in den Vordergrund. Ob es bei der Personalauswahl ist oder bei den zukünftigen Projekten der Firma, immer fragt er sich und auch uns, ob das die Menschen interessieren wird. Er möchte bei einer Personalauswahl immer wissen, bei wem wir das bessere Gefühl haben. Wer kein Feind sein wird. Wer sich in die Firma einfügen wird. Wer Interesse hat, bei uns einen Beitrag zu leisten. Und auch bei neuen Geschäftsfeldern fragt er, was das den Menschen, die das kaufen sollen, bringen wird. Ob es sie fröhlicher, glücklicher machen wird. Da habe ich dann das Gefühl, dass ich da noch viel lernen kann. Denn ich frage mich nur, ob die Menschen das kaufen werden, wie der Preis aussehen muss, damit sie das tun, und ob sie unseren Preis akzeptieren werden. Und ich fürchte mich davor, dass meine Kalkulation falsch sein könnte, und ich dabei verliere.

Wenn ich Geschäftsführer irgendwo anders werden will, muss ich meine Perspektive verändern. Dann kann ich nicht mehr nur so denken. Das will ich lernen. Vielleicht gelingt es mir, dann eine neue Perspektive zu vertreten. Sonst bleibt es beim Groschenzählen."

Karriereorientierte ManagerInnen

„Weltreisender aus Zufall"

Ein junger Mann kommt aus einer Landeshauptstadt nach Wien. Er bewirbt sich. Er will Außenhandelsattaché in Afrika werden. Allerdings ist er zu jung und kann fast nichts. Nur Englisch, weil er Tennislehrer in Australien war. Und seine Stärke ist, dass er nicht im Entferntesten daran denkt, dass er den Posten bekommen könnte. Also bleibt er locker und frisch.

Genau so einen Menschen sucht man für Afrika. Einen jungen, frischen, ausgeruhten Mann, der die Welt kennen lernen will. Und nicht einen, der sich in der Welt zur Ruhe zu setzen gedenkt.

So lernt er Afrika, China, Südostasien, Nepal, Burundi und letzten Endes auch Indien kennen. Von einer Firma zur andern, immer voller Neugier und Interesse, immer am Lernen.

Die Frage nach der Familie trifft ihn unvorbereitet. Er hat bis jetzt zweimal versucht, mit einer Frau zu leben, aber vieles ist ihm unklar geblieben. Der Vermehrungstrieb der Frauen etwa, oder auch der Wunsch nach gemeinsamen Haushaltspflichten. Vielleicht hat ihn auch das Leben in Ländern der Dritten Welt korrumpiert. Dort wurde alles wie von selbst erledigt. Und das Bild der Frau war auch anders. Irgendwie einfacher und handhabbarer. Obwohl er kein Anhänger dieses Frauenbilds ist, das ihn an Sklaverei erinnert.

Immer sind es bisher Frauen mit Berufen gewesen, mit anstrengenden Berufen, die sich mit der Existenz als „Botschaftergattin" nicht so leicht vereinbaren ließen. Frauen, die selbst müde nach Hause kommen und selbst verwöhnt werden wollen. Irgendwie fehlt ihm prinzipiell das Interesse an solch aktiven Formen der Verwöhnung. Warum man nicht einfach als Freunde zusammen leben kann, ist ihm nie klar geworden.

Die Zeit „draußen" war toll. Da war Leben. Empfänge, Menschen, Bittsteller, Botschafter, Minister, Sekretäre, Märkte, Düfte, Gerüche und auch Frauen. Es war nicht leicht zurückzukommen, auch wenn die Position daheim besser bezahlt ist und ein höheres Ansehen bringt. Eigentlich hat nur die Furcht, an der Front alt zu werden, den Wechsel begründet. Irgendwie hat einem vor den Alten gegraust, die draußen geblieben sind und fortwährend mit Erlebnissen der Jugendzeit prahlen, wie eine steckengebliebene CD. Ausrangierte, die einfach nicht mehr den Spaß empfunden haben, den sie früher hatten. Die das aber nicht zugeben konnten.

In der Kleinstadt, wo er hergekommen ist, ist die Langeweile zu Hause. Die Eltern hatten ein kleines Lebensmittelgeschäft, die Mutter machte den Haushalt, der Vater schleppte die schweren Kisten, abends halfen die Kinder mit. Der Bruder ging zur Feuerwehr und hat es zum Bezirksfeuerwehrkommandant gebracht. Er schaut aus wie ein General in brauner Uniformjacke mit roten Streifen auf der Hose. Irgendwie lächerlich. Bodenständig eben.

Er selbst hat das nie ertragen. Das hat ihn als Tennislehrer nach Australien getrieben. Keiner hat damals geglaubt, dass man als Tennislehrer in Australien eine Chance hat. Schon die Kisten für die Überfahrt erschienen den meisten unnötig investiert. Er ist aber zu einem Klub gekommen, der ihn hat spielen lassen. So wurde er dort wichtig und ist immer wieder hingefahren: Winter für Winter. Und hat gutes Geld verdient.

Wieso Partnerschaft und Beruf? Wozu Partnerschaft? Jetzt lebt er eine Beziehung, aber mühsam. Beide wollen immer zugleich über den Beruf reden. Beide wollen als erste drankommen. Das geht aber nicht. Wenn beide versorgt werden wollen, dann fehlt in dem Spiel die Mami. Und die fehlt immer bei ihm. Was soll er machen, er findet die modernen, starken und selbstbewussten Frauen attraktiv, aber mit ihnen leben kann er im Grunde nicht. Und noch mal – wozu auch? Nur weil das Interview „Beruf und Familie" heißt? Das kann doch noch kein Grund sein, sich an eine Frau zu hängen, dann Kinder zu kriegen und nie mehr wegzukommen.

Schon die einfachsten Dinge gehen nicht. Gäste einladen, Hemden bügeln, Geschirr waschen oder Essen einkaufen. Immer Schwierigkeiten und Anstrengungen. Wozu also?

Das kann passieren! Im Projekt „Beruf und Familie" ist man auf einen Single gestoßen. Wenn er auch mit Partnerin lebt, ist er doch ein Single geblieben. Dass er sich an seine Kindheit erinnert und an die Rollenverteilung der Eltern, tut keinen Abbruch. Denn weder die Rolle der Mutter noch die des Vaters erscheinen ihm interessant und erfreulich. Schon gar nicht nachahmenswert.

Man kann nun fantasieren, ob so ein Leben attraktiv ist. Familienmenschen werden das verneinen. Ob allerdings ihre Existenz so nachahmenswert ist, bleibt dahingestellt. Denn sie können vieles nicht, was unser Interviewpartner kann: Lange ausgehen, Gäste in Lokale einladen, Reisen in die Welt als Incentives organisieren und begleiten. Und das alles ohne Schuldgefühle.

Warum also eine Analyse? Die kommt noch rechtzeitig, wenn sich ein subjektives Leiden einstellt. Etwa, wenn Kinder plötzlich gewünscht werden oder wenn die eigene Unstetheit lästig wird.

„Mit uns zieht die neue Zeit in die neue Welt"

„Von einem kleinen Bauernhof komme ich. Na ja, so klein war er auch wieder nicht. Immer wirtschaften. Und immer bewusst sein, dass Wirtschaften und Arbeiten das Einzige ist, was zählt. Aber das ist eine Geschichte, die die anderen sicher auch schon erzählt haben. Das ist sicher die Allerweltsgeschichte der Wiederaufbaugeneration.

Von der Faszination des Eroberns muss man sprechen. Von den neuen Ufern, die man sehen kann und erobern. Von den neuen Welten, die man kennen lernen kann. Südamerika, Afrika, Asien, eben die Welt.

Da kommt man von einem Hof. Und die Welt ist klein. Das Tal wäre weit gewesen und die Räume groß. Aber niemand war da, der sie erobern wollte. Alle waren ängstlich darauf bedacht, dort zu bleiben, wo sie waren, und dort zu sterben, wo sie geboren sind.

Aber ich wollte hinaus in die Welt. Deshalb bin ich auf die exotische Idee gekommen, Schiffe zu besitzen. Eigentlich eine einfache Idee, vor allem, wenn man eine Nation ist, die am Meer liegt. Aber mein Land ist ein Binnenland und meine Leute haben noch nie ein Schiff gesehen, außer auf Bildern oder im Film. Aber das Meer ist die weite Welt und am Meer liegen alle Kontinente. Alle Länder sind übers Meer zu erreichen.

Meine Frage war immer: Was kann ich bieten, damit ich mich am Meer behaupten kann? Was kann ich besser als die, die von klein auf am Schiff leben, am Meer die Wellen kennen und die Winde? Was kann ich bieten, was die nicht haben?

Entwicklungsfreude und den Wunsch, es besser zu machen. Dann hatte ich noch Glück und fand in der neuen Welt der Kommunikation Wege, meine Schiffe zu lokalisieren, zu verhindern, dass sie leer hin- oder zurückfahren. Zu unterbinden, dass sie Spesen machen, die sich nicht rechnen. Und dann war ich immer mit dem Rotstift dabei. Keine unnötigen Kosten, keine faulen Mitarbeiter und keinen freien Tag für mich oder für meine

Frau, die diesen Aufstieg immer voll mitgetragen hat. 16 Stunden täglich und das auch nur an den ruhigen Tagen. Sonst eben mehr, wenn Krisen oder Katastrophen ausbrachen. Der Chef war immer verfügbar. Nie unauffindbar. Und hat immer gewusst, wo die Fracht ist, von wo sie kommt, was sie kostet, wer sie versichert hat und was zu machen ist, wenn etwas Unvorhergesehenes auftritt. Einfach immer die größte Kompetenz, nie nachlassen, der streitbare Arm immer mit der Waffe erhoben, mit der Waffe des Wissens, der Kompetenz und des unbedingten Siegerwillens.

Wenn man in der Welt gewinnen will, muss man sie auch kennen. Und so habe ich sie bereist. Das kleine Bübele aus Österreich ist über alle Meere gefahren, hat Seeleute kennen gelernt, ihre Sitten und Bräuche, ihre Schwächen und Stärken und ihre Ungeduld. Ihre Ungeduld mit der Ladung, mit den Schiffen, mit der Angst vor dem Wetterumbruch und mit ihren Hoffnungen auf eine bessere Ladung, einen großen Gewinn oder einen netten Kapitän. Und der kleine Bub hat gemerkt, dass er etwas kann, was die Seeleute nicht können: einteilen, vorausschauen, strategisch denken, so wie er es auf dem Bauernhof gelernt hat. Im Sommer Futter einfahren für die Tiere im Winter. Das Saatgut nicht aufessen und so lagern, dass es im Frühjahr gesetzt werden kann und so weiter und so fort. Die Seeleute sind eher Menschen, die im Augenblick leben, Planung fällt schwer, wenn der Wind und die See alles bestimmen und wenn man auch weiß, dass man hier nicht alt werden kann. Und im Grunde kann man ein Schiff auch nicht vererben, sondern nur weitergeben. Aber da gibt es auch wieder das Wissen und nicht die materiellen Güter, ganz im Gegensatz zu einem Bauernhof. Sicher, auch dort lernt das Kind den Hof bestellen. Aber auch wenn er es nicht lernt, dann heiratet er eben eine Bäuerin und die weiß es dann. Wichtig ist, dass der Hof groß ist und die Äcker weit.

In meiner Familie gehen manche in die Welt und manche zurück. Meine drei Kinder hängen zwar wie die Affen an mir, wenn ich nach Hause komme. Aber manche wollen mit mir in die Welt und die zweite, die will zurück zur Scholle. Das muss man akzeptieren. Der Opa hat eine große Freude mit ihr, und ich freue mich dann auch. Dass die Tradition nicht ganz verloren geht. Aber für mich wäre das nichts mehr. Ich brauche den Geruch der großen Welt, ich will mich in Südamerika so gut auskennen wie die Leute, die dort geboren sind. Aber eben mit meinem Wissen. Und dann nehme ich schon gern die Familie einmal mit. Aber noch lieber haben die es, wenn ich allein fahre und dann wiederkomme mit allen Gerüchen und allen Mitbringseln, die ich dann so mit habe. Und anschließend mit ihnen mit dem Fahrrad zu Hause einen Ausflug mache und dann zwar über mein mobiles Telefon mit der Firma verbunden bin, aber doch zu Hause.

Meine Frau trägt das alles mit. Sie macht die Logistik zu Hause, sie ist die Bäuerin der Hochschifffahrt, sie kennt die Apparate, die uns mit allen Schiffen und allen Kunden ständig verbinden. Sie kennt die Gefahren und alles, was wir so können. Dadurch erleben die Kinder den Betrieb immer mit. Die Kinder wissen, dass das Geschäft immer dort ist, wo die Eltern sind. Sie kennen unsere Sorgen und Ängste und unseren Willen. Und den haben alle drei geerbt: Immer am Ball bleiben und sich nie unterkriegen lassen.

Denn das Geschäft ist hart und keiner hat auf uns gewartet. Wir können unseren Kunden alles bieten: gute Preise, sicheren Transport ihrer Waren, als Neuerung sogar, dass die Zeit der Überfahrt genutzt wird, um ihre Waren zu verpacken und sie wieder für die Kunden attraktiv zu machen. Denn die Zeit auf den Schiffen, die wurde praktisch ungenutzt gelassen. Es wurde die Ware eingepackt, dann wurde die Seereise gemacht und dann die Ladung gelöscht. Dazwischen war Langeweile. Auf meinen Schiffen herrscht dazwischen Betrieb. Da werden die Früchte in Kisten verpackt, da werden die Fische aufbereitet, und da wird die Ladung durch Tätigkeit veredelt. Aus unreifen Produkten werden da fertige Produkte, die für den Großhändler auslieferbar sind. Dadurch müssen sie nicht mehr zwischengelagert und bearbeitet werden, sind frischer und mehr wert. Dieser Wertzuwachs ist inzwischen mein größtes Geschäft. Denn schippern kann bald einer, aber die Kenntnisse der Waren und Produkte, der Aufbau einer schwimmenden Fabrik, den kann weltweit fast nur ich bieten. Ein Bauer auf See.

So ist eigentlich Familie und Beruf, Herkunft und momentane Realität ineinander verschmolzen. Immer am Ball, immer für alle da, immer alles im Kopf und alles auf den Schirmen.

Die Kinder wachsen so behütet in einer bewegten Umwelt auf, die sich für sie eigentlich nur im Kopf abspielt. Denn meine Frau ist immer in der Nähe, meine Eltern auch und der Bauernhof ist aktiv, wie eh und je. Nur, dass wir jetzt nicht mehr vom Bauernhof leben könnten, sondern der Bauernhof ein Hobby für uns alle geworden ist, was ich aber dem Vater oder meiner mittleren Tochter nicht sagen darf, sonst würden die sich kränken. Wir können uns den Hof jetzt leisten.

Zu meiner Familie stehe ich an sich, wie man es sich von einem Bauern vorstellt: Sie werden einmal meinen Hof erben, und dafür sollen sie ihn jetzt auch kennen lernen. Und zwar tätig kennen lernen. Mitarbeiten, mitleiden, mitfreuen und mitfeiern. Anständig und mit Ehrbarkeit und viel Willen besser zu sein als die anderen. Sonst werden sie mit allem untergehen, wie vielen anderen das passiert."

Es gibt keine Alternativen für den Familienbetrieb. Das einmalige Genie des Firmengründers wird es seinen Nachfolgern schwer machen. Sein Wille in die Welt zu gehen und diese zu erobern ist nicht einfach vererbbar. Und die Güter sind, wie er es selbst sieht, flüchtig.

Er könnte die Kinder schon jetzt in die Welt hinausschicken, sie in Schweizer Internate einschreiben oder in Seefahrerschulen. Aber dazu hängt er selbst zu sehr an der Scholle, zu sehr ist er seiner Heimat verbunden und zu sehr erinnert er sich an seine eigene Erziehung als die beste Voraussetzung für seinen Erfolg.

Die Schwierigkeit liegt darin, ob er selbst mit der Größe seines Unternehmens mitwächst. Ob er selbst nun der Oberschicht angehört. Ein Besuch bei den Salzburger Festspielen ist da noch kein Ersatz für die Investition in seine Nachfolger.

Die Rolle der Frau könnte man umschreiben. Von der Hofbäuerin ist sie zu einer Managerin der Homebase geworden. Und so sehr er es auch schätzt, so sehr hat er keine Idee einer Neuformulierung der Rolle seiner Frau. Sie muss seinen Idealen der Mutterschaft und seiner Idee der Organisatorin des Zuhauses genügen. Wenn sie mit und an ihrer Aufgabe wächst, kann es passieren, dass sie diese Rolle als Enge empfindet und ausbrechen wird. Und wenn sie es noch so schafft, dann werden es die Kinder nicht mehr so können.

Es ist die alte Frage: Kann man eine transparente, internationale Organisation mit den Rollenbildern und dem hierarchisch-monarchischen Rollenverständnis von Unternehmung betreiben? Kann man die Aufteilung des Mann-Frau-Rollenspiels gleich wie auf einem Bauernhof belassen, wenn die Frau plötzlich zum Organisator des Innendienstes wird und werden muss? Kann man mit dem Mobiltelefon zu Hause anrufen und erfahren wollen, wie der Umsatz im letzten Monat war und diese Frage an dieselbe Person richten, von der man will, dass sie einem das Glas Wasser holt, wenn man wieder zu Hause ist? Kann also das Rollenbild gleich bleiben, wenn alles andere sich ändert? Wohl kaum. Trennlinien durchfurchen diese Familie, gesehene und empfundene. Ob sie in dieser Generation aufbrechen oder erst in der nächsten, wird sich zeigen.

„So far – in Africa"

„Gambia hat mich nie loslassen. Hat man einmal Afrika gerochen, ist jeder andere Geruch fad. Afrika sticht in die Nase. Der heimische Geschmack wird zur Sehnsucht: Schmeckt man ihn, ist er wie Stroh, ohne Würze, ohne Hitze, ohne Herausforderungen und arm. Man verdient hier wenig, alle sind einem Feind, warten bis man wieder weg geht. Man wird zum Reisenden, ohne Heimat, eine Heimat im Herzen, eine Sehnsucht, aber keine Realität. Man sagt Sätze wie: Ich will jetzt zu Haus bleiben, im Unternehmen, aber wenn ich nicht jederzeit den dortigen Industrieminister anrufen kann und ihn frage, wie unser Projekt läuft, dann sitze ich hier und die Sonne Afrikas verlöscht in mir und hinterlässt einen Mangel, eine Unruhe, eine Frage, ohne die ich weder in der Firma noch sonst wo überleben kann. Der Auslandseinsatz, der mich geprägt hat, war an sich kurz. Ich war in Gambia nur fünf Jahre als Leiter einer neuen Industrie: Eiskästen wurden erzeugt. Ringsum ungelernte Arbeitskräfte, die einem dienen. Manche brav, manche treu, viele Diebe. Aber immer waren dort Herren und Knechte. Und ich war der Herr. Und ringsum die Sonne, die Hitze, die Gerüche, Geschmäcker. Abends manchmal Wehmut und Familie.

Überhaupt die Familie. Die muss man sehr schützen, wenn man in so einem Geschäftsbereich tätig ist, der zu 95 % auslandsbezogen ist. Bei uns sind doch eine große Zahl der MitarbeiterInnen geschieden, viele bleiben auch gleich ledig. Besonders die Damen sind alle bis auf eine allein. Es geht einfach nicht. Ich habe die guten Jahre im Ausland verbracht, wo wir alle zusammen waren. Eines meiner Kinder ist auch in Gambia geboren. Aber die andern lassen ihre Familien da. Dort, wo sie sind, gibt es nichts, was man am Abend machen kann, außer das eine. Und das ist leicht zu bekommen. Und das ist billiger als das Telefonat mit der eigenen Frau zu Hause, die dann vielleicht über Sorgen mit den Kindern spricht oder über Wasser, das ins Haus eingebrochen ist. Und ein wenig Alkohol und schon ist der oft wirklich sehr anstrengende Arbeitstag vergessen.

Ich hatte eben meine Familie mit und alle haben die Schwierigkeiten und die Freuden des Auslandseinsatzes sehen können. Wie der Tag keinen Anfang und kein Ende hat; wie die Afrikaner in ihrer sympathischen Weise einen ganz anderen Umgang mit der Zeit haben; wie die Minister, die oft Stammeshäuptlinge sind, auch über uns verfügen; aber auch, wie schön es sein kann einmal etwas zu schaffen, für ein ganzes Projekt, das doch 300–400 Millionen Schilling kostet, verantwortlich zu sein. Wie man plötzlich wie ein Botschafter lebt und auch ein Botschafter Österreichs ist – nur in etwas anderer Weise.

So gelingt es mir auch heute, wenn ich mehr als 40 % meiner Arbeitszeit im Ausland bin, immer wieder, meiner Familie meine Arbeit nahe zu bringen. Ich erzähle allen, wo ich hinfahre, wen ich treffe, was ich dort mache. Und sie fragen auch. Manchmal bringe ich auch ein Video von der Baustelle mit oder ein paar Dias. Dann zeigen wir die auch den Nachbarn draußen am See, wo wir ein kleines Ferienhaus haben und dort wirklich mähen, säen und ernten. Meine Frau liebt das. Und ich schalte dort mein tragbares Telefon aus. Dort bin ich Landmann und plage mich mit den Problemen der Natur. Und meine Frau will das so. Und ich mache mit, wann ich kann.

Die Kinder, die haben auch viel von der Welt mitbekommen. Mein Sohn hat in der Schule einen Aufsatz über Gambia geschrieben, da hat mein Herz gelacht, wie ich den gelesen habe. So habe ich doch gemerkt, dass er viel von dem mitbekommen hat, was ich ihm vermitteln wollt. Die Faszination des Kontinents, die Art der Menschen, die Gerüche Schwarzafrikas. Da ist man dann stolz.

Aber, all das hat auch Kehrseiten: Ich bin der Bestimmer, ich sage, wann ich wegfahre, und ich kann auch in gewissen Situationen nicht nein sagen. Da erscheint man dann zu Hause als Despot und ist oft der Getriebene. Da helfen auch keine Ausflüchte. Weil es ja schon stimmt, dass einem der Beruf fast das Wichtigste im Leben ist. Dass man auch noch nach der Pension, wie es viele bei uns machen, gerufen werden will und dann vielleicht eine Projektleitung begleitet, ins Ausland fährt und dem „jungen" Projektleiter mit seiner Erfahrung hilft. Das wollte ich schon auch. Und da zieht meine Frau auch mit. Auch sie will wieder ins Ausland. Ihr ist ihr Beruf nicht so zentral und außerdem ist sie jeden Abend zu Hause. Ich nur jeden dritten. Da bleiben Konflikte nicht aus und ich hoffe, dass wir sie lösen können. Wir bemühen uns jedenfalls und meine Frau hat einen Kurs gemacht – in Meditation –, wo sie konstruktives Streiten gelernt hat. Das nützen wir jetzt gern aus.

Ich weiß, ich bin jetzt fünfzig Jahre alt. Viel Neues werde ich nicht mehr machen. Und ob die Erfahrung allein reicht für die nächsten Jahre, weiß ich nicht. Sicher, man freut sich auf Manches. Auf den Bauernhof, auf Reisen und so weiter. Aber bis dahin muss ich im Beruf mithalten. Und da kann man sich nicht nur auf das Alter verlassen. Da kommen Junge nach. Da muss man immer am Ball bleiben.

Da fehlt mir dann Afrika. Dort waren die Alten schon von vornherein die Angesehenen. Da musste man sich nicht ständig qualifizieren. So wie hier. Aber dafür wurde man auch träge und komisch. So wie ein Kollege von mir, der jetzt Projektleiter ist und zu einem Despot wurde. Der kann nur mehr Leute ertragen, die nach seiner Pfeife tanzen. Aber Projekte kann er gut leiten. Nur muss er dabei allein sein. Und der absolute Herrscher. Ich kann gut mit ihm, auch weil ich sein Vorgesetzter bin, aber ich möchte nicht so werden. Da muss man doch immer wieder nach Hause kommen und eine neue Bescheidenheit lernen. Sonst wird man hochmütig und das soll nicht sein.

Wir werden immer wieder nach den Maßstäben der Welt hier in Vorarlberg gemessen, sollen uns aber in Afrika bewähren. Da tun sich rein auf der Verhaltensebene, oder, wie man neuerdings sagt, auf der Kulturebene, Unterschiede auf, die nicht leicht zu bewältigen sind. Man soll in Afrika den Herrn spielen und dem Minister gegenüber sitzen und am Land wird man an der Bescheidenheit gemessen. Und in der Familie an der Güte.

Ich habe solche Herausforderungen gern, wenn sie auch nicht leicht sind. Oft bin ich in der Firma dadurch der Ansprechpartner für alle Arten von Sorgen, weil ich diese Unterschiede kenne und verstehe. Ich kann mir vorstellen, dass Menschen, die nicht so viel in die Familie investieren wie ich, dass die mehr Probleme haben als ich. Die wollen dann immer entschädigt werden, für die Arbeit, die sie machen. Und sie bekommen ein riesiges Gehalt, wenn sie im Ausland sind. Aber was machen sie dann damit, wenn sie zurück sind? Niemand bewundert sie, niemand dient ihnen, so wie sie es sich im Ausland leisten konnten. Und da kommt dann der Absturz, den ich in meiner Familie auffange. Dann wird's eng. Dann wird nach Kompensationen gesucht, nach dem lang vermissten Konsum und dann ist die Enttäuschung, im Wortsinn, groß. Da stehe ich dann immer wieder zur Verfügung. Wie ein Katzenjammer ist das oft. Da wollen diese Menschen nur schnell wieder zurück, da spielt das Geld oft keine so große Rolle, wie man glauben könnte.

Ja, wenn sie mich fragen: Wozu Familie? Ich glaube, in meinem Fall ist die Familie mein Boden, meine Erdung. Ohne sie würde ich abheben und irgendwo unrealistische Vorstellungen vom Leben haben. Eigentlich ein sinnloses Leben führen. Ich bin froh, dass ich meine Familie habe und einen Beruf, der es mir ermöglicht, zu reisen. Vielleicht täte ich mir als Zigeuner leichter."

Zerrissene ManagerInnen

„Der Schwimmer"

Schwimmen ist immer seine Leidenschaft gewesen. Und Gerechtigkeit. Im Leben wie im Beruf. Die Prinzipien sind dieselben, sonst soll alles getrennt sein.

Er ist seit langem bei derselben Firma. Hat sich selbständig hinaufgearbeitet. Zuerst war er ein einfacher Angestellter. Dann hat er in der Freizeit die Abendmatura nachgemacht, studiert und ist heute Geschäftsführer. In der Firma kennt er alles. Die Änderungen, die er erlebt hat, kann er gut bewältigen. Wenn es auch nicht leicht ist. Denn heute geht es in der Wirtschaft härter zu als damals. Damals musste man auch Leistung bringen, aber die Ergebnisorientierung war nicht so hart, nicht so deutlich. Da gab´s schon mal Leerläufe und Pausen, die heute verschwunden sind. Lean-Management als Stichwort führt auch zu einer Reduktion von Annehmlichkeiten und einer geringeren Möglichkeit, Arbeit auszulagern und zu delegieren. Heute muss man vieles selbst machen – auch als Geschäftsführer. Zum Beispiel die Ziel- und die dann folgenden Ergebnisberechnungen, die blieben Sache des Chefs. Es stört ihn aber nicht. Er ist es gewohnt, viel zu arbeiten. Und seine Familie kennt ihn auch immer so.

Er hält seine Familie und sein Privatleben absichtlich aus den Firmenangelegenheiten heraus. Er will nicht, dass sie allzu viel wissen und sie wollen es auch nicht (mehr?). Seine Frau wohnt in einem kleinen Haus in der Nähe der Stadt, in der er arbeitet. Seine Tochter ist schon erwachsen und wohnt nicht mehr zu Hause.

Sein Hobby ist Schwimmen. Mit einer Gruppe von Männern bewältigen sie jedes Jahr weitere Distanzen. Mal am Mittelmeer, mal am Atlantik, mal an der Nordsee. Dazu muss auch trainiert werden. Er ist einer der Schwächsten. Macht nur zirka 700 Kilometer pro Jahr. Andere, die zum Beispiel schon in Pension sind, kommen auf 2000 bis 2500 Kilometer pro Jahr und können dann auf diesen gemeinsamen Touren – obwohl sie älter sind als er – viel schneller schwimmen. Das ist der richtige Ausgleich für ihn. Nach der Arbeit, mal sonntags, mal samstags schwimmt er und kann dabei so richtig entspannen.

Seine Frau schwimmt kaum. Sie fährt mal mit dem Rad in den nächsten Ort zum Einkaufen, mal zu einer Besorgung, wenn das Auto nicht in der Nähe ist oder das schöne Wetter zum Radfahren einlädt, aber sie war nie so sportlich wie er. Sie akzeptiert aber sein Schwimmen.

Private Dinge zu besprechen fällt ihm schwer. Auch Mitarbeiter sollten seiner Meinung nach das Private eher aus dem Beruf heraushalten. Es führt zu nichts Gutem, wenn man das vermengt, findet er. Er hatte da auch ein Erlebnis, das ihn prägte. Es wurde mit den Ersparnissen der Kaffeekasse in ein südliches Land gefahren. Fast alle der kleinen Belegschaft von ca. zehn

Mann. Die haben dann an dem Wochenende hauptsächlich getrunken und getanzt. Beides macht er nicht. Also hat er sich ein Fahrrad ausgeborgt und sich die Gegend angeschaut. Ein Mitarbeiter des Lagers ist mit ihm gefahren, denn der fuhr auch gern Fahrrad. Und weil man jetzt drei Tage praktisch immer zusammen und sich auch sympathisch war, kam es zum Du-Wort. Wie sie dann zurückgekommen sind, waren die anderen zwei Mitarbeiter des Lagers, aber auch die anderen der kleinen Mannschaft so böse zu dem Radfahrkollegen, dass der nach einem Jahr von selbst kündigte. Rausgeekelt praktisch. Und er, der mit ihm zufrieden war und die Reaktion der Kollegen auch hässlich und neidisch gefunden hat, er konnte ihn nicht halten. Der andere habe sich bei ihm lieb Kind machen wollen, er hätte das Fahrrad nur benutzt, um sich ihm zu nähern, so lautete der Verdacht der anderen.

Seither fährt er auf keinen Betriebsausflug mehr mit und versucht noch mehr als früher, Abstand zu seinen Mitarbeitern zu wahren. Vielleicht auch, weil er ihnen nicht mehr traut und sie in gewisser Weise ablehnt. Er hätte das mit seinem Lagerarbeiter nicht nötig gefunden und verachtet die, die das so gemacht haben.

Ein Chef zu sein, heißt für ihn verlässlich, gerecht und im Interesse der Firma zu arbeiten. Dabei kommt es dann nicht so sehr darauf an, wie viel man im Einzelnen arbeitet, sondern darauf, dass man das Leben der Firma ermöglicht und seinen Mitarbeitern ein guter Chef ist. Seit einigen Jahren ist er fast selbständig. Sicher, er gehört noch immer einer größeren Gruppe an, aber er muss sich um seine Geschäfte kümmern, größere Kunden besuchen, Preise und Konditionen aushandeln und sicherstellen, dass die Firma genügend Gewinn abwirft. Da kann ihm sonst keiner helfen. Da nützen keine Ausreden und Ausflüchte. Entweder das Ergebnis am Jahresende ist in Ordnung oder nicht.

Da ist kein Platz für irgendwelche andere Erwägungen als eben den Profit. Er ist nun Ende fünfzig, das heißt, wenn die Firma geschlossen werden sollte, dann wäre das das Ende seiner Karriere. Er würde sich davor nicht fürchten. Schwimmen und schöne Dinge begeistern ihn heute mehr denn je. Aber komisch wäre es schon. Erst so viele Jahre der Ausbildung und dann sollte man schon in Frühpension gehen, obwohl man noch kräftig genug ist, um z.B. die höchsten Alpenpässe mit dem Rad zu bezwingen.

Aber seine Schwimmkollegen sagen, dass er das zu eng sieht. Sie sind – wie gesagt – fast besser als er und freuen sich, dass sie genug Geld zum Leben haben und auch die Zeit dazu. Aber er kann sich jedenfalls derzeit noch nicht so damit anfreunden. Und vor allem möchte er nicht als Verlierer aussteigen. Wenn, dann schon mit erhobenem Haupt. Aber ob die Wirtschaftslage und der Gesamtkonzern (die „Mutter") das ermöglichen werden, weiß er noch nicht. Seine Frau lässt ihm da freie Hand. Er soll machen, wie er es für richtig hält.

In den Interviewern, die beide jünger als der Interviewte sind, steigen Wünsche auf, die Frau einmal kennen zu lernen. Was ist das für eine Ehe? Was ist das für eine Beziehung? Kann man das als konservatives Beziehungsideal auffassen? Ist der Kontakt zwischen den Eheleuten gut? Ist diese Trennung zwischen den Interessen des Mannes, soweit er uns Einblick nehmen lässt, und jenen seiner Frau gut, hilfreich, vielleicht sogar stabilisierend?

Aber darauf gibt es keine Antworten. So ausführlich wir vieles über das Schwimmen erfahren, so gut wir uns auskennen mit den Abläufen innerhalb der Firma – das Innenleben des Interviewten und seiner Familie bleiben im Dunkeln. Wir sind überrascht und erfreut. Denn so ein Typus, der so konsequent sich selbst gegenüber ist, fehlt sonst. Wir glauben, die Vorteile der strengen Trennung zwischen Beruf und Familie zu sehen: Jedes hat seinen Platz, alles ist am richtigen Ort und ein Untergang der Firma würde das Private nicht gefährden, ein privater Schiffbruch nicht die Firmenkarriere. Hier verwirklicht sich ein Traum der idealen Trennung von Beruf und Familie, und wir sehen nur die eine Seite. Die Geschichte mit dem Mitarbeiter ist eine Geschichte, in der gezeigt werden kann, was alles geschehen kann, wenn diese Grenze nicht streng eingehalten wird. Also zurück zu der strengen Einhaltung.

Ebenso wie beim Schwimmen zählt für den Erfolg nur das Training und die sportliche Begabung und die Erfahrung. Nicht jedoch zählt die Einstellung, die psychische Bereitschaft und die Selbstkontrolle. Denn die sind ohnehin vorhanden, Bedingung nicht Ergebnis. Ebenso wie das Leben eine Aneinanderreihung von Fleiß und Ehrgeiz und Wille war, so ist er im Beruf und in der Freizeit, so wird er auch bleiben. Ein Idealtypus. Ein Vorbild. Streng und gerecht. Ein Cheftypus, wie er sein soll.

„Der Bauernbursch"

Schon die Bezeichnung macht stutzig. Wie kommt ein Bauernbursch ins Management? Sind dort die Qualitäten des bäuerlichen Seins besonders hilfreich? Ist es die sprichwörtliche Schläue, ist es der Fleiß, ist es der Ehrgeiz, den Hof zu bestellen und weiter auszubauen? Sind es Wünsche nach Autonomie und Unabhängigkeit in einem gegebenen Rahmen?

Sein Leben wird von der Kindheitserfahrung bestimmt. Hinausgeworfen in die weite Welt erobert er immer neue Erkenntnisse, neue Religionen, neue Reichtümer. Immer auf dem eigenen Grund und Boden will er stehen. Und kann es doch nicht. Denn in der Firma will es nicht so laufen. Er hat die Gründung eines Profit-Centers vorangetrieben, doch die Lösung von der großen Firma kann so nicht gelingen. Auch weil die kleine Firma, der kleine Hof nicht die Entfaltungsmöglichkeit verspricht, die er braucht.

Er träumt von der großen Welt. Er hat sich in den USA Kenntnisse erworben und weiß, wie man dort lebt. Er hat von dort Zeugnisse mitgebracht. Und jetzt will er die Kenntnisse anwenden. Kurzum: sich hier verständlich machen. Aber die große Stadt, die große Firma haben keine Räume für bäuerliche Erfahrungen. So wird sein Kind so wichtig, dass es sich nicht mehr in sein Leben einbauen lässt. So wird seine Frau so wichtig, dass er ihr ein Haus baut. Doch die will dort nicht leben, wo sie sich eingesperrt fühlt. Die Entwicklung der Person in der Firma ist so wichtig, dass sie sich selbst fängt!

Was offen bleibt ist, ob Städte und Konzerne offen sind für bäuerliche Traditionen. Denn die Familienbilder sind in der erlebten Weise nicht in der Stadt mit einer Städterin umsetzbar. Und die Berufseigenschaften wie Fleiß, Anständigkeit und Tüchtigkeit sind nicht allein ausschlaggebend für den beruflichen Erfolg.

Acht Kinder, der Vater arbeitet in der Stadt, die Mutter betreut Gäste, die Urlaub am Bauernhof machen. Er, der zweitälteste Sohn, hilft manchmal mit. Bis heute ist die Tätigkeit am Bauernhof für ihn Entspannung und Freude. Sinngebung. Dort hat er arbeiten gelernt, fleißig sein und eine Tätigkeit vollenden. Jedoch die Mutter hatte falsch geheiratet: einen Kleinhäusler. Und wurde verstoßen. Von der reichen Bäuerin zur gottergebenen Frau und Mutter, die noch ein spätes Kind bekam, das sie ebenso hinnahm wie alle anderen. Und liebte.

Der Bub, der Stolz. Lernen und es zu Etwas bringen. Das Erworbene auch herzeigen können. Ein Haus. Eine Familie. Einen Beruf, der ausgefüllt wird.

Manches kann da nicht gut gehen. Die Wiederherstellung der Identität gelingt im Ursprünglichen zu Hause. In der Fremde ist die Arbeitsteilung eingetreten, die das Kind im mütterlichen Vorbild nie wahrgenommen hat. Hof und Haus, Fremdenpension und Stall waren als Arbeits- und Produktionsgemeinschaft zeitlich und örtlich ident. Die handelnden Personen waren ebenfalls zeitlich, örtlich und emotional damit ident. Und wenn auch der große Bauernhof gefehlt hat, wenn man auch nicht der Erbe hätte sein können und wenn auch der Hof nie hätte acht Kinder ernähren können, diese Erkenntnisse verändern die Wahrnehmung der Arbeitswelt nicht.

Denn plötzlich zerfällt, wenn auch wunschgemäß, Arbeits-, Liebes- und Produktionsstätte in mehrere Bereiche, die auch mit der modernen Kommunikationstechnologie nicht zu beherrschen sind. Frau und Kind werden am Stadtrand untergebracht. Aber was passiert: Es bleibt bei einem Kind. Es werden natürlich keine Fremden, keine Gäste untergebracht. Die Frau ist zu wenig beschäftigt, ihre Gottergebenheit gering. Deswegen wurde sie auch gewählt. Aber man vergaß, dass man ein festes Frauenbild hatte. Wer weiß, ob man es ändern will oder kann.

Nun liebt man sein Kind. Weil man sein Kind liebt, aber manchmal wirkt es fern auf mich. Und man behält sein Haus, das nun fast leer steht, besucht es mit dem Kind, zeigt den Hof her, der nun weder die Funktion der Familienhöhle hat noch die der Produktionsstätte und daher meist Einsamkeit ist und Arbeit gibt.

Arbeit und Familie zu schaffen, ist das Ziel. Aber das will nicht gelingen. Denn auch die anderen Frauen, die man inzwischen kennengelernt hat, sind Städterinnen. Und die eigene Überzeugung, dass das herkömmliche Frauenbild, die herkömmliche Art des Sich-Ergebens, des Glaubens und der Demut das Richtige sind, die ist so weit geschwunden, dass sie kaum mehr vermittelt werden kann.

Und ein Zurück gibt es nicht. Die Identität, die man für sich beim Mistschaufeln entdeckt, die kann im Fitnessstudio nicht hergestellt werden. Zu sinnlos sind dort die Bewegungen, zu sehr ist der Zweck zum Selbstzweck geworden.

Da werden dann Partialbeziehungen gelebt: Dem Kind die Mutter. Dem Kind das Haus. Im Haus die Leere. Die Freundin nicht im Haus. Die Freundin kennt das Kind nicht. Die Frau bleibt – nach dem Ritus – die Frau. Die Heimat weit weg. Die Arbeit eine Befriedigung, in der man immer wieder einen kleinen, eigenen Hof in einem großen Konzern herstellen will. Im großen Konzern ein Mitsprecher der Geschäftsleitung sein, auch wenn am Rande und durch gute Beziehungen.

Partialbeziehungen bedeuten, dass der Betreffende in keiner Welt einen inneren Zusammenhang herstellen kann. So wie das Mädchen, das S. Freud studiert hat, die letzten Endes ihrem Vater treu bleiben will und daher immer mit Männern entweder freundschaftliche oder sexuelle Beziehungen eingeht. So ist es mit dem Bauernbursch. Er ist entweder ident, wenn er zu Hause Mist schaufelt; oder er ist ident, wenn er im Fitnessstudio turnt; oder er ist ident, wenn er seine Familie lebt. Aber alles gelingt eben nur zum Teil: Zu Hause ist er Gast geworden; im Fitnessstudio ist er sich der Sinnlosigkeit seiner Tätigkeit bewusst; in der Familie hat er entweder Frau oder Kind oder Haus. Am besten fühlt er sich noch am Weg dorthin oder weg von dort, wo er sich in der Fantasie alles zusammendenken kann. Dann hilft ein Handy, mit dem alle im Auto versammelt werden können.

Der Preis ist relativ hoch: Weiter streben als Managementtugend. Aber auch das Erreichen einer höheren Identität mit sich selbst würde verlangen, entweder die kindlichen Prägungen des Liebes- und Erwerbslebens auf städtische, arbeitsteilige Gebräuche umzustellen oder sich selbst aus der Stadt werfen. Aussteiger nennt man das, wenn jemand das Leben in der Fremde nicht mehr erträgt. So wie es jetzt ist, kann man nur hinter seinem Glück nachrennen, man sieht es immer nur von hinten. Denn weder Familie findet statt, noch Privatleben – alles in der Fantasie und die Wünsche des Kindes sind kaum mehr bekannt.

Abspaltung als Mechanismus des Seelischen, also Teilung der eigenen Bedürfnisse und Wünsche in kleine Kompartements ist die Lösung für das tägliche Leben. Da nichts so geht, wie man es erlebt hat, geht alles in seinem Umfeld ein bisschen so. Die Familie findet im Schreibtischfoto statt; die Kollegen, die oft auch gescheiterte Beziehungen haben, sehen das ebenso. Die Arbeit findet zumeist statt. Sie wird mit immer neuen Zwängen,

Zukunftsängsten sowie der Wirtschaftslage verstärkt. Was an Unzufriedenheit bleibt, wird in die Fantasie gehoben und findet dort statt. Oder in einem Besuch im Herkunftshaus. Dort herrscht noch ungeteilte Identität. Da ist kein Aussteigen, sondern ein Gehorchen. Den alten Ritualen und den Erfordernissen der Natur gegenüber.

Daher: Zwischen Beruf und Familie eine Spaltung, die aus dem Übergang von einer geschlossenen Hofform als Arbeits-, Liebes- und Produktionsstätte in die arbeitsteilige Welt erfolgt. Die Wiederherstellung identer Umfelder wäre Aussteigen. Das Leben in nicht-identen Umfeldern kann nur durch stetes Streben und durch Existenzangst begründet werden. Erfolg wird so unbedingt, der private Erfolg zum Fantasma.

„Ein Frauenschicksal – oder ist Musik eine Lösung?"

Sie ist 30 Jahre alt, liebt ihren Beruf und ist bestens darauf vorbereitet. Handelsakademie, Dolmetscher- und Übersetzerstudium, Managementausbildung. Nun lebt sie in der großen, nach fünf Jahren ihr noch immer fremden Stadt und bekleidet eine hohe Position: Marketingleiterin für Österreich in einem internationalen Modekonzern. Die Sitzungen dauern bis spät abends. Nach 21 Uhr nach Hause zu gehen, ist keine Seltenheit. Sie ist stolz auf das Erreichte, fasziniert vom Arbeitsinhalt, den Reisen in die Zentrale – in einer großen europäischen Hauptstadt –, zufrieden mit einem kleinen Studio, in dem sie schläft und eine Bedienerin putzt. Sie unterhält soziale Kontakte aller Art: Freundinnen, Bekanntschaften, Firmentermine am Abend, wie Modeschauen, Präsentationen, Mitgliedschaft in Managementclubs und Parteiorganisationen.

In ihre Heimatstadt fährt sie übers Wochenende, nicht jedes, aber im Schnitt zwei Mal pro Monat. Dort lebt auch ihr Partner, der in der kleineren Provinzstadt Rechtsanwaltsanwärter ist. An den Wochenenden leben sie zusammen in seinem Studio. Sport, besonders Rad fahren, und auch Besuche beider Herkunftsfamilien sind das Programm. Manchmal auch Akten des einen oder des anderen, die am Wochenende zu bearbeiten sind. Da die Berufe so unterschiedlich sind, gibt es darüber selten Gespräche. Gemeinsames Essen entfällt ebenso, weil beide nicht kochen können. So wird eben zur Großmutter gegangen, die kochen kann, die Einzige in ihrer Familie. In seiner Familie können mehrere Frauen kochen, aber sie sind schwer besuchbar, weil sie stets nach dem Heiratstermin und Kinderwünschen fragen. So teuer soll kein Mittagessen sein. Also brechen sie lieber auf zu ihrer Familie, wo solche Fragen nicht gestellt werden. Ihre Mutter war immer berufstätig und kennt die Probleme berufstätiger Frauen gut.

Beide Partner sind ehrgeizig und engagiert. Beide sind noch lange nicht am Höhepunkt, geschweige denn am Ende der Karriere. Beide könnten noch viel weiter aufsteigen. Im Weltkonzern, aber auch lokal. Er will selbständig werden und dann seine eigenen Kunden betreuen. Doch bis dahin ist noch ein weiter Weg zu gehen.

Sie kennt nichts anderes als berufstätige Eltern. Nicht so ein bisschen nebenbei, wie heute üblich. Nein, so wie es damals eben war. Die Mutter gab sie in die Krabbelstube, dann zur Großmutter und dann nahm sie sie in die Arbeit mit, sie und ihre kleinere Schwester. Arbeit war immer an der ersten Stelle. Dann kam erst die Familie, die durchaus das emotional Wichtigste war. Sie fand halt nur am Wochenende statt.

So kam es, dass Musik für die Kinder damals besonders wichtig wurde. Alle in der Familie waren dafür, schon deshalb, weil Musik Struktur, Heimat und Ordnung schafft. Schon vor der Pubertät spielte sie in einem preisgekrönten Ensemble und errang dann auch später alleine Auszeichnungen. Später gab sie dann eine Zeit lang auch Instrumentalunterricht und blieb der Musik bis heute verbunden.

Sie lernte nicht kochen, die Mutter kann es auch nicht. Die letzte Frau in der Familie, die kochen kann, ist die Großmutter. Seither eigentlich niemand mehr. Wie die Großmutter zu werden, scheint ihr wenig erstrebenswert. Obwohl die immer für alle da war. Und die Mädchen aufgezogen hat, bis sie eben in den Musikverein kamen, der dann die neue Heimat wurde. Erst damit wurden die Eltern interessanter, weil sie die Mädchen hinfuhren und wieder abholten. Fast jedes Wochenende war ein Konzert. Da wurde dann Familie erlebbar.

Heute sieht sie alles ein bisschen anders. Sie denkt über das Frauenideal nach: „Entweder man bekommt die Kinder bis zwanzig oder ab vierzig", sagt sie und lacht. Da sie schon 30 Jahre alt ist, wird sie ihre erst ab 40 bekommen. Aber auch dann wird's schwer. Sie wünscht sich einen Betriebskindergarten. Aber solange man Karriere machen will, sollte man kein Kind haben. Denn eine Kollegin, die ein Kind hat, die ist am Rande. Viel Neid, wegen der Rücksichten, die allgemein auf sie genommen werden müssen. Viel Ärger, weil sie immer pünktlich heimgehen darf. Schon wegen des Abholens vom Kindergarten und so. Nie muss diese Kollegin am Wochenende vor der Bilanz da bleiben, um noch alles fertig zu stellen. Sie darf nach Hause gehen, wenn das Kind sie braucht. Das wird zwar oberflächlich von allen verstanden, aber letztlich nicht akzeptiert. In diese Position möchte sie nie kommen. Doch wie ist so etwas zu vermeiden?

Einfach, indem man keine Kinder bekommt. Oder, indem man sie alternativ zur Karriere bekommt, so dass man den Beruf dann eben aufgibt. Aber das will sie nicht. Sie könnte natürlich wieder als Musiklehrerin arbeiten. Und nicht als Managerin. Aber das wäre ein beruflicher Rückschritt. Und insofern auch keine Erleichterung. Und wenn sie dann ihre Lehrerinnenexistenz ernst nimmt, dann möchte sie auch zeitlich eine volle Berufstätigkeit, also wieder einen vollen Job. Und dann wieder mit Kindern unvereinbar.

Witzigerweise ist das ein Problem, das sie nicht lösen kann. Sie kann neue Produkte am Markt einführen. Sie kann ihre Treffen mit ihrem Mann organisieren. Sie kann mit ihm die Zukunft planen. Obwohl das schwer ist. Denn er hat keine Zukunftschancen in der Hauptstadt, und sie eigentlich keine in der Herkunftsstadt, denn ihr Konzern wird dort keine neue Zentrale errichten. Und er kann sich nicht, nach sieben Jahren Lehrzeit, in einem ihm unbekannten Umfeld niederlassen. Und eine Beziehung, die immer auf eine Wochenendbeziehung reduziert bleibt, erscheint ihr unmöglich. Denn so ist Familie nicht machbar, sei sie auch noch so modern. Schon wegen des Fehlens einer vergleichbaren Großmutter. Erst heute wird ihr der Preis klar, den ihre Mutter zu zahlen hatte. Immer die unausgesprochene, in vielen kleinen Bemerkungen gepackte Kritik der Großmutter. Wenn diese der Mutter erzählt, was die Kinder unter der Woche alles gelernt hatten oder wie süß sie selbst als Kindergartenkind war oder was für neue Worte sie gesagt hat. Oder welche Erfolge sie bei ihren ersten Schreibversuchen hatte.

Und die Mutter musste das immer fröhlich, freudig annehmen. Konnte nie sagen, dass sie selbst gern dabei gewesen wäre. Sie musste den Triumph immer der Großmutter lassen, die ihr ununterbrochen zu verstehen gab, was sie alles versäumt.

Sie ist sich ganz sicher, dass sie das nicht ertragen würde. Gleichzeitig sieht sie bei Kolleginnen, wie schwer es mit Kindern ist. Deshalb hat sie auch eine Frau mit einem Kind als Mitarbeiterin eingestellt. Weil sie der auch eine Chance geben wollte. Und qualifiziert ist die Frau ja. Aber durch ihre relative Bevorzugung ruft sie so viel Neid hervor, dass sie fast scheitern muss. Wenn in die Konzernzentrale geflogen wird, dann ist das für alle ein Fest und eine Darstellungsmöglichkeit. Mit den entsprechenden Ängsten, aber trotzdem. Daher nehmen es alle auf sich, die Flugzeiten und die Reise in ihrer Freizeit zu absolvieren. Nur die Kollegin bekommt dafür Gutstunden, die sie dann mit ihrem Kind verbringen kann. So nach dem Motto: „Mama war jetzt zwei Tage weg, jetzt hat sie zwei Tage Zeit für dich, mein Schatz." Aber andere haben auch Beziehungen und dürfen das nicht. Da müssen die Kinder halt die Abwesenheit der Väter schlucken, das wird vorausgesetzt. Und die Wünsche der Männer, bei ihren Kindern zu sein, die gelten ohnehin nicht. Es würde sich auch kein Mann trauen, solche Wünsche zu äußern. Da würde er sich lächerlich machen. Unerhört wäre das.

Sicher, es wäre leicht, über die Benachteiligung der Frau zu schimpfen. Viele ihrer ehemaligen Klassenkolleginen machen das. Auch ehemalige Studienkolleginnen hat sie, die jetzt mit zwei Kindern zu Hause sitzen, nur mehr Frauenliteratur lesen und auf ihre Männer warten. Diese Mütter treiben mit ihr immer dasselbe Spiel: Einerseits erzählen sie ihr stundenlang vom Glück mit den Kindern, dass ihr Leben jetzt erst Sinn hat. Dass alles, was vorher war, verblasst. Sie geben ihr zu verstehen, dass das, was sie macht, einfach kein erfülltes Frauenleben ist. Diese Kontakte, meist mit tollen Abendessen verbunden, hat sie abgebrochen. So gern sie isst, der Preis ist ihr zu hoch. Denn, wenn dann der Mann nach Hause kommt, wird über den Beruf geplaudert. Und sie ist nicht imstande so zu tun wie ihre Freundinnen. So, als ob sie nicht wüsste, was derzeit in der Wirtschaft läuft. So, als ob sie einen Managementclub nur von den jährlichen Redouten her kennen würde, bei denen sich alles darum dreht, andere Gattinnen modisch zu übertreffen. Also spricht sie mit. Das ist dann der Moment, in dem die Konstruktionen ihrer Freundinnen zusammenbrechen. Deren Weibchenhaltung. Die retten sich dann in Frauenliteratur und machen den Mann klein und kleiner. Bis der ihr schöne Augen macht und – wenn er ihr in den Mantel hilft – nachdenklich fragt, was sie denn so allein die ganze Woche in der Hauptstadt macht? Und dass er ein verschwiegenes Lokal kennt, einen Geheimtip, den er ihr gern einmal zeigen würde, schon als Förderung der Provinz in der Hauptstadt. Da wird ihr dann übel und es ist schon toll, wenn sie das gute Essen nicht auf den schönen Berberspannteppich im Vorzimmer erbricht. Das kann es also nicht sein.

Die alleinstehenden Freundinnen von früher sind fast alle ein bisschen komisch geworden. Nach Jahren der Jagd auf Männer frustriert, suchen sie die Wahrheit und den Sinn des Lebens. Da dies vom Menschen nicht gefunden werden kann, gehen sie in Gruppen, die versprechen, dass sie ES wissen. So wie die alten Jungfrauen ihrer Kindheit Rosenkranz beten gegangen sind. Nur, dass das heute nicht mehr „in" ist. Heute besuchen sie Sufis aus Marokko, die in ihren abenteuerlichen Drehungen ihrer durchtrainierten, schwarzhäutigen Körper Tranceerlebnisse haben; Yogalehrerinnen aus Indien, die selbst letzte Erfahrungen gemacht haben und nur der Frage ausweichen, warum sie dann nach Europa gekommen sind; Schamanen aus Südamerika, die wie Don Juan das Geheimnis der zweiten Existenz gelüftet haben; und Psychotherapeuten, die wissen, dass es keinen Zufall gibt, sondern alles mit allem zusammenhängt und vor allem mit der Geschichte der Jeweiligen, die sich in der Krise erklärt. Ihr sind solche Gespräche so unangenehm wie Pickel auf der Haut. Sie weiß nicht, wozu wir leben. Aber sie spürt, dass diese Antworten noch einfacher und darum blöder sind als die der Kirche, von der sich schon ihre Eltern entfernt haben, weil sie manche Antworten nicht akzeptieren konnten. Da beneidet sie, wenn schon, ihre Großmutter, die ihr Frauenschicksal gestaltet und die einen einfachen Volksglauben hat, der ihr offensichtlich Halt und Stütze gibt. Die sie zwar nicht fragen kann, wieso die Dreifaltigkeit ein Symbol des einzigen Gottes ist, aber die ihr die Geschichte Mutter Mariens glaubwürdig als Märchen mit aktuellem Bedeutungszug erzählen kann. Dann lieber das.

So sind ihre Abende in der Hauptstadt einsam geworden. Vielleicht ein oder zwei Frauen, die in beide Klischees nicht hineinpassen, ein oder zwei Männer, die ihre Treue zu ihrem Partner akzeptieren und nicht ununterbrochen versuchen, mit ihr zu schlafen. Aber das sind zwei bis drei Abende im Monat. Sonst arbeitet sie eben länger oder geht ins Kino oder schaut fern. Liest mal was. Oder macht einen Kurs, um ihre Fremdsprachenkenntnisse zu vertiefen. Langsam wird das einsam. Aber es ist der Preis. So wie die Proben bis zu sechs Mal pro Woche der Preis für die Auszeichnungen waren.

Sie lacht und ist fröhlich. Ein richtiges Modell kennt sie nicht. Der Weg zurück zur Großmutter ist schon von der Mutter verstellt. Und von den eigenen Wünschen. Der Weg nach vorne zu einem neuen Frauenideal und Frauenleben ist ihr unklar. Aber sie will sich nicht mit irgendwelchen Lügen darüber hinwegschwindeln. Sie sieht, dass das vielen unklar ist. Viele ihrer Produkte verkauft sie an Frauen, die zugleich Hausmutter, gebildete Ansprechpartnerin und Geliebte sein wollen. Und sein müssen. Und sich dabei immer wieder überfordern. Und das mit Kosmetikprodukten zudecken. Das ist zwar gut fürs Geschäft, aber wenn sie dann an die Szenen im Vorzimmer denkt, während ihre Freundinnen in der Küche bleiben, um den Geschirrspüler einzuräumen, der Mann ihr ins Ohr raunt ..., da möchte sie alle Kosmetikprodukte nehmen, alle Sprays der Welt verwenden dürfen. Da würden die schönsten Graffitis am Spannteppich entstehen, rote Kussmünder auf den Hosen der Männer, unabwaschbar versteht sich, und an den Türen der Satz: Verzweifelt, gescheitert – bei bester Laune!

Zwischenresümee

Neben der Zuordnung zu den Clustern und deren Ausprägungen möchten wir hier auch eine Zuordnung dieser präsentierten Lebensgeschichten zu den in Kapitel 4 beschriebenen Lebensformen präsentieren:

Tabelle 3: Zuordnung der Fallvignetten nach Partnerschaftsformen

Lebensgeschichte	Lebensform
Der Globetrotter	Traditionelles Paar
Familien ein Thema für die Firma	Living apart together – Traditionelles Paar
Der Pole	Dual Career Families
Der Getriebene	Single
Adlerhorst	Traditionelles Paar
Groschenzähler	Traditionelles Paar
Weltreisender aus Zufall	Nicht eheliche Lebensgemeinschaft
Mit uns zieht die neue Zeit in die neue Welt	Traditionelles Paar
So far in Africa	Traditionelles Paar
Der Schwimmer	Traditionelles Paar
Der Bauernbursch	Nicht eheliche Lebensgemeinschaft
Ein Frauenschicksal – oder ist Musik eine Lösung	Living apart together – nicht eheliche Lebensform

9 Das gespielte Leben: Soziodrama – ein Instrument zur Darstellung von Konfliktsituationen

Während der Unterrichtseinheit „Stress- und Konfliktmanagement" im Rahmen des Post Graduate Managementlehrgangs der Wirtschaftsuniversität Wien (PGM) haben wir eine Übung verwendet, die sich aus dem Psychodrama ableitet. Diese Übung heisst Soziodrama. Das Psychodrama, von J.L. Moreno[32] erfunden, ist eine Technik, um mit den Mitteln der szenischen Darstellung Konflikte sicht- und somit bearbeitbar zu machen. Moreno verwendete es in den Kriegsjahren des ersten Weltkriegs, um – vor dem Hintergrund einer strengen Zensur – die Nachrichten von der Front so darzustellen, dass sie einerseits verstanden werden und andererseits auch kritisch gegenüber der verordneten Meinung sein konnten. Er ließ mit Laienschauspielern im Sinne eines Stegreiftheaters die Texte aus den Tageszeitungen verlesen und nur durch die non-verbale Bewegung, den Kommentar durch die Gestik und Mimik konnte der Zuseher die Auffassungen der Schauspieler und des Spielleiters verstehen.

Unsere Übung kommt aus der Psychotherapie, in der sich die Methode des Psychodramas in den Jahren nach dem Krieg zum Stegreiftheater entwickelte. Den TeilnehmerInnen wird aufgetragen, Konfliktsituationen, die sich an Bruchlinien ihres Lebens ergeben, zu notieren. Sie sollen Stresssituationen, wie sie zum Beispiel in der ungewollten Begegnung zwischen Beruf und Familie auftreten, ausgehend von ihrer eigenen Betroffenheit auswählen. Oder Situationen im Betrieb, wenn man schon Pläne hat und dann akute Anforderungen eine andere Disposition erfordern. Oder die Situation des nach Hause Kommenden – oft spät, müde und abgespannt – und sich mit den Bedürfnissen der Familie konfrontiert sieht.

Nachdem die TeilnehmerInnen sich eine derartige Situation vorgestellt haben, gehen sie in Kleingruppen. Dort erzählen sie einander diese Situation. Es wird dabei ersucht, nicht zu kommentieren, keine Lösungsvorschläge zu machen; nicht zu erzählen, wie man selbst so einen Konflikt bearbeitet hat, sondern einfach zuzuhören und nur Verständnisfragen zu stellen. In manchen Gruppen muss diese Art des Zuhörens erst einmal geübt werden. Eine Interviewübung soll die „normale" Art des Verstehens problematisieren. Dazu wird immer ein/e TeilnehmerIn ersucht zuzuhören, zu fragen, keine Suggestivfragen zu stellen (weder verbal, noch nonverbal), in Fragen nur auf das Bezug zu nehmen, was eben gehört wurde, und das Gespräch nicht zu leiten, sondern zu begleiten. So wie es der griechische Philosoph Sokrates in seiner Idee des meutischen (altgriechisch; wörtliche Übersetzung: melken) Gesprächs vorgeschlagen hat. Der/die InterviewerIn soll den Befragten melken, ihm durch offene Fragen mehr entlocken, ihm helfen neue Erkenntnisse einzubringen.

Nach diesem Gespräch zwischen zwei Personen, das etwa 15 Minuten dauert und von einer dritten Person beobachtet wird, werden die Geschichten gesammelt. Die Kleingruppe entscheidet sich für eines der Beispiele, das sie nun gemeinsam szenisch umsetzen will. Rollen werden zugeteilt und Charaktere beschrieben. Natürlich füllen alle TeilnehmerInnen ihre Rolle mit ihrer eigenen Persönlichkeit aus. Persönlichkeiten, die nur vor dem Hintergrund des jeweiligen Seminars, der Welt aus der die TeilnehmerInnen kommen und ihren Annahmen über das, was gern gesehen wird und worüber gelacht werden wird, zu verstehen sind. Vor dem kulturellen Hintergrund, in dem wir uns alle bewegen, zu verstehen. Denn dieser kulturelle Kontext etwa des Kapitalismus oder, enger gesehen, des Managements gibt gewisse Rollenauffassungen vor: So würde es als eine Überschreitung eines Tabus wahrgenommen werden, wenn eine Führungskraft die Familie wichtiger nimmt als den Beruf; oder wenn Vorgesetzte, die Budgetzahlen sehen wollen, mit dem Hinweis abgeschmettert würden, dass man die bestellten Theaterkarten unbedingt ausnützen wolle. An diese allgemeinen Annahmen halten sich die TeilnehmerInnen zumeist. Wenn sie sie durchbrechen, können sie sich des Lachens gewiss sein. Wie in unseren Texten beschrieben, kommen dabei Situationen zur Darstellung, die lustig sind, Probleme machen oder einfach Stress ausgelöst haben.

Dass ManagerInnen überhaupt Theater spielen, stellt per se einen Tabubruch dar, und es bedarf der speziellen Atmosphäre des PGM und des extrem ausgeprägten Lernwillens der TeilnehmerInnen, um diese Inszenierungen zu ermöglichen.

Das Spiel selbst dauert meist etwa fünf Minuten. Die TeilnehmerInnen machen die Bühne, einige Sessel werden verstellt, manchmal gibt es Erzähler, die die Situation erklären. Dann fängt das Spiel an. Meist zögerlich. Die LaienschauspielerInnen haben es am Anfang schwer. Aber dann nimmt die Spiellust überhand. Der Teilnehmer, der die Frau spielt oder das Kind – er outriert, übertreibt seine Rolle oft und macht sie so lebendig. Aber die Art, wie er übertreibt, wie er sich das Kopftuch in die Stirn zieht und die Frau als Hexe darstellt, wie er das Kind darstellt und dabei alle immer stört, weinend am Boden liegt, hüpft und sich gebärdet, das sind Übertreibungen, die Raum für Interpretationen zulassen. Am besten war letzthin die Rolle des Hundes: ER war der freundlichste in der Gruppe, zu jedem nett und witzig. Er verstand – im Spiel – die Konflikte der Erwachsenen nicht, er wollte einfach lieben und geliebt werden. Begeisterungsstürme verfolgten den Abgang des Hundes.

Nach jedem Spiel wird die „Nummer“ bezeichnet. Ein Name muss gefunden werden, der das Spiel charakterisiert. Auch das ist eine Technik, die Moreno vorschlug: Durch die Benennung eines Gegenstands, eines Objekts, einer Krankheit – und eben auch eines Spiels – bekommt es eine neue Wirklichkeit. Der Name bezeichnet nicht nur, sondern kreiert auch. In der Psychiatrie zum Beispiel kennt man das von den Diagnosen: Sie sind nicht nur Bezeichnung eines Zustands, sondern auch eine Erschaffung einer Situation. Erst durch die Benennung von Wahrnehmungen als schizophren, wird aus einer widersprüchlichen Wahrnehmung der Welt eine krankhafte. So auch in unseren Spielen: Durch ihre Bezeichnung werden sie wirklich, bekommen eine neue Gestalt, die nun bearbeitbar ist.

Nachdem alle Spiele gespielt sind, werden die Videoaufzeichnungen angesehen. Sie zeigen nochmals das Spiel, nun aber mehr den Einzelnen, der sich in dieser Situation im Fernsehen sieht. Es werden nun die Sprache, aber auch die Mimik, Gestik, die Reaktion der Einzelnen aufeinander etc. von den „Nichtspielern" interpretiert. Das ist nicht immer einfach: TeilnehmerInnen sagen dann zum Beispiel: „Das war nicht so gemeint!" oder „Das kommt jetzt nur so heraus!" oder „Das ist jetzt überinterpretiert!" – und all das stimmt. Denn was die Interpretation leisten soll, ist: Sie soll sensibel machen für andere Wahrnehmungen als die kognitive allein. Sie soll die im Stück gezeigten, nicht absichtlich gewollten Interpretationen herausarbeiten und darstellen helfen.

So ein Prozess dauert lange. Die TeilnehmerInnen sehen sich gern am Schirm und die Interpretationen gehen von der Darstellung auf das Dargestellte. Auf diese Weise werden die Bruchlinien sichtbar, an denen Probleme auftreten. So werden die Konflikte der TeilnehmerInnen besprochen. Nun wird erstmals die Erlaubnis erteilt, auch Lösungen vorzuschlagen. Strikt verboten ist dabei nur, sich selbst als Modell anzugeben. Das fällt schwer. Denn welches Modell kann so gut sein wie das eigene? Zeigt doch der Erfolg, den man/frau im Leben hat, dass man/frau das Richtige macht, das man/frau im Leben derjenige ist, der weiß, wie die Probleme zu bewältigen sind.

Die Trainer bleiben oft sprachlos zurück. Sie haben völlig andere Beobachtungen gemacht als die, die mit den TeilnehmerInnen besprechbar waren: Über dargestellte Kulturphänomene, die sie nicht so haben; über die Art mit Kindern umzugehen, die sie schlicht falsch finden; über familiäre Organisationen, die sich ausschließlich der Arbeit unterordnen und bei denen sie den Sinn des Lebens nicht mehr nachvollziehen können. Die Trainer bemühen sich manchmal, ihre unterschiedlichen Vorstellungen zu kommunizieren. Manchmal werden sie nicht verstanden oder, genauer gesagt, abgewehrt. Aber die Trainer rächen sich: Sie schrieben ein Buch, das Sie nun in Händen haben. Wenn Sie es lesen, laufen Sie Gefahr, die Ansichten der Trainer zu erfahren.

10 Beruf und Partnerschaft

In wenigen Soziodramen kamen die Partnerbeziehungen zur Darstellung. Bei der Aufgabe, „Stresssituationen“ darzustellen, wurde meist die ganze Familie genommen, sofern überhaupt Situationen aus dem Privatleben gewählt wurden. Paarbeziehungen wurden eher am Telefon erlebt. Und dann immer störend. Fiel einmal ein liebes Wort, dann war es Kabarett. Alle lachten.

Nebenbeziehungen, so genannte Liebesbeziehungen wurden nie gezeigt. Entweder, weil sie keinen Stress verursachen oder weil sie nicht herzeigbar sind. Wie in der Wirklichkeit, so auch im Spiel.

Der Einbruch der Partnerschaft in den Beruf

Eine typische Interaktion:
Der Mann sitzt bei einer Besprechung mit einem Mitarbeiter im Büro.
Die Frau ruft an. Sie fragt: *„Hast Du die Theaterkarten schon bestellt?“*
Mann schaut den Mitarbeiter an. Der zu Boden. Mann verdreht die Augen gegen Himmel. *„Schatzi, ich hab‘ leider vergessen!“*
Alle Zuschauer lachen. Der Mann ist verärgert.
„Na, dann gehen wir eben nicht. Warum besorgst du sie denn nicht?“
Alle lachen.
„Ah so, weil ich die besseren Verbindungen habe. Gibt‘s denn noch welche?“
Alle lachen.

„Du weißt das nicht. Bist noch nicht dazu gekommen. Ja, ja, ich weiß – die Kinder und der Hund. Und dann die Tante ... „
Erstickendes Lachen. Alle lachen.

Es ist klar. Hausarbeit und Versorgung Abhängiger ist weniger wert und lässt mehr freie Zeit zur Verfügung als die Arbeit. Arbeit ist wichtig. Das ist in den Management-Seminaren allen klar. Sonst wären sie nicht zum Seminar als Belohnung entsendet worden. Ohne Arbeit ist der Mensch fast so schlimm dran wie ohne Ausweis. Ein Niemand ist man da. Fast so, wie die Hausfrau am anderen Ende der Leitung. Ein Schatzi eben.

Die Darstellung des Paars ist hier eindeutig rollenwendig und nicht gleichberechtigt. Die Frau will aus irgendeinem Grund, dass der Mann die Karten besorgt. Vielleicht nur, weil sie einen Liebesbeweis sucht. Oder, weil er wirklich die besseren Beziehungen hat. Oder, oder, oder ...

Der Mann muss das abwehren. Selbstverständlich. Denn er hat Wichtigeres zu tun. Er kann jetzt nicht den Mitarbeiter, der in dieser Szene etwas enorm Wichtiges zu sagen oder zu besprechen hat, verschieben. Er kann nicht einmal sagen, dass er jetzt einen Moment mit seiner Frau sprechen muss. Und schon gar nicht kann er deren Wünsche erfüllen.

Das ist entweder gelogen oder blöd. Bei vielen Managern gibt es die vernünftige Regelung, dass die Anrufe ihrer Frau immer und jederzeit durchgestellt werden. Schon der Kinder wegen. Oder einfach, weil die Frau wichtig ist und nur anruft, wenn sie etwas zu sagen hat. Oder, weil man vorausschauend weiß, dass man mit seiner Frau noch lange zusammenleben wird, wenn einen der Mitarbeiter schon längst vergessen haben wird. Oder dass man ihre Hilfe im Alter noch brauchen wird. Oder weil man sie einfach liebt.

Aber warum lügen Manager in solchen Situationen? Weil man sich schämt? Ist es die ewige Abhängigkeit der Männer von ihren Müttern, die sie vor der „Jagdgesellschaft“ der Kumpel nicht zugeben dürfen? Ist es die Angst, als Schwächling entlarvt zu werden? Oder ist es einfach unpassend?

Muss sich die Frau den beruflichen Zielen des Mannes unterordnen?

Nehmen wir eine andere Szene, ebenso wirklichkeitsnah, wie alles hier: Der Mann kommt nach Hause: *„Schatz, wir sind heute abend eingeladen. Mach‘ Dich schnell fertig, es sind Gäste aus dem Ausland da und der Chef hat mich in letzter Sekunde beauftragt, sie auszuführen. Auf Spesen natürlich! In‘s feinste Restaurant. Freust‘ dich?“*
Frau aus dem off: *„Geh‘ allein!“*
Mann, sichtlich verdutzt: *„Was hast denn, Schatz? Fühlst dich nicht wohl?“*
Frau: *„Du vergisst auch alles. Wir haben doch ausgemacht, heute einen gemütlichen Abend nach all‘ dem Stress der letzten Wochen zu verbringen. Ohne Aufwand. Einfach nur wir zwei.“*
Mann: *„Deswegen hab‘ ich ja auch gewusst, dass du nichts anderes vor hast. Und hab‘ dem Chef zusagen können.“*
Frau, verärgert: *„Ist das für dich dasselbe? Essen mit Geschäftsfreunden oder mit mir zu Hause einen Abend in Ruhe zu verbringen?“*
Mann: *„Es ist einfach anders. Da sind wir in einem guten Restaurant, du musst nicht kochen, nicht abwaschen und wir reden dafür mit ein paar Leuten. Und sonst ...* (er schaut gegen Himmel – alle lachen). *Alles hat Vor- und Nachteile. Außerdem hab‘ ich nicht absagen können.“*
Frau: *„Dann geh‘ eben allein. Ich bleib‘ zu Haus‘. Was mach‘ ich mit deinen Geschäftsfreunden? Erst wird gegessen, getrunken und geraucht. Dann soll ich mit der Frau auf‘s Klo gehen und ihr redet‘s über‘s Geschäft.“* (Weint – alle lachen.)
Mann: *„Das kannst du doch nicht machen. Der Geschäftsfreund hat auch seine Frau mit. Was sollen die sich denken? Und erst der Chef?“*
Frau: *„Des is mir wurscht. Sollen sie sich denken, was sie wollen!“*
Mann (verzweifelt): *„Aber das geht doch nicht. Da flieg‘ ich raus!“*
Frau dreht sich um. Das Spiel ist aus.

Was ist hier geschehen? Wieso sind die Ziele der Frau und des Mannes plötzlich so unterschiedlich? Wieso können die beiden keinen gemeinsamen Nenner mehr finden?

In dieser Szene werden mehrere Inhalte ausgedrückt:

1. Der Mann setzt voraus, dass sich die Frau dem Arbeitsziel unterordnet.
2. Der Mann nimmt an, dass seine Arbeit auch für die Frau wichtig ist.
3. Der Mann nimmt an, dass diese Arbeit wichtiger ist als die „Paararbeit".
4. Die Frau will sich nicht mehr unterordnen.
5. Die Frau sieht die Paararbeit als wichtig an.
6. Die Frau findet diesen Paartermin ebenso wichtig wie Berufstermine.
7. Beide gehen von unterschiedlichen Voraussetzungen aus: Für Frau und Mann bedeutet Essen mit Geschäftsfreunden Unterschiedliches.
8. Frau und Mann sehen die „Eroberung" des Spesenkontos für das Essen, also das „Erlegen des Firmenbratens" unterschiedlich: Er als Triumph, sie als Niederlage.

Man kann hier nicht sagen, dass sich die beiden auseinandergelebt hätten. Man kann nicht sagen, dass sie sich nichts mehr zu sagen hätten. Was man vielleicht sagen kann, ist, dass sie über ihre unterschiedliche Zieldefinition nicht reden können. Denn die Arbeit des Mannes ist am Start einer Familie, besonders wenn die Frau zu Hause ist, tatsächlich sehr wichtig. Sie bleibt für ihn wichtig vor allem, wenn er Karriere gemacht hat und diese nicht riskieren will. Dafür nimmt das Paar viele Belastungen auf sich. Es stellt seine Bedürfnisse zurück. Es unterwirft sich den Bedingungen des Aufbaus, seien es nun Hausbau, Wohnungskauf, Herstellungen der Bedingungen, um Kinder zu bekommen, oder dergleichen mehr. Jedenfalls stellt das Paar seine Liebes- und Erlebnisbedürfnisse zurück.

Nach Erreichen dieser Ziele und der Herstellung einer „Aufzuchtsgemeinschaft" unterwirft sich das Paar häufig den Bedürfnissen der Brutpflege und der Aufzucht. Kinder treten in den Mittelpunkt der Aufgaben. Das Paar verwandelt sich in eine Brutgemeinschaft, in deren Mittelpunkt zumeist die Kinder stehen.

Interessanterweise gibt es jedoch einen Punkt, an dem diese Vereinbarungen neu zu treffen sind: Nämlich dann, wenn diese beiden Phasen durchlaufen sind und das Paar sich neu schaffen muss. Die Kinder sind mehr oder weniger aus dem Haus oder zumindest weitgehend selbständig. Der Aufzuchtsvertrag des Paares wird unnötig. Insbesondere, wenn die

Frau zu Hause bei den Kindern geblieben ist, wird ihre Rolle – ob sie nun Opfer war oder nicht – mehr und mehr überflüssig. Sie beschränkt sich nur mehr auf Haus und Versorgung des Mannes beziehungsweise auf Verlängerung der Pflegezeit der Kinder. Der Mann hingegen hat inzwischen – unter dem Schutz der Frau, die ihm die Familienarbeit abgenommen und ihn darüber hinaus auch noch gestützt hat sowie bei seinen „offiziellen" Anlässen als Botschafterin des Hauses mitgegangen ist beziehungsweise Einladungen gegeben hat – Karriere gemacht. Diese wird mit zunehmendem Alter in dem Sinn unsicherer, dass Jüngere nachdrängen. Der Mann will noch weiter kommen oder zumindest Erreichtes nicht verlieren.

Aber seine Frau interessiert sich für die Erfolge in der Firma nicht mehr. Sie will nun den Ehevertrag – auch mangels Alternativen – wieder auf Liebe gründen. In der Tat ist das schwierig. Beide Partner sind weder jünger noch schöner geworden, beide Partner kennen einander lang und Rollen und Rollenerwartungen sind weitgehend fixiert. Vor allem aber ist das Interesse der Partner in Bezug auf „Neues Verlieben" unterschiedlich: Zumeist ist es eher die Rolle der Frau, sich darum zu kümmern. Sie hat meist das intensivere Bedürfnis, einen neuen Ehevertrag herzustellen. Oft war sie es auch, die die emotionale Arbeit in und für die Partnerschaft geleistet hat. Sicher nicht immer. Denn die Frau kann durch die Erziehung der Kinder genauso beansprucht sein wie der Mann durch die Karriere.

Auch wenn die Rollenbilder immer mehr aufweichen, so ist gerade in der beschriebenen Szene diese Rollenverteilung fixiert. Man versteht nun, dass es sich nicht nur um eine einmalige Panne handelt. Man versteht, dass sie unterschiedliche Ziele haben. Er wollte seine beruflichen Ziele verfolgen, sie die Partnerziele.

Exkurs Partnerhygiene

Das Wort Hygiene kommt vom altgriechischen Wort „hygiena" und ist der Name der Muse, die für die Harmonie und Ordnung unter den Menschen und zwischen den Menschen und den Göttern zu sorgen hat. Unter Partnerhygiene ist hier der Versuch zu verstehen, die Ordnung in der Partnerschaft aufrechtzuerhalten. Diese Ordnung ist immer wieder vom Chaos bedroht. Dieses altgriechische Chaos ähnelt in vielem den Höllenvorstellungen des Christentums. Alles geht drunter und drüber, nichts ist dort, wo es sein soll, nichts an seinem Platz.

Partnerhygiene bedeutet demnach, immer wieder darauf zu achten, dass das Paar existiert. Dass es funktionsfähig bleibt. Dass es sich in „eine kleine Höhle" oder auf „eine schmale Brücke" zurückziehen kann, die es für die Partnerschaft und letzten Endes auch für die Familie heute nicht immer gibt. Denn die Familie hat wesentliche Grundlagen verloren. War sie noch im bäuerlichen Bereich Produktionsgemeinschaft, ist sie es heute selbst dort kaum mehr. War sie noch bis zum Ende des 2. Weltkriegs Aufzuchtsgemeinschaft, ist sie es heute im städtischen Bereich nur mehr sehr bedingt. Und war sie bis vor kurzem Nahrungsgemeinschaft, ist sie es heute nur mehr am Sonntag zu Mittag.

Was blieb, war die Liebeshypothese als alleinige Grundlage der lang dauernden Partnerschaft. Diese Grundlage ist sehr unsicher. Denn wie die Menschheit seit Jahrtausenden weiß, ist eine langdauernde Partnerschaft verlässlicher auf Besitz und eine Produktionsgemeinschaft gegründet. Es blieb unserem Jahrhundert vorbehalten, die Liebe als die unsicherste Versicherung einer lang dauernden Partnerschaft zu entdecken.

In dem Musical: Tewje der Milchmann, sieht Tewje, wie seine Tochter liebt. Er entdeckt, dass er seine Treitel nie gefragt hat, ob sie ihn liebt. In einem berührenden Song fragt er nun: „Liebst du mich?" und Treitel antwortet: „Seit 25 Jahren wasch' ich ihm die Hemden, bügle, habe ihm fünf Kinder geboren, koch für ihn, nähe für ihn, liege mit ihm – und nun fragst du mich: Liebst du mich?"

Was Treitel hier ausdrückt ist, dass der Wechsel zu einer Liebesgemeinschaft nach 25 Jahren zumindest überraschend kommt. Wie soll sie sich auf die neue Zeit umstellen? Was will man von ihr?

Wir aber, die wir alle unter der Liebeshypothese geheiratet haben (und wenn nicht, dann ist es fast unvertretbar), können nur mit ihr leben. Wir können auf gar nichts anderes zurückgreifen. Aus diesem Grund sind wir gezwungen, die Liebe zu bewahren, zu hüten und zu pflegen, denn sie ist die einzige Grundlage unserer Partnerschaften. Wie unsicher diese Grundlage ist, kann man aus der Scheidungsstatistik sehen. Wobei zuzugeben ist, dass sich auch früher nicht alle Menschen geliebt haben. Aber Liebe galt eben als eine „Spinnerei“ des Adels und war auch dort allen Beziehungen außer der Ehe vorbehalten. Insofern sind die „Freundinnen“ der Manager würdige Nachfolgerinnen der Mätressen, weil auch sie die Liebeshypothese aufrechterhalten sollen und der Manager zu Hause seinen Besitz sichert. Wie so oft sind adelige Lebensvorstellungen ins Bürgertum abgesunken, von wo sie sich langsam ins Kleinbürgertum und letzten Endes in die Arbeiterschaft bewegten.

Unter Paarhygiene muss man also die notwendige Beziehungsarbeit verstehen, die zur Aufrechterhaltung des Paares nötig ist. Es handelt sich um einen bedeutenden Wirtschaftsfaktor. Gemäß dem Witz – „Was ist der Unterschied zwischen einem Taifun und einer Scheidung?“ Die Antwort lautet: „Keiner! In beiden Fällen ist das Haus weg!“ – stellt Scheidung eine der größten finanziellen Einbußen für Männer und Frauen dar. Paarhygiene ist daher auch wirtschaftlich als bedeutender Aspekt zu sehen.

Paarhygiene hat folgende Punkte zu beachten:

1. Das Paar ist zumindest ebenso wichtig wie Beruf oder Familie.
2. Das Paar braucht Zeit. Denn Beziehung passiert in der Zeit.
3. Das Paar ist nur bedingt belastbar. Ebenso wie der einzelne Partner und die Berufssituation.
4. Das Paar braucht Aufmerksamkeit und Pflege, ebenso wie die Besitztümer des Paares.
5. Liebesbedingungen verändern sich in der Zeit. Was anfangs nett oder rührend erlebt wurde, kann leicht zur Plage werden. Daher ist den Veränderungen des Partners Aufmerksamkeit zu schenken.
6. Paarhygiene heißt auch, den Partner in seinen Veränderungen zu begleiten und die Liebesbedingungen immer wieder zu überprüfen.

In der Entwicklung einer Partnerschaft greifen viele auf traditionelle Mechanismen zurück. Zuerst verliebt man sich, dann wird die Beziehung enger, dann wird das gemeinsame Leben begründet, dann bekommt man Kinder, lebt zusammen und so fort. In diesen Lebenszyklen stellen spezifische Verhaltensformen den Kodex der Beziehung dar. So ist in der Phase der Verliebtheit der Partner das Wichtigste, das Objekt der Begierde, das man zu entdecken wünscht.

In der Tat sind viele dieser Arten, sich aufeinander zu beziehen, menschheitsgeschichtlich verständlich und auch vernünftig. Der Reflex der Partnersuche, der Annäherung, geschlechtliche Begegnungsformen und der Nestbau sind vielleicht sogar Mechanismen, die bis ins Tierreich zurückgehen.

Nun hat sich aber in den Industrieländern etwas Entscheidendes geändert: Die Familie gehorcht nicht mehr den bekannten Gesetzen, sie hat viele Funktionen verloren. Was geblieben ist, ist die Romantik der Familie, jedoch hat sie ihre Routine und ihre Regelmäßigkeit, ihre Stabilität und ihre Funktionen verloren. Daher ist der Reflex der verringerten Aufmerksamkeit vernünftig, weil er – menschheitsgeschichtlich – dem Paar in Zeiten der Brutpflege und in Zeiten der Not die Erhaltung der Art am besten sichert. In Zeiten des Überflusses und der äußeren Sicherung der Aufzucht der Brut jedoch, ist die mangelnde Stabilität der Familie vor allem durch die Fundierung der Partnerschaft auf die Liebeshypothese gegeben. Daher ist der Erhalt der Partnerschaft ebenso wichtig für den Erhalt der Familie und damit der Aufzuchtsgemeinschaft wie deren äußere Sicherung.

Besonders Männer sehen ihre Aufgabe jedoch traditionell in der Jagd nach Nahrung für ihre Familie. Diese traditionelle Rollenverteilung funktioniert heute nicht mehr. Ihre Verteidigung ist mit einer der Gründe für die außerordentlich hohe Scheidungsrate. Die Paarhygiene ist daher eine neue Aufgabe, die gar nicht so leicht ist und auf die traditionell niemand vorbereitet ist. Sie bedeutet nämlich, sich um den Partner zu kümmern, auch wenn wir glauben, dass derzeit anderes wichtiger ist. Sie bedeutet, dass es notwendig ist, wie ein Wiener Spruch das einmal ausgedrückt hat: „Der Straßenbahn nachzulaufen, auch wenn wir schon in ihr sitzen." Dabei haben Menschen ein unterschiedlich starkes Bedürfnis nach „Verliebtheit". Frauen, besonders, wenn sie zu Hause sind, erleben durch den Mann oft die „Welt". Er bringt sie ihnen ins Haus. Und Männer denken, dass die Frau zu Hause nichts zu tun hat. Dass sie immer nur auf ihn wartet und dass sie unbeschäftigt ist. Diese Annahmen von der Situation des jeweils anderen sind oft falsch. Frauen sind oft überbeschäftigt mit Haushalt und

Kindern und der Versorgung des Mannes, dem sie auch noch das Gefühl geben wollen, geliebt zu sein. Und sie erwarten Aufmerksamkeiten, die sie dringend brauchen.

Dabei kommt es dann nicht selten zu einer Vernachlässigung der Frauen und der Männer. Männer suchen sich ihre Jagdbedürfnisse nach neuen Frauen in der Welt, haben Freundinnen, die ihnen ihre ungebrochene Attraktivität garantieren. Frauen werden oft frustriert, und so werden auch Erotik und Sexualität von spannenden Erlebnissen in der Ehe zu Pflichtübungen, bis sie letztlich ganz versiegen. Dabei spielt es vielleicht auch eine Rolle, dass die Frau an sich das Nest schützt und der Mann sich bemüht, seinen Samen so weit als möglich zu streuen. Je erfolgreicher er ist, desto mehr Bestätigung glaubt er zu verdienen. Je erfolgreicher er ist, desto mehr Frauen fühlen sich von der „Macht als der Schönheit des Mannes“ angezogen. Und desto mehr Möglichkeiten findet er vor.

Man sieht, Paarhygiene ist oft auch ein Kampf gegen traditionelle Rollenverständnisse und angeborene Verhaltensweisen. Sie ist aber unerlässlich, wenn man heute eine langdauernde Partnerschaft eingehen will. Dazu ist es nötig, die Pflege der Partnerschaft zeitlich und in der eigenen Aufmerksamkeit gleich wichtig zu nehmen, wie berufliche Aufgaben oder Aufgaben der Kindererziehung. Das heißt, dass beide Partner die Entscheidung treffen müssen, sich häufig und exklusiv zu begegnen.

Paarfunktion „Aufzucht“

Ein Manager sitzt in einem Sessel und liest Zeitung. Die Frau kommt herein: *„Der Franz hat heute wieder keine Aufgabe gemacht!“*
Der Mann brummt.
Frau: *„Du könntest schon einmal mit ihm reden! Dafür ist schließlich der Vater zuständig!“*
Der Mann brummt.
Frau: *„Alles soll immer ich machen. Aber die Lehrerin von Franz will, dass du auch mal in die Schule mitkommst. Wann geht das?“*
Mann brummt: *„Was soll ich dort?“ (Hält sich die Zeitung vor‘s Gesicht)*

Frau: „*Jetzt hör' doch auf, Zeitung zu lesen. Man will doch mal mit dir reden, wenn du schon zu Hause bist.*"
Mann: „*Siehst du nicht, dass ich mich ein bisschen entspannen will. War heute ein schwerer Tag. Was gibt's zu essen?*"
Frau: „*Immer nur essen. Aber was mit den Kindern ist, das ist dir egal. Wann spielst du mit ihnen, wann machst du Aufgabe mit ihnen?*"
Mann: „*Dafür bist doch du da. Was soll ich noch alles machen?*"
Frau: „*Der Franz braucht dich doch. Ich kann ihm den Vater nicht ersetzen. Wahrscheinlich sieht er, dass Schulerfolge nur dahin führen, dass man dann für seine Kinder keine Zeit hat. Und so will er nicht werden ...*"
Alle lachen. Ende des Minisoziodramas.

Wer kommt in dieser Szene schlechter weg? Der Manager oder seine Frau? Als das „Stück" aufgeführt wurde, wurde in der Aufarbeitung gesagt, dass die Frau hier nicht sieht, dass der Mann Zeit zur Ruhe braucht. Und so Stress erzeugt. Es wurde über Zeiten und deren Signale gesprochen, darüber, ob der Mann deutlicher machen soll, was er braucht. Ob er ein Arbeitszimmer zu Hause braucht, wo ihn niemand stören kann. Ob er Sport machen soll nach der Arbeit, um sich entspannen zu können und so fort.

Was aber nicht besprochen wurde war, welches Rollen- und Paarverständnis dieser Szene zugrunde liegt. Welche Rolle der Mann hat, welche er wählt und wie er in der Familie dasteht. Die Idee, dass die Forderungen der Frau „berechtigt" sein könnten, dass das Kind ihn vielleicht wirklich brauchen könnte, wurde völlig verworfen. Die Idee, dass die Frau in einem Vater-Sohn-Gespräch Anerkennung für ihre Tätigkeit in der Erziehungsarbeit sehen könnte, wurde verneint. Man wollte über die Modalitäten der Entspannung reden, über die Achtung, die dem müden Vater zukommt. Und einige hatten Erinnerungen an die Ruhezeiten des eigenen Vaters, wenn er aus der Firma kam, und erinnerten sich, dass sie ihn nicht stören durften. Erinnerungen, dass das auch störend, komisch und unangenehm war, hatten sie keine.

Viele hoffen, dass ihnen die Familie über die Zeit erhalten bleibt, in der sie ihr Vergnügen in der Arbeit finden. Sie verwenden dazu in deutschen Landen den Mechanismus, dass sie ihre Arbeit als Leid darstellen und oft so tun, als wollten sie mehr Zeit für ihre Familie haben. Als würde ihnen das Bild am Schreibtisch nicht reichen. Jedoch sehen sie dann die Familie als Freizeitvergnügen, ohne Paarhygiene geführt und in Warteposition. Auf die Frage: „Welche Bedeutung hat Ihre Familie für Sie?“ antworteten die meisten Manager: eine Tankstelle, ein ruhender Pol, ein Platz, wo ich mich entspannen kann.

Das klingt gut. Denkt man aber kurz nach, so sieht man, dass die Familie – und noch mehr die Partnerschaft – in eine Position kommt, in der sie wenig Aufmerksamkeit bekommt. Sie wird als Abstellgleis des Lok-Managers gebraucht. Hier ist man anwesend, um Dank dafür zu bekommen, was man „draußen“ in der „bösen“ Welt macht. Hier will man ein anderer Mensch sein.

Letzten Endes hieße das, dass Manager in der Erziehungsarbeit keinen Platz für sich selbst sehen. In der Paarfunktion „Aufzucht“ wären sie demnach nicht vorhanden, was sich auf die Stabilität der Familie weiter verschlechternd auswirkt. Wenn die Liebeshypothese zur Gründung einer Familie nicht ausreicht, weil Liebe kaum erhaltbar ist, wenn die Aufzuchtsfunktion wegfällt, dann verliert das Paar noch weitere Funktionen, was seine Erhaltung weiter beschneidet. So ist die Stabilität, die sich durchaus in einem labilen Gleichgewicht zwischen notwendiger Paarhygiene und Aufzuchtsfunktion befände, noch weiter gefährdet.

Falsche Versprechungen

Mann am Telefon: *„Ich komme dann um 19 Uhr nach Hause. Bin gleich fertig. Ich muss nur noch für morgen was fertigmachen!“*
Frau: *„Das ist schön, dass du so früh kommst. Da warte ich dann mit den Kindern und dem Essen. Die freuen sich so auf dich!“*
(Inszenierung: Kinder hüpfen neben dem Telefon auf und ab und benehmen sich wie wildgewordene Tiere.)
Mann: *„Ich freu‘ mich auch!“*
In das virtuelle Zimmer des Mannes kommt ein Kollege.
Kollege: *„Du, wir haben was vergessen.“*

Mann: „*Was denn, um Gottes willen?*"

Kollege: „*Du weißt doch: Die Budgetvorschau müssen wir morgen präsentieren. Da haben wir zwei Bundesländer total vergessen. Ohne die ist aber alles falsch. Und wenn's uns dann die Zahlen genehmigen, dann sind wir in der Mitte des nächsten Jahres am Ende.*"

Mann: „*Wie hat so was passieren können?*"

Kollege: „*Wir haben's halt übersehen. Und jetzt, wie ich die Folien ausdruck', seh' ich's plötzlich.*"

Mann: „*Sollen wir's einfach fälschen? Oder schätzen?*"

Kollege: „*Da kommen's doch drauf. Der Chef war doch selbst mal in einem der Länder. Der kennt sich aus.*"

Mann: „*Ich hab' heut' abend keine Zeit. G'rad hab' ich meiner Frau g'sagt, dass ich heimkomm'.*"

Kollege: „*Dann sag' ihr halt ab! Was soll's?*"

Mann: „*Also gut. Was soll's!*"

Mann (nimmt das Telefon ab): „*Du Schatzi!*"

Frau: „*Oje!*"

Mann: „*Wir haben da was vergessen.*"

Frau: „*Die Kinder warten!*"

Mann: „*Ich muss es heute noch machen.*" (Nickt zum Kollegen, der zwinkert mit den Augen. Beide schauen zum Himmel.)

Solche Situationen kommen leider immer wieder vor. Leider passieren eben Pannen. Und manche Pannen müssen eben behoben werden. Da kann man keine Rücksichten nehmen. Da geht die Arbeit eben vor. Vielleicht stimmt das. Vielleicht muss das so sein. Was hier aber interessiert, ist das Nicht-besprochene. Was in dieser Szene noch ausgedrückt werden kann. Oder welche Rolle die Frau hier bekommt. Und was man auf der Paarebene ausdrückt. In Zwischentönen. Im „Nicht-gesagten", im „Nonverbalen", im Graubereich.

Die Frau hat hier die Rolle der Kinderhüterin. Der Mann ist der Jäger. So weit, so gut. Aber plötzlich nähern sich diese Rollen an. Der Mann will früher als sonst nach Hause kommen, er will da sein. Die Frau fragt nicht, ob er mit der Familie essen will. Sie will nicht wissen, ob er als Vater früher nach Hause kommt oder als Geliebter. Sie stellt Essen und Kinder sofort zur Verfügung. Aus ihrer Realität heraus ist das ja verständlich. Aber hier geht es nicht ums Verständliche. Sondern darum, wie es geschieht und wie es gestaltet wird.

Die Paarebene wird nicht thematisiert. Die Frau sagt zum Beispiel nicht: „Ich werde mich für dich schön machen. Vielleicht gehen wir dann auch noch aus. Um Mitternacht!“ Dinge, die Männer mit ihren Geliebten machen. Sie ist Mutter und Hausfrau. Der Mann sagt nicht: „Liebes, ich will dich. Immer nur Arbeit, das ist nicht das Leben!“ Sondern er kündigt sich früher an. Und übernimmt die Aufzuchtsantwort. Wie ist so was möglich? In vielen Soziodramen findet man darauf die Antwort. Auch die Treffen von Mann und Frau, die sie außer Haus führen, wie Theaterbesuche oder Konzerte und Ähnliches, sind anstrengend. Man will sich treffen, aber dem Mann ist der eigene Beitrag oft lästig oder uneinbringbar. Karten kaufen oder Ähnliches.

Witzig auch die Frau: Sie sucht Anerkennung und Bestätigung für das, was sie macht, und nicht für das, was sie ist. Sie will Anerkennung für die Hausarbeit und ihre Leistungen in der Erziehung. Das Paar ist verschwunden. Insofern ist es auch keine falsche Versprechung, wenn der Mann sagt, dass er früher nach Hause kommt. Egal, ob er es einhalten kann oder nicht, in jedem Fall wurde nicht gefragt, warum er so früh kommt. Und was er will. Und die Frau sagte auch nicht, was sie dann von ihm will.

Beide Versprechungen sind falsch. Weil der andere mit seinen Bedürfnissen nicht mehr vorkommt. Oder nicht danach gefragt wird. Und der Mann dann auch wenig Argument hat, um sich zu verspäten. Und er gegenüber den Kindern Schuldgefühle bekommen muss, die er nur dadurch abwehren kann, dass er die Arbeit als auch für diese bedeutend verkauft. Und die Frau muss sich als „Tigerin“ geben, die die Bedürfnisse ihrer Kinder verteidigt. Gegen den Moloch Arbeit.

Für den Mann gäbe es einfache Mittel, um festzustellen, was er will. Er müsste nur in sich hineinhören. Feststellen, was er selbst will. Und es dann auch anmelden. So, als ob seine Frau seine Freundin wäre. Denn bei außerehelichen Kontakten ist man – zumindest anfangs – ehrlicher. Man trifft sich zwischendurch. Macht mal was Aufregendes. Mal was Nettes. Oft wird man dadurch verjüngt. Ein Kollege sagte einmal: „Sie wissen gar nicht, was aus mir jetzt rauskommt!" Und er meinte damit nicht seinen Samen, sondern Zärtlichkeit, Eingehen auf seine Gefühle und auf die der Partnerin.

Viele sagen, dass das in länger dauernden Beziehungen unmöglich ist. Die Kinder, das Auto, das Ferienhaus, die Karriere – einfach der Alltag. Der würde das alles ersticken. Aber, wenn die Partnerschaft die einzige Versicherung der Ehe und somit der Finanz- und Aufzuchtsgemeinschaft ist; wenn alles andere weggefallen ist – dann muss diese Partnerschaft ständig wiederbelebt werden. Sonst geht sie zugrunde.

Falsche Versprechungen sind solche, die Verhaltensweisen vortäuschen sollen, die nicht angemessen sind. Wenn ein Mann an einem Wochentag kein Interesse an seinen Kindern hat, dann soll er es auch nicht heucheln. Wenn eine Frau kein Interesse an dem Liebhaber hat, dann soll sie es nicht heucheln. Sicher, momentan entgeht man dem Konflikt. Da er aber ein dauernder Konflikt – ein echter Interessengegensatz – ist, kommt er wieder. Immer wieder. Und jedesmal stärker. Denn die auf Hausfrau und Mutter reduzierte Frau fühlt sich nicht als die begehrenswerte Geliebte. Es kann durch Aufwertung ihrer Rolle gelingen, sie wieder dazu zu machen. Der Hochzeitstag ist dazu so gut wie der Muttertag, um die Dankbarkeit für alles zu äußern, was die Mutter für einen gemacht hat. Also eine schlechte. Und der Mann, der seine Zuneigung zu seiner Familie vor allem durch Jagd in der Gruppe, genannt Management, erlebt, eignet sich als Liebhaber vor allem außerhäuslich. In kurzen Momenten.

Für beide Partner geht es darum, sich ihrer Bedürfnisse wieder gewahr zu werden. Am besten in den Träumen. Und Wünschen. Und Begierden. Am schlechtesten, indem man dem anderen Vorwürfe macht und dessen Bedürfnisse verachtet. Denn in der sozialen Realität gibt es keine Wahrheit. Und Verträge, die gemacht werden (wie zum Beispiel: Wir haben doch gesagt, die Zeit des Hausbaus wird stressig; oder zuerst sollten wir uns um unsere Kinder kümmern – die haben's jetzt schwer), gelten im Zwischenmenschlichen oft nicht. Sie sind entweder unhaltbar oder plötzlich für einen der beiden nicht mehr haltbar. Dann sollte auch nicht der Vorwurf kommen. Denn selbst in Zeiten des Hausbaus kann man einen Abend oder ein Wochenende frei nehmen. Selbst die anstrengendsten Kinder geben einmal Zeit frei. Und die Annahme, dass die Kinder immer auf einen angewiesen sind, ist vielleicht falsch.

Falsche Versprechen sind ein häufiges Frühwarnsystem für eine gefährdete Partnerschaft. Ein Frühsymptom, das jeder am besten bei sich selbst feststellen kann. Denn das Erkennen der Frühsymptome beim jeweils anderen würde voraussetzen, dass man ihn gut kennt und mit ihm/ihr in einem ständigen Kontakt ist. Wäre das so, wären viele „Nebenbeziehungen", also außereheliche Liebschaften unmöglich. Denn diese müsste der Partner bemerken. Wenn er aufmerksam und in Kontakt wäre, müsste er die fallende Tendenz im geschlechtlichen Interesse, den Rückgang der Aufmerksamkeit und andere, kleinere Symptome, wie mehr Geschäftsreisen, abendliche Termine, späteres Nachhausekommen und Ähnliches mehr, merken. Aber es wird eben nicht bemerkt. Oder man will es nicht wahr haben.

Derjenige Partner, den man am besten ändern kann, ist man selbst. Und man hat den Vorteil, dass man sich immer bei der Hand hat. Und dass man auch der Einzige ist, den man, wenn überhaupt, ändern kann. Leider wollen viele immer den anderen ändern und nicht sich selbst. Das wäre zwar leichter, ist aber auch schmerzhafter. Denn Ohrfeigen kriegen und geben ist zwar an sich derselbe Vorgang, aber einstecken ist immer schmerzhafter. Wenn man aber die Frühsymptome erkennen will, muss man das eigene Verhalten betrachten. Ins eigene Herz schauen.

Der Weg ist das Ziel

Die Vorschläge sind zum Teil versteckt. Aber sie weisen darauf hin, dass Partnerschaft nur durch Aufmerksamkeit und Wachsamkeit erhaltbar ist. Und sie weisen darauf hin, dass die Partnerschaft zwar Ziele verfolgt, die über sie hinausweisen, dass sie aber nur **auch** dazu da ist. Und vor allem dazu, um gelebt zu werden. Einfach als Bereicherung. Mag sein, dass der eine oder andere den falschen Partner gewählt hat. Aber über 50 % können doch nicht so blind gewesen sein. Denn so hoch sind die Scheidungszahlen in städtischen Gebieten. Sondern viele vergessen einfach. Sie sehen nur mehr die Ziele. Und dann geht die Partnerschaft zugrunde. Und der Weg wurde verlassen, immer angeblich, weil der andere Schuld hat, und alles ist kaputt. Familie, Ersparnisse, das Haus und letzten Endes auch das Selbstwertgefühl. Daher ist die Partnerschaft mehr noch als das Familienganze gezwungen durch Wahrnehmung des Alltags und vor allem durch ständige Anpassung, ihre Funktion zu behalten. Denn die Reform auch in größeren Systemen ist ja nicht nötig, weil das Alte schlecht war, sondern weil neue Herausforderungen auf das System zukommen. Partnerschaft ist das Modell des Veränderungsmanagements. Menschen werden älter, Kinder werden geboren und gehen. Ansprüche wachsen, werden kleiner, können befriedigt werden oder nicht. In allen diesen Situationen kommt es darauf an, dass die Partner bereit sind, sich anzupassen und den Tag zu genießen. Dieser Genuss darf nur selten verzögert werden. Manchmal, wenn Gründe bestehen. Aber im Grunde sind die Partner eine Bereicherung. Und müssen als solche geschätzt werden. Dann kann es gelingen, Partnerschaft zu leben.

11 Wenn beide Partner Karriere machen wollen: Das Power-Paar

Es ist Sonntag Abend. Zu Hause gibt es nur einen Computer. Der ist besetzt. Die Frau schreibt einen Artikel für die Zeitung. Der Mann hat zu arbeiten. Er soll für Montag eine Arbeit beenden. Der Junior will am Computer chatten und die Tochter möchte dringend einige Mails an ihre Freundinnen schicken.

So hören sich die Geschichten an, die die TeilnehmerInnen der Studie zwischen den Fragen erzählen. Sicher, es ist ein Fortschritt, dass Mädchen und Buben eine komplette Ausbildung erhalten und sich an die modernen Kommunikationsmedien spielerisch gewöhnen. Und es ist ein großer Vorteil, dass die Rollen zwischen Mann und Frau flexibler, die Rollenbilder instabiler und die Chancen, geschlechtsunabhängig am Arbeitsprozess teilzunehmen, größer geworden sind.

Vieles ist dadurch aber auch schwieriger geworden: die Erziehung und Betreuung der Kinder, die Sicherheit der beiden Geschlechter (und wenn es auch nur – wie manche meinen – die Sicherheit des Gefängnisses war), die Rollenstabilität in Arbeit und Freizeit und nicht zuletzt die Verteilung der Belastungen für die Familie. Die Möglichkeiten in Arbeit und Beruf sind natürlich bei weitem noch immer geschlechtsabhängig: Noch immer verdienen Männer im selben Beruf tendenziell mehr als Frauen; noch immer erreichen mehr Männer höhere Positionen als Frauen; noch immer arbeiten mehr Frauen in abhängigen Positionen und nicht als Führungskräfte; und noch immer stellt sich für Frauen das Gebären von Kindern oft als Entscheidung gegen die Karriere heraus.

Zugleich ist es glaubhaft, dass Frauen für viele Managementpositionen besser geeignet wären als Männer: Sie sind eher kooperativ im Führungsstil, können Integration vor Diversifikation stellen und fördern ein gutes Arbeitsklima. Mag sein, dass es um solche Fähigkeiten in Wirklichkeit gar nicht geht, in einer Wirtschaftswelt, in der „mehr", „schneller", „besser" noch immer die von Männern aufgestellten Werte sind. Und mag auch sein, dass Frauen in offenen und verdeckten Schlachten gegen den Konkurrenten am Markt – eben auf Grund ihrer spezifischen Eigenschaften – zu wenig Härte entwickeln und daher eher verlieren.

Jedenfalls gibt es eine Fülle von Gründen, die eine gleichartige Beschäftigung von Frauen und Männern empfehlen, und eine Fülle von Gründen, warum es Männern ebenso wie Frauen oft schwer fällt, damit zu Rande zu kommen.

Rollenstabilität und Rollenveränderung

Das Rollenbild der Frau: Kinder, Küche, Kirche, wurde über Jahrhunderte definiert. Feministische Theorien stellen dieses Rollenverständnis als ein erzeugtes, gesellschaftlich Gewolltes dar.

Jedenfalls entwickelt sich in der Gesellschaft ab dem Zeitpunkt, ab dem sie dokumentiert ist, das Patriarchat, in dem die Frau zu Hause ist und der Mann Krieger, Jäger und allenfalls Händler.[33] Die Rollen sind stabil und werden durch Religion und Sitte weiter verstärkt. Lediglich in der völligen Armut sind die Rollen instabil, wie zum Beispiel bei den jüdischen Sklaven im Ägypten der Pharaonen, bei den Sklaven der Römer, bei Sklaven in Amerika, bei den Lohnsklaven des Manchester und so fort. Dort durften und sollten beide Geschlechter gleichberechtigt arbeiten.

Mit der Beschäftigung der Frauen in den beiden Kriegen, zuerst als Helferinnen in Lazaretten, dann aber zunehmend in der Rüstungsindustrie, mit dem Einsatz von Frauen in verschiedenen Heeren, wie zum Beispiel in der US-Armee, und beim Wiederaufbau entsteht die Notwendigkeit, dass Frauen arbeiten. Daraus entwickelte sich dann eine politische Frauenbewegung. Es wäre sehr spannend zu hinterfragen, ob die „Befreiung der Frau“ auch ohne diese ökonomischen Zwänge zustande gekommen wäre.

Heute finden wir jedenfalls ein diffuses Rollenbild vor: Die Rollen in der Kindererziehung werden politisch und juristisch zunehmend austauschbar, die alten Zwänge des Frauseins, wie sie sich auch in der „Krankheit Frau“ im Zusammenhang mit Menstruation, Stillen und Gebären ausgedrückt haben, nehmen ab.[34] Zugleich werden die Frauen zunehmend in den Arbeitsprozess integriert und ihre Arbeitsleistung entscheidet – wie beim Mann – über gesellschaftliche Rolle, Aufstieg und Selbstachtung.

Das neue Spiel der Geschlechter konzentriert sich auf Konkurrenz am Arbeitsmarkt, die geprägt ist von teilweiser legistischer Bevorzugung der Frau und der tatsächlich/praktischen des Mannes.

Insofern ist ein neues Spiel entstanden, das für beide Geschlechter eine neue Herausforderung darstellt und sie neuen Unsicherheiten aussetzt. In der Tat wirkt sich das auch auf die Kindererziehung aus, die auch keine sicheren Rollenbilder weitergeben kann.

Der Verlust der Familie

So bezeichnen viele Menschen die sich daraus ergebenden Veränderungen. Das Paar wird nicht mehr durch ökonomischen Druck zusammengehalten: Die bäuerliche Familie mit der Identität von Produktions-, Genuss- und Aufzuchtsgemeinschaft gibt es nicht mehr. Statt dessen ist als generativer Faktor der Gemeinsamkeit das Liebeskonstrukt gekommen. Allen, denen in unserer heutigen Zeit vorgeschlagen würde, eine von den Eltern ausgemachte Ehe einzugehen, würden in ein homerisches Gelächter ausbrechen. Man muss doch den/die PartnerIn lieben, um überhaupt eine längere Zeit mit ihm/ihr zusammen sein zu können. Aber das macht die Angelegenheit kaum leichter, als den von den Eltern vereinbarten Ehepakt zu halten, wie nicht zuletzt auch die wachsenden Scheidungsraten beweisen. Denn die

Eltern konnten noch auf die finanziellen Probleme der sich entwickelnden neuen Beziehung achten, während Liebe bekanntlich blind macht.

Viele Paare trennen sich, wenn sie merken, dass die Liebe nachlässt. Sie haben auch sonst keinen Bezugsrahmen mehr, der sie zusammenschweißt. Die Religion ist aus diesem Rahmen weggefallen, die Armut erweist sich in den entwickelten Ländern nicht mehr als verlässlicher Kitt für brüchige Verbindungen, und die Beweglichkeit ist gestiegen.

So geschieht es, dass die Familie auf die Idee der Liebe reduziert, wenig Stabilität aufweist. Zur Volatilität (Flatterhaftigkeit) der Gefühle trägt möglicherweise auch die Invasion amerikanischer Liebesfilme bei, die Liebe zum herausragenden Ereignis eines Lebens schlechthin hochstilisieren. Mag auch sein, dass wir uns alle momentan nichts anderes vorstellen können. Für die Vermehrung und die Aufzucht von Kindern ist dieses Konstrukt jedenfalls wenig geeignet.

Gerade an Migrantenfamilien lässt sich dieses Phänomen gut studieren: Die alten Rollenmuster brechen auf. Gelingt es der ersten Generation der Migranten noch, ihre Kinder in den traditionellen Rollen- und Familienmustern zu erziehen und sie vor anderen Einflüssen zu schützen, so wird auch diese Familie in der zweiten Generation doch dem neuen Muster folgen: Die erste Frau wird allenfalls noch mehrere Kinder bekommen und ebenso wie der Mann rollenstabil leben. Spätestens bei der zweiten Generation beginnt dann die Inkulturation und somit die Idee der Liebesheirat, der späten Partnerwahl und die Reduktion der Kinderzahl. Das sei wertfrei berichtet und kann – was die rückläufige Geburtenrate von AusländerInnen betrifft – für Österreich auch schon statistisch nachgewiesen werden.

Vor allem die Kinder bekommen die gesellschaftlichen Veränderungen der Familien deutlich zu spüren. Für Kinder verändert sich weit mehr: Sie bekommen ständig neue Ideale vorgesetzt, die „alten“ Familien lösen sich auf und „neue“ familiäre Konstellationen entstehen. Gewiss, die Erfahrungen der Kinder in „patch-work“-Familien (aus mehreren Partnerschaften zusammengesetzt) werden reicher und für Eltern sind neue Formen der Elternschaft und der Partnerschaft möglich. Bei einer Scheidungsrate von zirka 50 % ist die traditionelle Familienstruktur aufgelöst. Vielleicht wissen wir noch zu wenig über die Auswirkungen der neuen Familie auf die Partner und Kinder. Mit Sicherheit lässt sich aber feststellen: die traditionelle Familie ist mehr und mehr zu einem unerreichbaren Ideal geworden.

In solchen Zusammenhängen ist die Berufstätigkeit der Frau schlichtweg unerlässlich, sie muss sich am Markt bewähren, schon, um die neue Konstruktion zu erhalten.

Veränderungen in Familienstrukturen

Innerhalb der familiären Strukturen kommt es zu gravierenden Änderungen. Rollen werden instabil, neue Rollen müssen definiert und neu gelernt werden. Das gilt sowohl am Arbeitsplatz als auch zu Hause. Die Frauen definieren sich zunehmend über den Beruf und ihre familiäre Rolle ist anders geworden. Im gleichen Maß können Männer Werbung für Windeln machen und Frauen für Autos. Die Kinder sind neuen Rollenerfahrungen ausgesetzt: Weder ist die Mama immer zu Hause, noch der Papa immer weg. Weder kann die Mama immer alles im Haushalt und der Papa nichts, noch kann der Papa alles und die Mama nichts. Strafrituale verlieren ihre Routine ebenso wie Verwöhnungen.

Diese Veränderungen waren auch in unserer Studie beobachtbar: Die Männer, wenngleich wir es eher mit Managern zu tun hatten, die ihre berufliche Rolle als sinnstiftend ansehen, wussten doch viel über ihr Zuhause und die Rolle, die sie für ihre Kinder spielen. Wenngleich sie in den Soziodramen – wie wir an anderer Stelle ausführen – oft wenig Kontakt zu den Kindern dokumentierten, so zeigte sich gerade die Generation der dreißig- bis vierzigjährigen Männer sehr informiert, was ihre Kinder betraf.

Es ist unklar, ob diese Entwicklung des Rollenverständnisses für die Kinder einen Vorteil darstellt. Doch diese Änderungen scheinen in den Industrienationen unumkehrbar: Wenn nicht ein religiös–fundamentalistisches Regime kommt, das, wie in Afghanistan, eine neue Rollenstabilität erzwingt, so ist die Arbeitskraft der Frau nicht mehr wegzudenken, und somit ihre Rolle in der Familie verändert.

In der Tat verschwinden viele Muster in der Versenkung: die Mutter legt nicht mehr obligat die Kinder zu Bett, Besuchsrechte der Kinder nach

Scheidungen nehmen auf Essens- und Schlafenszeiten keine Rücksicht mehr. Nicht immer wird die väterliche Großmutter bei Besuchstagen aufgesucht, wenngleich das am offenen Land noch eine oft gepflegte Sitte ist; Mütter dürfen sich frei bewegen, ohne ununterbrochen Schuldgefühle gegenüber ihren Kinder empfinden zu müssen; Kinder haben mehr Spielraum, was ihre Selbstbestimmung in Kleider- und Modefragen betrifft; Männer können zunehmend kochen und Haushaltsarbeiten verrichten, Männer wissen über ihre Kinder Bescheid – insgesamt hat sich das Leben der Familien weitgehend verändert.

Die gemeinsame Tankstelle – das Paar als Tankstelle

Vor allem entstehen mehr und mehr Paare, in denen keine Seite die Belastung des Karriereknicks durch Erziehungsarbeit tragen will. Dadurch ergibt sich nicht nur ein Rückgang der Geburtenziffern, sondern wieder neue Paar- und Familienstrukturen. Zum Beispiel wird auch die Rolle von Großeltern in Frage gestellt. Die Großeltern können sich nicht mehr auf die Hilfsrolle bei der Erziehung von Enkeln beziehen, auch sie müssen (oder wollen sogar) ihr Leben anders gestalten, wenn partout keine Enkel greifbar sind, entweder weil es keine gibt oder sie ihnen scheidungsbedingt abhanden gekommen sind. In der Folge werden die im Wortsinn „unnötig gewordenen" Großeltern auch staatlichen Einrichtungen überantwortet. Das kommt zwar dem Konzept der Kinder nach einem Leben – ganz nach den eigenen Vorstellungen – entgegen, dokumentiert jedoch eindringlich den Zerfall der Familie.

Die Klage, dass die Familie nicht mehr zusammenhält, wird dort absurd, wo es sie als solche gar nicht mehr gibt und wo sie sich der wesentlichen Funktionen entledigt hat. Die Idee des gemeinsamen Zusammenlebens und der Karriere wird dort komisch, wo das Zusammenleben eher durch ökonomische Werte und den Wunsch nach Stabilität im Privatleben begründet wird als durch Aufgaben, die die Familie übernommen hat.

So kann auch die Idee aufkommen, dass die Paarsituation für beide Partner eine Tankstelle ist, wie es ein Teilnehmer der Studie ausgedrückt hat.

Denn, wenn die Familie als Servicestelle für beide Partner definiert wird, im Sinne einer Spaßgesellschaft mit Konsum von Urlaub, Auto und viel Sonne, dann verändert sich ihre Wertigkeit innerhalb der Gesellschaft. Austausch ist möglich und nicht weiter schlimm; die Idee der lebenslangen Beziehung ist dann zu relativieren und letzten Endes sind andere Funktionen kaum mehr unterzubringen.

Da sich jedoch die meisten Menschen immer wieder in eigenen Häusern sehen und sich als Eltern großer Familien idealisieren, steht diese Form der Partnerschaft im Widerspruch zu ihren Träumen. Das führt zu einer weiteren Instabilität der Beziehungen: Zum einen, weil der Spaß nicht immer hält, zum anderen, weil der Vergleich zwischen dem inneren Bild und der Werbung für die Familien im Widerspruch zu dem tatsächlich Gelebten steht. Die Idee der Rücksichtnahme und der Hintanstellung von eigenen Zielen, der so genannte Verzicht auf Selbstverwirklichung wird unwichtig und die Enttäuschung im Wortsinn groß.

Enttäuschung, weil das Leben nicht mehr bereit hält, als man nun schaffen kann; Enttäuschung, weil die Frage der Unsterblichkeit gegen den momentanen Gewinn an Lebensfreude ausgetauscht wird und so die logische Beantwortung der Überwindung der eigenen Sterblichkeit durch die Weiterführung einer Generationenreihe unmöglich wird; Enttäuschung schließlich, weil auch der besttrainierte Körper langsam altert; zuletzt, weil die Liebe, die man einer Zwanzigjährigen gegenüber empfunden hat, vergeht und einen leeren Geschmack zurücklässt. So zerfallen familiäre Strukturen, die in dieser Weise, wie sie in den Phantasien noch bestehen, nicht mehr zu erhalten sind, und es werden daraus Lebensabschnittspartnerschaften, die einen Zugewinn an Flexibilität und Leichtigkeit bringen um den Preis des Verlusts der Stabilität.

Beobachtungen im Management

Die Ursachen ebenso wie die Auswirkungen dieser Entwicklungen sind auch im Management zu beobachten. Sowohl was den Zugewinn an Flexibilität betrifft als auch den Verlust an Stabilität. Man(n) muss einräumen, dass den Frauen derzeit noch ein wesentlich höheres Maß an Flexibilität abverlangt wird als den Männern. Kinderbetreuungseinrichtungen fehlen, Kindererziehung wird mit Karriereknick fast immer gleichzusetzen sein und die Frauen, die Kinder haben, sind in aller Regel noch immer mehr für die Anliegen der Kinder zuständig als die Männer. Eine höhere Verfügbarkeit von Frauen geht fast immer mit einem Verlust an Lebensqualität einher und das Argument, dass die Frauen trotzdem noch immer im Schnitt um acht Jahre älter als Männer werden, zählt auch nur mehr bedingt. Immerhin nähern sich die Lebenserwartungen von Männern und Frauen in den USA und Frankreich immer mehr aneinander an. Die alte Idee, dass der Pensionsvertrag als Generationenvertrag in Wirklichkeit ein Geschlechtervertrag sei, ist längst obsolet.

Gleichbehandlungsbeiräte und -vorschläge sowie eine Kommission für Chancengleichheit versuchen, die Karrierechancen von Frauen zu wahren und die gröbsten Nachteile zu verhindern. Das allein schon genügt, die Ängste der Männer vor starken Frauen zu schüren und gleich die Wiederkehr des Matriarchats (!) als eine Art Schreckgespenst an die Wand zu malen.

In der Studie

In unserer Studie fanden sich die entsprechenden Muster einer Übergangsgesellschaft: Die Männer waren zum Teil sehr an der Kindererziehung und an haushalterischen Dingen interessiert. Vor allem die Männer, die aus dem Cluster „die Zerrissenen" kamen, wollten zwar ihren Part an den familiären Aufgaben beitragen, konnten dies aber in der Praxis nicht einlösen. Die Männer, die vor ihren Familien flüchten, taten sich wesentlich leichter und hatten viel weniger Probleme.

Äußerst interessant waren die Interviews der Frauen: Fast alle hatten auf Familie verzichtet und somit einen wesentlichen Teil ihres Potenzials aufgegeben. Sie sehen sich vielen Männern in denselben Positionen gegenüber, die nicht mit solch gravierenden Entscheidungsalternativen konfrontiert gewesen waren. Mit der Fallvignette „Familie – ein Thema für die Firma?“ haben wir versucht darzustellen, mit welchen Ängsten und Besonderheiten der Ausstieg der Frau begleitet wird, wenn sie sich zum Kinderkriegen entschließt. Dabei werden Vorkehrungen getroffen und Annahmen verfolgt, die fast sehenden Auges den Weg zwei Generationen zurück gehen: Die Frau verschwindet wieder als „Bäuerin“ in einem Landhaus, wartet auf den Mann, trägt ihm das Kind entgegen, das er flüchtig küsst, und alle ihre Kenntnisse, die oft größer sind als die des Mannes, müssen in einer selbstverordneten Versklavung wieder verlernt werden. Dass es so nicht geht, haben viele Beispiele gezeigt. Dass es anders noch nicht geht, dass andere Ideen noch schwer, wenn überhaupt lebbar sind, zeigt die Welt. Selbst Popstars leben diese neue Familie vor: Madonna will nicht mit dem Vater ihrer Kinder zusammenleben, denn er kann – im Gegensatz zu ihren Kindern, die nichts anderes kennen – die vorwiegend öffentlichkeitsorientierte Haltung von Madonna nicht ertragen. Und auch Michael Jackson lebt eine Art von Vaterschaft, in der seine Probleme menschlicher und sexueller Natur nicht spürbar werden. Er ist die Mutter und der Vater zweier Kinder, die in einer Scheinwelt erwachsen werden und sich in ihr zu bewähren haben. Ob sie dadurch schlechter werden, sei hier nicht gefragt. Tatsache ist, dass die Familie selbst von den Idolen der heutigen Jugend anders gesehen und interpretiert wird und diese Vorbilder andere Modelle vorleben, die keine eindeutige Rollenzuordnung erlauben.

In systemischer Sicht

Die systemische Sicht der Familie versucht aus der Idee von Ursache und Wirkung herauszukommen. Diese Art der Sichtweise beschreibt familiäre Strukturen aus ihrer Art miteinander umzugehen. Sie beschreibt keine Personen, sondern Strukturen. Sie beschreibt Interaktionen, das sind Gespräche, Mimik, Gestik zueinander und deren Wirkungen. Sie sieht Familien als ein Gewebe, in dem jede Veränderung eines Punkts das ganze Gewebe verändert.

Betrachten wir die Veränderung der Familie durch die Berufstätigkeit beider Eltern, so sehen wir, dass dadurch nicht nur die Rollen instabiler werden, nicht nur die Rollenzuweisungen an die Kinder neu definiert werden können, sondern dass sich eine Konkurrenz oder Kooperation am Arbeitsplatz und in der Familie ergeben kann, die neue Strukturen bedingt.

Die Familie, in der beide Elternteile arbeiten, definiert die Betreuungsaufgaben neu. Das innere System der Eltern, in dem sie wissen, wie sie für die Kinder sorgen müssen, was den Kindern allenfalls fehlt und wo sie sie beschützen müssen (das so genannte „protective system"), wird auf beide Eltern verteilt. Ebenso die Beziehungen der Kinder: Ihre Bindungsstruktur wird neu definiert. Vater und Mutter sind gleichermaßen für Schutz und Hilfe zuständig, ebenso wie für Abenteuer. Es kann gut sein, dass die Mutter die Sportlichere ist als der Vater, und es kann gut sein, dass der Vater besser kochen kann.

Dadurch werden Rollen nicht nur austauschbarer, sondern das familiäre Netzwerk von Kleinfamilien unzerreissbarer. Sie können sich leichter als das schwerfällige Schlachtschiff der rollenstabilen Familie des fin de siècle an neue Anforderungen anpassen, sie benötigen keine Großeltern mehr und sie geben ihren Kindern vielfältige Anregungen.

Rückfälle in alte Muster sind unerlässlich: Immer wieder wird es die Männer interessieren, verwöhnt zu werden, immer wieder wollen die Frauen umschwärmt werden. Aber es ist nicht mehr Pflicht, sondern Spaß und Abwechslung, wenn ein Paar so etwas zulässt.

Daher kann man sagen: Die neue Anfälligkeit dieser Paare ist ihre gegenseitige Überforderung. Beide wollen in der Welt stehen. Beide wollen voneinander Anerkennung. Beide wollen Anerkennung von der Welt. Beide wollen Kinder und deren Sicherheit. Manchmal ist das zu viel. Dann wird der Beruf zur Last, dann wird die Familie nicht mehr bewältigbar. Dann werden komische Rituale eingeführt, die die alten Sicherungssysteme ersetzen sollen, etwa, dass man Jugendliche nicht allein zu Hause schlafen lässt, einfach, weil man das – auch mangels einer Großmutter, die im Haushalt wohnt – nie geübt und gelernt hat. Viele Rollen sind auch noch nicht eingeübt: Manche unserer Studienteilnehmer schämten sich für ihre Haushaltskompetenz und haben sie schnell aus ihrer bäuerlichen Herkunft abgeleitet. Manche ManagerInnen schämten sich ihrer Mängel in haushalterischen Dingen und haben das aus den Problemen ihrer Kindheit abgeleitet. Und alle sind noch unsicher, ob die neue Rollendiffussion „anständig" ist, erlaubt, oder ob sie sich gegen die althergebrachten Werte stellt, wie sie noch immer von den wesentlichen moralischen Institutionen vertreten werden.

In Soziodramen

In den Soziodramen haben wir im Wesentlichen stabile Rollen vorgefunden. Wir beobachteten, dass jedes Mal, wenn ein Verstoß gegen das „alte Rollenverständnis" stattfand, gelacht wurde. Jedes Mal, wenn ein Mann Frau wurde, sei es durch Verkleidung oder durch Kenntnisse, die außerhalb seines Berufs lagen, dann wurde gelacht. Und zwar nicht wohlwollend oder zustimmend, sondern ablehnend und in einer gewissen Weise vernichtend. Dieses Lachen kommt bei G. Verdi in seinen Opern „Ein Maskenball" und „Rigoletto" vor. Die Männergruppe verlacht den, der schwach wird. Sie stößt ihn geradezu aus, es gibt kein Überleben mehr, wenn man sein Gesicht in dieser Gruppe bewahren will. So ging es auch den Teilnehmern. Wenn sie an einem Weiterleben in der Gruppe interessiert waren, dann haben sie in den Chor der Lachenden eingestimmt. Oft haben auch die Ansager einer Vorführung auf die Lächerlichkeit des Rollentauschs hingewiesen und die Teilnehmer schon dabei ermuntert, zu lachen. Den Frauen in unseren Seminaren ging es oft gar nicht gut dabei. Aber sie haben immer in das Lachen eingestimmt, schon, um ihren eigenen Ausschluss nicht zu riskieren. Und wir sahen, dass gerade im Management die Rollen immer noch sehr stabil sind und Tabuverletzungen vermieden werden. Deshalb haben wir in der Studie immer wieder die Rollenverteilung erhoben. In der Tat waren sie dort anders. Im Soziodrama jedoch fanden wir beinahe immer stabile, alte Rollenmuster vor. Und wir fanden das letzten Endes nicht überraschend: Diese Rollenmuster sind die in der Gesellschaft vorzufindenden, die vorgefertigten, die, mit denen wir aufgewachsen sind, die, nach denen sich die meisten Ideologien richten und die, die in der Kirche vertreten werden. Daher ist das Neue noch eine Tabuverletzung, selbst wenn es das ist, was in der Wirklichkeit immer öfter vorkommt.

Die Soziodramen stellen eine Befundaufnahme in männerdominierten

Gruppen dar. In Gruppen, die sich über Leistung und Erfolg definieren und in denen familienbezogene Werte wenig vertreten sind. So wie sich unsere TeilnehmerInnen beim PGM mit Familie vorzustellen pflegen, aber nicht über sie sprechen, so nehmen sie Rollen ein, die ihnen zugeschrieben werden. Insofern sind die Soziodramen sehr aussagekräftig. Sie zeigen die realen Verhältnisse in den Köpfen der Menschen, wie sie in der Arbeitswelt vertreten werden; sie unterscheiden sich von den soziologischen Gegebenheiten. Viele müssen mit diesen Unterschieden leben. Einerseits die alten Modelle, andererseits die neue Realität.

Die Schere, die sich dadurch emotional auftut, ist die Ursache vieler ehelicher Zerwürfnisse. Die Frauen erwarten einen Mann zu Hause, den es nicht mehr gibt. Denn dieser Mann müsste es sich erlauben können, schwach zu sein. Und das ist verboten. Der Mann erwartet sich eine Frau zu Hause, die ihn erwartet und auf die Kinder schaut. Diese Frau gibt es aber nicht mehr. Nun versuchen beide voreinander die Änderung der Lebensverhältnisse, vor allem die Abweichungen, geheim zu halten. Wie in den Schwarzweiß-Filmen der Nachkriegszeit sehen wir daher immer noch Frauen, die nach Hause hasten und sich die Hände eincremen, damit der Mann die Schwielen nicht sieht. Und Männer, die sich schmutzige Arbeitskluft überstreifen, damit die Frauen glauben, sie kämen von schwerer Arbeit. In Japan sind diese Versuche, eine Rollentreue aufrechtzuerhalten, bisweilen bizarr: Männer verbringen die Freizeit in der Managergruppe (= der Jägergruppe), um ihrer Rolle als Mann und Jäger authentisch gerecht zu werden. Obwohl beide Partner arbeiten, wird noch immer so getan, als wären die alten Zeiten da. Das Leben wird dadurch erschwert, dass Modelle für die Bewältigung der heutigen Realität selten offeriert werden.

Umsetzung als Herausforderung

Was kann man raten, was empfehlen? Es scheint klar zu sein, dass die Differenz zwischen den mitgebrachten Rollen und den tatsächlich gelebten immer größer wird. Es scheint weiter klar zu sein, dass weder Männer noch Frauen auf diesen Wechsel vorbereitet sind. Es scheint weiter klar zu sein, dass beide Geschlechter gegen einen Wechsel sehr widerständig sind. Die Männer produzieren lieber mehr und mehr und sterben dafür früh und die Frauen machen ihre Arbeit oft fast heimlich und kämpfen, wie vor kurzem in Österreich, um eine Anerkennung, die ihnen verwehrt wird. Das von über 600.000 BürgerInnen unterschriebene Frauenvolksbegehren war den parlamentarischen Parteien nicht einmal eine Antwort wert.

In dieser Situation ist es erforderlich, neue Rollenbilder zu formulieren, schon, um das Aufwachsen der Kinder nicht zu behindern. Durch die Instabilität der Rollen, vor allem aber dadurch, dass Mädchen zwar eine perfekte Schulausbildung erhalten, dann aber, um Frau zu werden, auf ihre Karriere verzichten müssen, entstehen etwa viele Essprobleme bei Jugendlichen. Es ist schwierig, zu seinen neuen Interessen zu stehen: Männer verstecken sich hinter dem Barbecuegriller als Modell des Kochens, Frauen tragen zwar Hosen, aber dazu viel Schmuck.

Aus unserer Studie können wir nur wenig Hoffnung machen, dass schon neue Modelle des Lebens gefunden sind. Wir können aber sagen, dass es keine Schande mehr ist, eine neue Rolle zu leben. Wir können aber auch sagen, dass es noch immer ungefähr so ist, wie wenn man homosexuell ist: Wenn man eine neue Rolle lebt, so ist das zwar erlaubt, aber emotional noch immer verboten. Gesellschaftliche Vorbilder, wie zum Beispiel der englische Premierminister Tony Blair und seine Frau, helfen zwar, neue Formulierungen zu finden. Sie selbst stehen aber immer wieder unter Beweiszwang, wie man auch am Ehepaar Clinton sehen konnte. In Clintons Nachfolger Bush können wir einen sofortigen Rückfall sehen: die Sehnsucht eines Volkes nach einem Präsidentenpaar, das so aussieht wie ihre Träume.

Es fällt uns schon schwer, Ihnen Mut zu dem neuen Leben zu machen. Zukunftsszenarien zeigen keine Stabilität der heutigen Mode und es ist unsicher, ob sich Kulturen halten können, die eine so große Rolleninstabilität haben. Es ist also gut möglich, dass es nur eine Mode ist, die ein oder zwei Generationen so bleibt und dann wieder verschwindet. Darauf würde vor allem die geringe Penetranz dieser Situation hinweisen, dass nämlich diese Veränderung nicht global eingetreten ist. Es zeigen sich immer wieder Herrschaftsformen, die Veränderungen, die bereits stattgefunden haben, wieder zurückführen auf das alte Maß.

12 Der störende Dritte – Die Darstellung des Kindes durch Manager

Die Kinder dienten immer zur Erheiterung des Publikums. Es war in der Tat lustig, sie anzusehen, wie sie da unter den Tischen krabbelten.

Beispiel 1

In einer Szene wurde Folgendes gezeigt:

Eine Frau ist mit einem Kleinkind zu Hause. Beide wurden von männlichen Teilnehmern gespielt. Das Kleinkind ist offensichtlich lästig. Die Äußerungen des Kindes werden von seiner Mutter als Ausdruck seines Hungers und seiner Müdigkeit interpretiert.

Die Mutter sagt: *„Du bist müde, willst schlafen gehen!"*

Das Kind grunzt, die Zuseher lachen. Das Kind bewegt sich zu dem Küchenherd, der von einem Tisch symbolisiert wird.

„Bist hungrig, was?", sagt seine Mutter, *„Der Papa kommt bald nach Hause, dann essen wir!"*

Das Kind grunzt zustimmend, die Teilnehmer lachen.

Die Mutter hantiert am Herd.

„Alles brennt an!", seufzt sie, *„und der Papa kommt wieder so spät nach Hause. Warum er uns immer warten lässt?"*

Das Kind nähert sich nun dem Herd.
„*Achtung!*“, ruft die Mutter, „*Heiß!*“
Das Kind krabbelt weiter in Richtung Herd und berührt die Herdtüre.
„*Achtung!*“, ruft die Mutter. Das Kind öffnet die imaginäre Backrohrtüre.
Die Mutter schubst es hinein. Die Zuseher lachen.
Die Szene wechselt, der Vater/Mann kommt zur Tür herein.
„*Wieso kommst du erst jetzt?*“ fragt die Frau/Mutter.
Das Spiel ist aus.

Bemerkung 1

Ich war von diesem Spiel betroffen. Wurde hier ein Kind misshandelt? Nahm man eine Verletzung in Kauf? Wurden der Stress, den die Frau hatte, und die Schuldgefühle des Mannes, der seine Frau warten ließ, so dargestellt, dass das Kind sich verletzte? Wieso lachten alle? Wer war außer mir noch betroffen?

Als ich versuchte, diese Fragen zu stellen, bekam ich keine Antwort. Ich war der Spielverderber, der ein lustiges Spiel zu ernst nahm. Ich war es plötzlich, der den TeilnehmerInnen Schuldgefühle machte, indem ich über Misshandlung als Folge von Überforderung und mangelhaften Partnerschaften und inkonkludenten Ausmachungen reden wollte.

Was war geschehen?

Die Teilnehmer hatten die Situation zeigen wollen, in der sich viele Manager befinden. Sie machen mit ihrer Frau aus, dass sie um eine bestimmte Zeit nach Hause kommen. Sie wollen, dass ihr Kind dann noch wach ist, weil sie es sonst nur schlafend kennen. Sie wollen, dass auf sie gewartet wird. Ihre Frauen machen ihnen Essen, auch weil sie auf diese Art den Mann versorgen wollen; auch, weil gemeinsames Essen in unserer Kultur eine Form des Zusammenseins ist. Viele Manager können die Vereinbarungen, die sie mit ihrer Familie treffen, nicht einhalten. Sie werden in ihrer beruflichen Rolle über die Zeit hinaus gefordert. Sie können nicht um die ausgemachte Zeit nach Hause kommen. Ihre Frauen warten dann und die Idee des gemeinsamen Abends kann nicht umgesetzt werden. So weit, so schlecht.

Das beschriebene Spiel ging jedoch über diese häufige Problematik weit hinaus. Denn die Probleme des Managers, der seine familialen Kontrakte nicht einhalten kann, wurden ausgeweitet. Einerseits zeigte sich die Frau rigide und starr: Sie ändert ihre Situation zu Hause nicht, sondern lässt das Kind auf das Essen und das Schlafen warten. Es sollte vielleicht gezeigt werden, dass dadurch der Druck auf den Manager größer wird. Überdies sollte gezeigt werden, dass die Situation, in der „er" nach Hause kommt, angespannt ist. Jedoch noch immer ist der Druck so groß, dass dieses Kind nun als bedrohlich gezeigt wird. Es ist kein kooperativer Partner der Mutter oder des Vaters, sondern es setzt einen zusätzlichen Druck durch seine Versorgungswünsche.

In dieser Situation wird nun nicht mehr verhindert, dass das Kind sich selbst verletzt. Es wird sogar angedeutet, dass man, wie im Märchen, das Kind in den Ofen steckt. Wie bei „Hänsel und Gretel" verschwindet das Kind im Ofen. (In dem Märchen setzen die Eltern ihre Kinder im Wald aus, um sie los zu sein. Die traurige Geschichte beginnt nicht mit der Begegnung mit der Hexe, sondern bei der zweimaligen Aussetzung der Kinder im Wald.) Behalten wir also im Gedächtnis: Eine intrafamiliäre Stresssituation – durch die Verspätung des Managers – artet in eine Vernachlässigung des Kindes aus, die zu seiner Verletzung führt. Eine Misshandlung wird angedeutet.

Selbstverständlich gibt es Stresssituationen in Familien. Selbstverständlich kommen Väter zu spät nach Hause. Selbstverständlich warten Frauen und Kinder. Was jedoch hier gezeigt wurde, geht darüber hinaus. Der Druck, der auf Frau und Kind und damit auf den Mann, der diese Situation gestellt hat, lastet, ist bereits unerträglich geworden. Plötzlich ist dieser Druck so groß geworden, dass er zu einer Misshandlung des Kindes geführt hat. Diese Misshandlung war lustig.

Welche Rolle hat das Kind in dieser Szene: Die des Opfers, das sich selbst verstümmelt. Nicht die des stolzen Erben, des Bannerträgers des Vaters, des Kindes, auf das man stolz ist und in Zukunft sein will, sondern eines Opfers, das im Rahmen des zu großen Stress verletzt wird. Blitzableiterfunktion. Opfer der Umstände. Seismograph eines Partnerschaftskonflikts.

Aber noch mehr: Die Familie und insbesondere das Kind werden als Belastung dargestellt. Die Familie stellt eine zusätzliche Belastung da. Sie kann die Berufswirklichkeit des Mannes nicht verstehen. Mehr noch: Die Berufswirklichkeit des Mannes hat offensichtlich Priorität, so weit, dass die Familie riskiert wird.

Beispiel 2

Ein Mann kommt nach Hause. Beim Frühstück sagt die Frau, dass das Heizöl nachbestellt werden muss.
Der Mann sagt: *„Lass' mich doch in Ruhe essen!"*
Das Kind schweigt.
Die Frau sagt: *„Wenn du das Öl nicht bestellst, wird es im Haus kalt."*
Der Mann: *„Bestell's doch selbst."*
Die Frau: *„Etwas könntest du doch auch machen. Du kennst dich doch besser aus. Und der Ölmann hat schon nach dir gefragt."*
Der Mann: *„Können wir nicht wenigstens in Ruhe essen?"*
Das Kind schweigt.
Die Frau: *„Du machst doch sonst nie was im Haus. Alles muss ich allein machen!"*
Der Mann: „Hast doch sonst nichts zu tun."
Die Frau: „... und das Kind?"
Der Mann: *„Ein Kind!"*
Hastig steht der Mann vom Frühstückstisch auf. Das Kind schluchzt und flüchtet sich zur Mutter, unter dessen Rock es sich verstecken will. Da die Mutter ein verkleideter Teilnehmer des PGM ist, misslingt der Versuch. Das Publikum lacht. Der Vater verlässt die Szene.
Die Mutter sagt: *„So geht es jede zweite Woche, wenn er heimkommt."*
Das Kind weint.

Nach dem Spiel erzählt der Teilnehmer, der die Szene zum Spiel angegeben hat, dass er aus beruflichen Gründen nur jede zweite Woche am Sonntag nach Hause kommt. Die gezeigte Szene zeigt ein typisches Montagmorgenfrühstück.

Ich frage nach, ob ihm das zu wenig Zeit für die Familie ist – und beiss' mir sofort auf die Zunge. Wozu diese Frage? Um Schuldgefühle zu machen? Der Teilnehmer verneint.

Ich frage alle Teilnehmer nach der Rolle des Kindes. Niemand außer mir fand sie auffällig.

Bemerkung 2

Ein Mann kommt vierzehntägig nach Hause. Zu Hause hat er Familie. Er könnte dort auch eine geliebte Katze haben oder seine Gewehre aufbewahren oder ein Wochenendhaus haben. Schon ein Schwimmbad würde mehr Betreuung verlangen, wenn das Wasser nicht brechen soll. Oder er hätte ein Hausmeisterehepaar.

Alle vierzehn Tage sieht er Frau und Kind. Diese leben in der Zwischenzeit ihr Leben. Die Frau weist dem Mann eine „Restfunktion" in technischen Belangen zu. Er soll das Heizöl bestellen. Selbst das ist schon zu viel. Er will für diese Familie nichts arbeiten. Jedenfalls nicht vor Ort. Mag sein, dass er sich und anderen einredet, dass er nur für die Familie arbeitet. Mag sein, er bringt das Geld als Ersatz für Jagdbeute nach Hause. Mag auch sein, dass er keine andere Liebesbeziehung hat. Dass er damit auskommt. Mag auch sein, dass er sich in der Arbeit so verausgabt, dass er sie so liebt, dass er mit diesem Ausmaß von Liebe auskommt. Mag auch sein, dass seine Frau damit auskommt, ein Haus und ein Kind zu haben und im Grünen zu wohnen.

Aber was ist mit dem Kind? Welches Vaterbild bekommt dieses Kind? Ab wann nimmt der Vater es nicht als „Teil der Familie" wahr, sondern als „sein" Kind? Ab wann wird dem Kind Persönlichkeit zugesprochen? Und wieso heißt dieses Konstrukt, in dem es aufwächst, Familie? Wenn diese doch allen ihren ursprünglichen Funktionen enthoben ist, als da sind: Lebens-, Liebes- und Produktionsgemeinschaft. Selbst als Aufzuchtsgemeinschaft kann man sie nicht mehr benennen, weil die Sorge um die Aufzucht nur mehr über den bargeldlosen Zahlungsverkehr geregelt wird. Familie als Konstrukt, in dem die spielenden Teilnehmer es erkannt haben, dass das Kind stumm ist. Die Liebe zwischen den Eltern findet nicht statt. Die Wahrnehmung der Individual-, Paar- und Familienebene ist unmöglich, weil sie in den virtuellen Raum verschwunden ist. Sie finden nicht statt. Stattdessen wird eine Fassade aufrechterhalten, die die Beteiligten schützt, um den Preis, dass eine Fülle von Bedürfnissen nach Austausch, Kommunikation und Liebe erstickt werden. Dadurch ist das Kind auch zu einem „Eigenen“ unfähig: Es ist stumm angesichts dieser Situation.

Diese „Hobby-Familie“ findet im Bild am Schreibtisch statt, seine Realität ist nie erreicht worden. Alle leben einen Traum: Die Mutter und das Kind den vom Leben am Land. Der Mann den von „ich habe eine Familie, die am Land in der schönen Natur lebt“; und den Traum „Ich habe ein Haus mit Familie im Grünen“. Und das Kind den von „Ich habe Eltern“.

Solche Träume müssen zerfallen. Entweder einer der beiden Partner braucht doch mehr Liebe. Oder die Frau kommt mit der Vielfachbelastung nicht mehr zurecht. Oder das Kind wird krank. Aber da es nichts gibt, was funktioniert, weil die Familie zu einer Fiktion geworden ist, kann auch nichts scheitern. Lediglich die äußere Form. Nicht jedoch der Inhalt. Weil der eben schon fehlt. Die Beteiligten wissen es nur noch nicht. Sie streiten noch um Beiträge zu einem Gemeinsamen, das es nicht mehr gibt. Das Kind ist Halbwaise mit Vater im Bilderrahmen.

Fragt man, warum Väter so leben, bekommt man Unausweichlichkeiten zur Antwort: Der Job verlangt jedes zweite Wochenende und alle Samstage. Das Haus ist schön gelegen und die Erfüllung des Traums von Frau und Mann. Die finanziellen Belastungen verlangen von einem Alleinverdiener so viele Überstunden. Die Frau und er hätten gewusst, auf was man sich da einlässt. Man müsse jetzt die nächsten paar Jahre durchstehen, dann würde alles leichter. Was bedeuten diese „Ausreden“? Sie zeigen an, dass die Familie zu einer Fiktion geworden ist. Sie zeigen, dass hier Bilder gemacht und gelebt werden, die nur mehr eine scheinbare Realität haben. Die Inhalte sind verloren gegangen. Es sind nur Täuschungen geblieben. Diese werden Enttäuschungen weichen. Das Kind ist für die Fiktion notwendig, als Person jedoch nicht. Daher findet Familie auch nicht statt. Sie wird nicht gelebt. Sondern phantasiert. Und wenn sie gelebt wird, dann unwillig. Denn in der Realität ist die Familie eine Belastung und keine Freude.

Und das Kind: Es kommt nicht vor. Es vermehrt die Belastung, es ist es, was die Frau an das Haus fesselt. Es hat die Funktion, die Familie zu gründen. Erst durch es ist die Familie eine solche. Denn sonst wäre die Frau vielleicht schon weg. Oder der Mann käme nicht mehr. Aber eine Persönlichkeit kann das Kind in diesem Spiel nicht entwickeln. Und spricht man dann mit Managern, so hört man, dass sie sich an die eigene Kindheit wohl erinnern: als Ort der Angst, als Zeit der Unfreiheit und als Zeit der Abhängigkeit. Viele sind stolz, dem entkommen zu sein. Viele wollten ihren eigenen Kindern auch ein „besseres“ Leben bereiten. Viele wollten, dass sich die Kinder nicht so fürchten werden müssen, wie sie selbst es mussten. Aber dann waren sie vielleicht zu sehr in die eigenen Bewältigungsstrategien verliebt: die Arbeit, die frei macht; das eigene Geld in der Tasche; und die Angst, den Job zu verlieren oder nicht weiter aufzusteigen. Einfach zu versagen. Und dann wieder in eine Art Kindheit zurückzufallen, die Angst macht. Also dann, wenn's gar nicht anders geht, das eigene Kind zu übersehen. Wenig wahrnehmen. Und es seinen Ängsten überlassen müssen. Weil es eben nicht anders geht. Und weil die Arbeit Vorrang hat. Und weil, wer das nicht versteht, die „freie“ Wirtschaft nicht kennt. Der weiß nicht, wie es draußen zugeht, wo der kalte Wind der Freiheit bläst. Und wo man rausgeworfen werden kann, so wie man auch schon rausgeworfen hat. Und dann: Wovon lebt die Familie dann? Wenn das Freiheit ist, dann ist es eine unvollkommene. Mag sein, wir Menschen kennen derzeit keine bessere Assoziationsform wie den Kapitalismus. Mag sein, dass dort der „Markt“ regieren muss. Mag sein, dass die Familie sich dem unterordnen muss. Mag auch sein, dass dann eben jedes Kind wieder seine eigenen Ängste durchstehen muss. Mag auch sein, dass der Vater in unserer Szene tief in sich drinnen ein herzliches Gefühl für seinen Sohn empfunden hat. Aber dieser Sohn hatte keine Persönlichkeit. Und dafür gelten alle die Argumente, die gerade zitiert wurden, leider nicht. Denn dieses Kind wird bei besten Absichten geschädigt.

Die Auswirkungen des störenden Dritten auf die Kinder

Kinder bleiben von solchen Beziehungsstrukturen nicht unbeeinflusst: Leben sie allein mit ihrer Mutter im „grünen Gefängnis“, können sie nur diese eine Beziehungsdimension entdecken. Eine andere Dimension ist ihnen verwehrt, den Vater erleben sie überwiegend als abwesend. Das Bild, das sie sich vom Vater machen, ist daher verschwommen und idealisiert. Ihr Mutterbild ist allumfassend. In beiden Fällen können die Sprösslinge keine Beziehungserfahrungen machen, die sie für das bräuchten, was wir gemeinhin eine normale Familie nennen.

Ein Teilnehmer erzählt:

„Ich sehe meine Eltern zweimal im Jahr. Sicher, ich habe eine gute Beziehung zu ihnen und wir wohnen auch nicht weit auseinander. Nur so 15 Kilometer weit. Aber unsere Beziehung war schon immer so. Als Kind war ich wohl das, was man ein Schlüsselkind nennt. Und als Erwachsener bleibe ich das eben. Mein Vater hat sich vom einfachen Arbeiter zum Geschäftsführer hochgearbeitet und meine Mutter hat Karriere in der Gewerkschaft gemacht. Ich war allein zu Hause. Man hat sich um mich gekümmert, aber das war's schon."

Beziehungen bilden Menschen. Es steht niemandem zu, zu sagen, welche Art von Beziehungen am besten sind. Die, die meinen, dass früher alles besser war, lesen zumeist nur die geschönten Berichte aus den Königs- und Fürstenhäusern. Sie erinnern nicht an die Erfahrungen der kleinen Leute, die keine Aufstiegschancen hatten, die immer „unten" blieben. Sie ignorieren die Unterdrückten, denen oft nur eine kurze Lebensspanne beschert war und in der es weniger um Beziehungen als um das nackte Überleben ging. Ums eigene Überleben und das der Familie.

Wenn man sich also die Resultate unserer Studie überlegt, ist es hilfreich, einen Blick auf die Erziehung zu werfen. Wir erziehen zum Genuss, zur Freude und zur Isolation. Zu einer Isolation, mit der man die meisten Erfolge einfährt, zu einer Isolation, die es am leichtesten möglich macht, für die moderne Wirtschaft verfügbar zu sein. Eine Isolation, die wenig Zeit für Familie abnötigt, eine Isolation schließlich, die damit endet, dass die eigenen Kinder Fremde bleiben, ohne jedwedes Bedürfnis, den Kontakt mit ihnen zu intensivieren.

Ein Teilnehmer erzählt:

„Ich sehe meine Kinder selten. Manchmal bin ich traurig, wenn meine Frau und meine Tochter lachen und ich stehe daneben. Auch, wenn meine Frau sich einmal alte Alben ansieht und sich dann begeistert zurückerinnert, wie meine Tochter zum ersten Mal gestanden ist. Sogar bei der Einschulung war ich nicht dabei."

„Er" sieht alle diese Ereignisse aus seiner Sicht. Er hat es versäumt. Aber die Sicht der Tochter sieht er nicht. Sicher, sie wird ihn immer als ihren Vater sehen. Aber weiß sie, was ein Vater ist? Wird sie ihm von den anderen Vätern erzählen, die im öffentlichen Dienst sind, die am Nachmittag nach Hause kommen? Von den Vätern, die mit ihren Kindern das erste Mal Rad fahren, das erste Mal in die Kirche gehen und auch bei ihrer Erstkommunion dabei sind? Wird sie ihm das erzählen? Oder wird sie ihr erlebtes Vaterbild als gegeben hinnehmen, wird sie denken, dass Männer eben so sind und nicht anders? Oder wird sie von ihrem Mann das Gegenteil verlangen, nämlich, dass er für die Kinder und seine Familie da ist?

Im Einzelfall kann man das nicht sagen. Generell schon. Denn da zeigt sich, dass die Menschen immer mehr zu Einzelgängern werden, skeptischer gegenüber der Gesellschaft. Einzelkinder, Alleinerzieher und Erziehungsprobleme bei immer kleineren Familien – Ergebnisse mangelnder Beziehungserfahrungen?

Die Psychologie der Beziehung als eine Theorie der Erziehung in den ersten Lebensjahren sagt, dass die Beziehungserfahrungen in der Tat einen wesentlichen Einfluss haben. Diese Ansicht ist jedoch umstritten. Eine ungestörte Beziehung kommt nur bei gut der Hälfte der Einjährigen vor (50 %). Bei weiteren 20 % sind vorübergehende Störungen zu konstatieren, bedingt durch Stress oder den Umbau der Familie und/oder des Umfelds. Die restlichen 30 % sind echte Beziehungsstörungen.

Drei Typen von Beziehungsstörungen gibt es

- die zu enge Beziehung,
- die vernachlässigende Beziehung und
- die irreguläre Beziehung.

Die zu engen Beziehungen,

die überbefürsorgenden Beziehungen, breiten sich immer mehr aus. Es handelt sich oftmals um Mütter über 30 Jahre, die ihr erstes Kind bekommen. Diese Mütter sind für die Mutterschaft in der Regel überqualifiziert. Es sind Mütter, die sich um ihr Kind kümmern wollen. Dabei machen sie es genauso wie im Beruf, für den sie ja ausgebildet wurden. Einfach zu gut, zu genau und zu sorgsam. Ohne Korrektiv durch Großmütter, Tanten und andere Hilfspersonen. Die Kinder zeigen oft eine übertrieben enge Bindung an diese Mütter, denen sie – im Umkehrschluss – viele Funktionen abgeben. Solche Mütter können die Kinder gar nicht mehr alleine lassen, selbst die Spitäler werden nach dieser Erkenntnis umgebaut und zu einer Art Mutter-Kind-Hotel umfunktioniert.

Alles dafür, dass Mütter und Kinder ihre Beziehung leben können, aber alles gegen eine überenge Beziehung, die dem Kind genau jene Freiheit raubt, die es braucht, um sich letzten Endes selbständig zu machen. Untersuchungen von Kindern mit dieser Beziehungsstörung im Alter zwischen einem und zwei Jahren (nach der standardisierten Methode von M. Ainsworth) zeigen, dass überengb gebundene Kinder die Mutter nicht mehr auslassen können.

Die vernachlässigende Beziehung,

die etwa in der Zwischenkriegszeit zu den häufigsten gehörte und damals mit dem Typ der Verwahrlosung gleichgesetzt wurde, ist heute selten geworden. Sie macht weniger als 10 % der Störungen aus. Sie ist einfach ein Zuwenig an Zuwendung, Ressourcen und Möglichkeiten. Die Kinder lernen ein Zuwenig an Beziehung kennen. Die Beobachtung solcher Kinder zeigt, dass diese scheinbar gleichgültig auf das Weggehen der Mutter reagieren. Innerlich sind sie aber hoch gespannt und können gar nicht damit umgehen.

Die irreguläre Beziehungsstörung

bildet die kleinste Gruppe, die seit Jahren mehr oder weniger stabil geblieben ist. Deren Mütter und deren Umfeld erzeugen keine Stabilität der Beziehungen, das Kind kann sich auf nichts verlassen, es weiß nicht, was es im nächsten Moment erwartet und kann daher keine inneren Entsprechungen (so genannte Repräsentanzen) aufbauen. Untersucht man diese Kinder im Alter von einem Jahr, sind ihre Reaktionen ebenso unvorhersehbar, wie ihre Erfahrungen waren.

Insgesamt gesehen, ist ein Ansteigen der Beziehungsstörungen zu beobachten, insbesondere wächst die Zahl der allzu engen, überinvolvierten Bindungen. Die sich daraus ergebenden gesellschaftlichen Änderungen scheinen klar: Die Kinder solcher Beziehungen werden immer ängstlicher, sie können immer weniger allein leben und sie verwechseln Nähe mit Geborgenheit. Doch ihre gelebte Realität weicht von diesem Bild ab. Daher suchen sie eine künstliche Realität, wie sie heute allerorten geboten wird. Im Film, im Fernsehen, im Computer – überall wird Nähe und Liebe verkauft, die man nicht spürt. Eine beziehungslose Liebe, deren vorwiegende Eigenschaft ihre Kosten sind.

Kinder brauchen – so altmodisch das klingen mag – beide Eltern oder zumindest Menschen, bei denen sie mütterliche und väterliche Verhaltensmuster verlässlich erleben. Erfahrungsgemäß gedeiht das Rudeltier Mensch in größeren Rudeln noch besser. Sind mehr Kinder da, so werden zwar Neid und die Angst, zu kurz zu kommen, stark, aber Durchsetzungskraft und gleichzeitig Geborgenheit können sich leichter entwickeln. Irgendwie ist immer jemand da, und sei es nur, um einen zu korrigieren, mit einem zu spielen oder einen in die Schranken zu weisen. Ebenso ist es mit den Eltern und den Großeltern: Auch sie ermöglichen dem heranwachsenden Kind eine Fülle von Erfahrungen und Möglichkeiten der Beziehungserfahrung und -gestaltung.

Durch die immer isoliertere Situation der Familien, die oft im herkömmlichen Sinn nicht mehr als solche bezeichnet werden können, entstehen Einzelgänger statt Rudeltiere. Wir wissen heute noch definitiv nicht, ob das eine Verbesserung ist. Für die Weiterführung und Aufrechterhaltung dessen, was wir Zivilisation und Kapitalismus mit seinem immer mehr, besser, schneller und steigenden Produktivitätszahlen nennen, ist der Einzelne sicher der flexiblere Anbieter seiner Arbeitskraft, der dankbarere Konsument und der leichter manipulierbare Kunde. Für die Gesellschaft als Ganzes ist dies fraglich.

Sicher auch die Bewohner der Schwellenländer wollen dasselbe haben wie die Bewohner der Industrieländer. Auch sie wollen uneingeschränkten Konsum und alle Güter, die das Leben angeblich angenehm machen. Doch all dieser Luxus hat seinen Preis. Das ist die andere Art der Kommunikation, des Umgangs miteinander und mit der Zeit. Sie riskieren einen Vorteil, um den sie Zivilisationsgeschädigte beneiden und nach dem Aussteiger westlichen Zuschnitts mühsam suchen.

Das Symptom der Magersucht unter jungen Mädchen und Frauen, die immer steigenden Zahlen an Ess-Brechsucht in Europa weisen darauf hin, dass die Einsamkeit auch Krankheiten erzeugt. Der Mechanismus ist oben beschrieben: Durch die Isolation werden Konsumideale zu Teilen der eigenen Person. Die Frauen in ihren instabilen Rollen an der Schwelle zur Übernahme der Wirtschaft, können sich mit dem herkömmlichen Frauenbild immer weniger identifizieren. Nun kommt eine Möglichkeit des Umgangs mit dem Überfluss auf sie zu: die Selbstkontrolle. Und die Kinder, die einstmals überbehütet waren, die das Augenlicht und das Lachen in der Familie waren, die Netten und die Braven aus den netten und den braven Familien sind dafür besonders anfällig. Denn diese Welt – so haben sie gelernt – kann ihnen keinen Wunsch verwehren. Und so werden sie zu Karikaturen des heutigen Schönheitsideals, zu Frauen ohne Lebenslust, zu attraktiven Puppen, die durch ihr Verhalten glauben, jenem System ein Schnippchen zu schlagen, dessen Opfer sie sind. Sie sind das Produkt einer Fehlentwicklung der Überbehütung bei gleichzeitiger Missachtung der eigentlichen Notwendigkeiten von Familie. Sie sind die Empfindlichen, die Verletzlichen, die nun krank werden in ihrem Versuch, alles zu erreichen, was man heute erreichen kann.

Wir machen die Kinder nicht krank, indem wir weg sind: Wir schwächen sie nur. Machen ihre Abwehrkräfte schwächer. Und alle denken, dass sie alles für die Kinder machen. Nichts stimmt weniger. Denn die materiellen Güter sind für Kinder wichtig. Aber weniger wichtig in einer Zeit, da es nicht mehr um das physische Überleben geht, sondern um den Faktor Zeit. Aber da die heutige Elterngeneration ebenfalls vielfach aus überbehütenden Familien kommt, die auch das Verzichten nicht gelernt haben, kann sie es auch nicht weitergeben. Die Erfüllung aller Wünsche aller führt in die Unmöglichkeit, wie ein philosophisches Rätsel.

Der Beginn ist das Eingeständnis, dass man die Karriere nicht für die Kinder macht, sondern gegen sie. Und dass man/frau Karriere für sich selber macht und nicht für die Kinder oder gar die Familie. Die Idee der Wiederaufbaugeneration, dass sie alles dafür machen, damit ihre Kinder es einmal besser haben sollen, diese Idee ist heute in dieser Form nicht mehr aufrechtzuerhalten. Denn die Kinder von heute wachsen in einer an Reizen und der Notwendigkeit des Überlebenskampfs eher armen Umwelt auf (im Gegensatz zu den Kindern der so genannten dritten Welt) und suchen sich dann die Herausforderungen. Sie sind eher zu viel beschützt als zu wenig. Und so lernen sie überleben in einer Welt, die ihnen wenig innerfamiliäre Wärme zur Verfügung stellen kann, dafür aber viel Güter.

Schlussfolgerungen wie diese sind wissenschaftlich in höchstem Maße umstritten: Die Zeit zeigt, dass sie nicht immer stimmen müssen und dass es den Forschern oft so erscheint, als wäre etwas wahr, nur weil es ihnen in den Kram passt. So könnte man für das enorme Ansteigen der Magersucht eben die Zeit, die Mode, das Rollenbild der Frau und vieles andere nennen. Oder spielt nicht auch die neue Geschlechtskrankheit AIDS eine Rolle, die eine neue Einstellung zur Sexualmoral mit sich brachte? Oder hat in allem Isaac Asimov[35] recht, der behauptet (in Eternity), dass immer wieder die Zeiten sich ändern, dass die Einflussfaktoren so vielfältig sind wie jene, die das Wetter beeinflussen? Und dass diese Welt immer wieder bestimmt wird von der Auswahl der Besten (survival of the fittest) und den damit verbundenen Kriegen, die zu verhindern er in seinen Büchern immer wieder vehement bekämpft.

Denn die scheinbare Kenntnis von Auswirkungen ist eine ebensolche. Wir wiegen uns immer wieder in Sicherheit, dass wir etwas wissen. Aber es ist nur ein kleiner Ausschnitt der Dinge, die Einflussfaktoren sein können. Und so wissen wir auch bei den Kindern nicht, wie sie auf ihre Rolle als störende Dritte reagieren. Sind sie erleichtert, dass ihnen die Eltern nicht mehr so auf die Nerven gehen? Sind sie traurig, weil sie gern komplette Elternhäuser mit stabiler Sozialisation hätten? Und brauchen sie das alles?

Denn die Störungen, die sich noch zur Zeit Freuds zeigten, kennen wir heute ziemlich genau. Wir wissen auch, dass – stabil über Kulturen, gesellschaftliche Assoziationen und Systeme, über Entwicklungsschritte und so fort – immer etwa 10 % der kindlichen Bevölkerung in psychiatrischer Sicht auffällig werden. Daher ist zur Vorsicht vor allen Beratungsbüchern geraten, die wissen, wie man‘s richtig macht: Das ist uns nicht gegeben. Vermutungen sind erlaubt.

Reflexion: Die Partnerschaft

Partnerschaft kann von manchen Managern nicht als Aufgabe verstanden werden. Sie „haben" eine Frau. Natürlich ist diese Sichtweise nicht auf das Management beschränkt. Das traditionelle Rollenverständnis fördert diese Auffassung. An sich die alte Geschichte: Der Mann verlässt das Haus, um mit der Jägertruppe zu jagen, kommt erschöpft heim, bringt das Fleisch, wird gewaschen und zeugt neue Nachkommen und geht wieder jagen. In der Jägergesellschaft ein durchaus vertrauter und anerkannter Rhythmus. In der Ackerbaugesellschaft schon weniger: Da der Mann bei Ackerbau und intensiver Viehwirtschaft immer zu Hause sein muss, um die schweren Arbeiten zu verrichten, ändert sich das Familienbild. Er wird bei der Kindererziehung wichtig, will er doch durch Monogamie und Erziehung sicher sein, dass sein Erbe verwaltet wird.

Überraschend ist es, dass sich im Management die Jägertradition fortsetzt: Abkömmlichkeit aus der Jägertruppe ist kein Wert; die Erziehungsaufgaben des Mannes werden lächerlich gemacht; die Anrufe der Frau in der Arbeit werden als Störung und Auslöser von Stress verstanden. Ungezählt sind jene Stresssituationen in Soziodramen, in denen der Mann am Freitag Abend „schnell" nach Hause muss (wieso ist er nicht schon längst zu Hause?) und noch im letzten Abdruck einen Auftrag bekommt, der ihn im Büro fesselt. Die Jägertruppe hatte noch nicht genug erlegt, sie wollte ihr Mitglied noch nicht entlassen. Meist ist es der unmittelbare Vorgesetzte, der den Manager nicht nach Hause lässt. Der oberste Jäger bestimmt, wann die Mitglieder der Truppe nach Hause dürfen.

Wieso sind die Manager die Jäger unserer Zeit geworden, jedenfalls, was ihre Beziehung zur Partnerschaft betrifft?

Eine Erklärung ist ebenso flach wie einleuchtend: In allen Überlieferungen, in jedem Wildwestfilm ist es der Jäger, der die tolle Rolle hat. Der Jäger ist menschheitsgeschichtlich immer in der gesellschaftlichen Hierarchie der Höhere. Sei es in der adeligen Gesellschaft, in der das Jagdrecht auf den Adel beschränkt war, sei es selbst in der heutigen Gesellschaft: Jagen zeichnet aus, ist die nobelste Form der Eiweißbeschaffung und für das Überleben der Art Mensch so wertvoll, dass der Jäger einen hohen Status genießt.

Es gibt viele Symptome dieses Jägerstatus im Management: Reisen ist positiv besetzt; das Reisen selbst wird in vielfacher Weise veredelt: Business und First Class, besondere Mahlzeiten, besondere Hotels, Gruppenreisen – bis hin zum japanischen Ritterorden im Management, der unbedingte Verfügbarkeit und Treue verlangt.[36]

Wieso stöhnen dann die Männer, wenn sie von Frau und allenfalls Kind am Flugplatz abgeholt werden? Wieso jammern die, die gerade im Flugzeug noch lachend gesessen sind und das beste Essen genossen haben, sich mit ihren Kollegen bestens unterhalten haben und das virtuelle Wild (den Geschäftsabschluss zum Beispiel) begossen haben? Was zwingt sie dazu, vor ihrer Frau zu jammern? Oder ist das nur der europäische Charakter und in den USA würden sie stolz berichten, was sie erjagt haben? Ein bisschen von beidem sicherlich.

Aber auch die Amerikaner müssen sich dem neuen Frauenbild stellen. Auch dort ist die Scheidungsrate sehr hoch. Und nur die Doppelbeschäftigung beider Partner selbst in einer Familie mit Kindern verändert das Bild wieder zum Positiven.

Denn was ist geschehen: Die Jägerfrauen haben sich verändert. Ihre Bereitschaft, sind am gesalbten Herd zu warten, bis das Fleisch gebracht wird, und dann zur Vermehrung zur Verfügung zu stehen, hat abgenommen. Man kann nicht in zwei Weltkriegen die Frauen mit praktisch allen gesellschaftlichen Aufgaben betrauen und dann erwarten, dass sie wieder an den Herd zurückkriechen, als ob nichts gewesen wäre.

Daher sind die Assoziationen der Jäger bedroht: Das Konstrukt der Jagdgesellschaft mit der besessenen Frau, die zu Hause wartet, kann so nicht mehr funktionieren.

Lösungen enthalten ein weitgehendes Abgeben der Aufzuchtsfunktion mit einer weiteren Sinnentleerung der Partnerschaft und einer Reduktion des Ehevertrags auf die flüchtige und unsichere Liebe, die gewaltigen Veränderungen im Laufe der Zeit unterworfen ist. Lösungen inkludieren die Idee, dass beide Partner arbeiten, was wiederum mit einer weitgehenden Vergesellschaftung der Kindererziehung verbunden ist.

Die meisten Lösungen enthalten jedoch nicht eine Änderung der Wertigkeit des Jägerstatus und der damit verbundenen Position in der Hierarchie.

Manager bleiben einfach Jäger, da sie in der Tradition des Höchstwertigen bleiben wollen. Daher sind Vorschläge, die das oft kuriose Zeitmanagement oder die Zugehörigkeit zur Truppe oder sogar die inneren Werte des Managements (wie zum Beispiel: Ausschluss der Frauen, Konkurrenz vor Kooperation als Ertüchtigungsspiel, Verfügbarkeit und vor allem dauernder Arbeitseifer) in Frage stellen, sinnlos.

Die Auswirkungen auf eine Partnerschaft, die dem Wandel der Rolle der Frau unterworfen sind, sind nachteilig: Die Ehen brechen auseinander, der Ehevertrag, der auf Liebe gegründet ist, ist nicht dauerhaft und die Erwartungen beider Partner können nicht erfüllt werden.

Die Rolle der aufzuziehenden Kinder stellt sich entsprechend dar: Sie sind zwar eine weitere und bedeutende Sinngebung des Paars und erzeugen durch ihre Anwesenheit erst Familie, jedoch sind sie in die Lebenspläne beider Partner nicht mehr einbaubar: Die Frau muss außer Haus, will sie nicht die Wartende werden, der Mann muss seinen Status verteidigen und das Kind, das sich zufällig gerade nicht in Fremdpflege durch eine Betreuungseinrichtung befindet, stört.

Es müsste erst das virtuelle Kind erfunden werden, das dann nicht stört. So kann das Kind, das im Ofen gekocht wird, noch am ehesten die Rolle, die es erfüllen soll, wahrnehmen: Es ist die Beute der Frau, die sie dem Mann beim Heimkommen stolz präsentiert. Hernach stört das Kind dann nicht mehr.

Beispiel 3
Troubles mit dem Kind

Ein Manager als Frau und Mutter verkleidet – diesmal mit Schürze und Kopftuch – sitzt in einer kleinen Runde mit zwei Schulkindern. Beide haben in der Schule Mist gebaut. Der eine disziplinär, der andere in Bezug auf Leistung.

Die drei sitzen im Wohnzimmer und warten auf die Ankunft von Papa. Zuerst stellt sich jeder vor. Dann rügt die Mutter die Buben. Dann wird geschwiegen.

Papa betritt den Raum. Er wundert sich. Niemand begrüßt ihn. Die Buben sitzen schweigend.

Die Mutter wendet sich an den Vater: *„Dass du auch mal kommst! Alles muss ich alleine machen!“* (Man versteht nach dem vorher Gelesenen: Die Mutter möchte, dass der Vater an den Erziehungsaufgaben teilnimmt. Doch statt dieses Ansinnen als aufrechter Jäger zurückzuweisen, reagiert der Mann.)
„Was gibt‘s denn schon wieder?“, fragt der zurück. Die Stimmung ist dicht.
„Deine Buben!“ schnaubt sie: *„Beide ganz der Papa! In der Schule nur Flausen im Kopf und zu Hause faul. Na ja, wie auch immer, morgen gehst du in die Schule. Red‘ doch mal mit den Lehrern. Ich geh‘ da jedenfalls nicht mehr hin.“*
Der Mann: *„Morgen! Auf keinen Fall. Da muss ich nach Paris. Auftrag vom Chef.“*
Die Frau: *„So, der Herr kann nach Paris fahren und seine Familie kann seinetwegen derweilen verrecken. Ich geh‘ jedenfalls morgen nicht in die Schule.“*
Papa: *„Sagt doch auch mal was Jungs. Was ist denn schon wieder los? – Frieda, gibt‘s was zu essen?“* (Gelächter des Publikums.)
Junge 1 (ohne den Vater anzuschauen): *„Nichts Besonderes. Meinetwegen muss keiner in die Schule kommen. Die Lehrer sind doch bloß doof. Wollen sich nur aufspielen.“*
Mama: *„Da siehst du‘s wieder. Sie nehmen‘s nicht einmal ernst. Wenn niemand morgen in die Schule kommt, fliegt er raus.“*
Papa: *„So schlimm wird‘s schon nicht sein.“*
Zu Jungen 2: *„Und bei dir? – Frieda, wann gibt‘s denn Essen?“*
Mama: *„Da soll man auch noch kochen. Nur Sorgen und was will der Mann, wenn er nach Hause kommt? Essen! Und da soll alles am Tisch stehen, Blümchen und so, die Kinder freundlich, die Gattin adrett und das Essen gut. So hätt‘ ma‘s gern!?“*
Papa: *„Frieda, was willst du von mir? Kein Essen. Ich muss noch Akten für morgen vorbereiten. In Paris treffen wir wichtige Geschäftspartner. Alles in Englisch. Ich muss da perfekt sein. Sonst wird aus dem Geschäft nichts.“*
Mama: *„Jungs geht schlafen. Mit Papa wird‘s sowieso nichts. Der kommt von der Arbeit und arbeitet weiter. – Wenn du willst, kannst du in der Kü-*

che ein Wurstbrot essen. Einpacken wirst du ja auch noch müssen. Wie lange soll es denn werden in Paris? Fährt Fräulein Müller auch mit?“

Alle gehen unter dem Applaus und dem Lachen des Publikums ab.

Bemerkung 3

Die Nebenbeziehung ist angesprochen. Versteckt, aber doch. Immerhin ist das eine Weiterentwicklung des Managements von der Jagdgesellschaft zu einer Dauerjagd. Denn die Abwechslung zwischen Jagen und Essen und Vermehren ist unterbrochen. Die Funktion des Vaters ist in dieser Szene weitgehend verschwunden. Von einer strafenden oder helfenden Funktion in der Erziehung ist die eines Belästigten übriggeblieben. Die Familienfunktion des Essens fällt dem zum Opfer. Ebenso wie die Paarfunktion. Weder die Liebes- noch die Aufzuchtshypothese können mehr in Anwendung gebracht werden. Nur mehr Belästigung. Die Liebesfunktion ist außenverlagert. Dort wird sich vielleicht dasselbe in Kürze reproduzieren. Familienfunktionen spielen keine Rolle mehr. Sie sind erloschen.

Der Dauerjäger betritt die Bühne. Er will versorgt werden. Sonst nichts.

Die Frage, ob Familie für Manager Bedeutung hat, ist schwer zu entscheiden. Sie behaupten es. Sicher ist Familie für die Vermehrungsfunktion auch wichtig. Sie findet nur nicht statt.

Jahrelang haben wir immer wieder Seminare zu Fragen der Verbindung zwischen Familie und Management angeboten: Wir wollten auf die stressverhindernde Funktion der Familie hinweisen; wir wollten darauf aufmerksam machen, dass die Familien und ihre Schicksale das Leben eines Managers oft mehr beeinflussen als der Beruf; letzten Endes wollten wir auf die Endlichkeitsproblematik eingehen, die jeden Manager am Schluss der Karriere noch einmal die Schicksale seiner Kinder resümieren lässt: Ob dann die erreichte Position noch ausreichend Selbstwertgefühl produziert, wenn sie bereits von jemandem anders eingenommen wird, wagten wir zu bezweifeln.

Doch niemand meldete sich für diese Kurse an: Anfangs wurden Argumente vorgebracht, die sich auf die Bezahlung bezogen. Dann wollten die Frauen nicht mitmachen; dann wurde behauptet, es sei ein Zeichen von Schwäche und Therapiebedürftigkeit, wenn man an einem solchen Seminar teilnimmt. Tatsache blieb: Das Seminar wurde erst gebucht, als wir es „Leistungsplanung“ nannten.

Managen heißt, Mitglied einer Jagdgesellschaft zu sein, die miteinander auszieht, Beute macht und dann heimkommt. Von so genannten „häuslichen Sorgen“ wollen die Jäger nichts hören, außer ein Angreifer bedroht ihr Heim. Dann tritt wieder die Jagdgesellschaft auf.

Traditionellerweise fällt es Männern viel leichter, ihre Freizeit mit ihrer Männerrunde zu verbringen, sich der freiwilligen Feuerwehr anzuschließen oder bei einem freiwilligen Sanitätsdienst mitzumachen als zu Hause zu sitzen und ihre männliche Identität durch Hausarbeit in Frage zu stellen.

Durch die Veränderung der Rolle der Frauen ist dieses Konstrukt aber nur mehr mühsam aufrechtzuerhalten. Sie wollen und können Mitglieder der Jagdgesellschaft, in der sie sich behaupten und wohlfühlen, sein und wollen daher nach den dortigen gefragten Prinzipien funktionieren. Ein möglicher Ausweg: Die Männer sollten am Haushalt teilnehmen.

Ins Wanken geraten dann aber die Rollenidentitäten für beide Partner: Die weibliche Rolle ist entwertet, die männliche nicht mehr gesellschaftlich akzeptiert. Daraus entsteht ein Verlust eines der letzten Inhalte der Familie: Die Aufzuchtsfunktion ist nicht mehr besetzbar – die Familie stirbt aus.

Mit dem Familienschwund wächst die Sehnsucht nach der heilen Welt. Das Fernsehen zeigt Großfamilien (Cosby Show, Lindenstraße), in denen man sich andauernd sieht, alle füreinander Zeit haben, Kranke gepflegt werden und Großeltern willkommene Gäste sind. In Wirklichkeit war die Nachfrage nach Altersheimen noch nie so groß; Pflegegelder werden überwiegend in öffentlichen Institutionen gebraucht. War das Sterben nach dem 2. Weltkrieg institutionalisiert und kommerzialisiert worden, so ist es heute mehr und mehr das Alter. Da keine Kinder mehr verfügbar sind und Frauen im Alleingang nicht alles schaffen, müssen die Alten weg. Konsequenterweise werden die heutigen Erwerbstätigen später nicht einmal mehr öffentlich gepflegt werden können, weil dafür das Geld fehlt. Die Jungen können es schlichtweg nicht mehr erwirtschaften, schon deshalb, weil es zu wenige Verdiener geben wird. Die Memesis der Jagdgesellschaft ist im Pensionsrecht.

13 Erotisierung des Managens – Familiale Versachlichung: Arbeiten lustvoller als Leben

Die höhere emotionale Besetzung und Erotisierung des Jobs im Management ist konkret erkennbar und konnte nicht nur in anekdotischer Form bei Führungskräften mittlerer und obererer Ebenen klar nachgewiesen werden: Anhand der Soziodramen zeigt(e) sich immer wieder, dass im beruflichen Bereich ein hoher Anteil an Emotionalität und Erotisierung im Spiel ist, während die Familie eher als Ort der Sachlichkeit dargestellt wird.

Deutlich wurde, dass in der letzten Zeit aufgrund massiver Umstrukturierungen der Druck auf Organisationen im Hinblick auf Kostensenkung, Erhaltung der Wettbewerbsfähigkeit und die Konzentration auf Shareholder-Value enorm gestiegen ist. Entscheidend davon betroffen ist letztlich das Management. Das Risiko und die Verantwortung, die Einzelne auf sich zu nehmen bereit sein müssen und die sie auch annehmen, steigt erheblich. Darüber hinaus müssen Führungskräfte immer mehr Zeit für die Ausübung von Managementfunktionen aufbringen, wollen sie als erfolgreich gelten. Dies endet damit, dass zunehmend mehr Freizeit zu Arbeitszeit mutiert.

Unsere darauf fußende These: Die Kombination aus erhöhter Intensität und steigender Wachzeit, die mit Arbeit verbracht wird, führt zu einer stärkeren „emotionalen Besetzung“, ja zur Erotisierung des Arbeitsplatzes. Da Emotionen aber nicht zum eigentlichen Faktor Arbeit gerechnet werden und in der Wertladung eher dem privaten Bereich zugeordnet werden, wird die zunehmende Emotionalisierung der Arbeit tabuisiert.

Emotionen

Bei der Konstruktion von Wirklichkeiten sind Emotionen ein zentraler Bestandteil, der enormen Einfluss auf die Wahrnehmung des Menschen ausübt. Außerdem bilden sie den Kitt, der soziale Gebilde wie Familien, aber vor allem auch Freundes- und Arbeitsgruppen zusammenschweißt. Die Übereinstimmung in kognitiven Gehalten der Erfahrungen ist zwar ebenfalls ein wesentlicher Faktor, noch wichtiger ist jedoch das aus dieser Übereinstimmung abgeleitete Gefühl der Vertrautheit und Verbundenheit, das auch auf gemeinsam geteilten Werten beruht und sich nicht zuletzt aus einer gemeinsamen Geschichte ergibt. Diese Bindungskraft ist kaum anders als emotional zu bezeichnen. Ihren massivsten Ausdruck findet sie in Feiern, Festen und Zeremonien, in denen die Organisationsmitglieder und im Besonderen die Führungskräfte miteinander in Gefühlen wie Freude, Trauer, Triumph, Hass etc. übereinstimmen, sich aufschaukeln und bestätigen.

Bei der Zuordnung von Emotionen wird vielfach von der Trennung des öffentlichen (= beruflichen) und privaten Bereiches ausgegangen. Zum öffentlichen Sektor gehören die produktiven, politischen Aktivitäten. Die private Sphäre wird dagegen als unproduktiv, apolitisch klassifiziert und auf bloße Reproduktion eingeengt. Ihr werden ausschließlich die emotionalen Aktivitäten zugeordnet. Auf Basis dieser Zuordnungen werden Emotionen im organisationalen Kontext sehr oft als persönliche Faktoren, Dispositionen und Eigenschaften heruntergespielt. Bis auf wenige Ausnahmen geraten sie erst gar nicht ins Blickfeld organisationaler Betrachtungsweisen. Eine Ausnahme statuiert die Thematisierung von Arbeitszufriedenheit, wobei insbesondere in der Arbeits- und Organisationspsychologie versucht wurde, geeignete Indikatoren für das Ausmaß positiven und negativen Erlebens von Arbeit zu gewinnen. Doch selbst hier wird emotionspsychologischen Erkenntnissen und Differenzierungen von Emotionen nur annäherungsweise Rechnung getragen, hält sich ihr Stellenwert in Grenzen. Innerhalb der Emotionspsychologie nimmt nämlich Zufriedenheit im Vergleich zu Emotionen wie Freude, Glück, Hoffnung, Stolz, Zuneigung oder Wut, Traurigkeit, Angst, Neid, Schuld und Scham eine nur untergeordnete Rolle ein.

Diese Situation spiegelt sich auch in der Thematisierung von Emotionen in der Managementliteratur wider: Der direkte Einfluss von Gefühlen und Emotionen auf das Verhalten bleibt ausgeblendet. Betrachtet wird ausschließlich eine gezielte Emotionalisierung in Organisationen, bei der bestimmte Emotionen in enger Verbindung mit – rationalen – Organisationszielen und Managementaufgaben gesetzt werden. Sie halten letztlich immer an der Fiktion fest, geeignete Emotionen durch bestimmte Instrumente wecken bzw. ungeeignete Emotionen unterdrücken zu können.

In bewusster Erweiterung dieser rein instrumentalistischen Auffassung des Emotionalen gehen wir gestützt auf unsere Forschungsergebnisse davon aus, dass Emotionen in Organisationen einen bedeutenden Faktor für Erfolg und Misserfolg darstellen und dass ihre Bedeutung aus mehreren Gründen weiterhin zunehmen wird.

Kurzum: Das Sein und Handeln in Organisationen ist emotional besetzt. Oder noch weiter gefasst: Das organisatorische Handeln bzw. Managen wird sogar erotisiert.

Erotisierung des Managens

Organisationen wird in den klassischen Ansätzen mehr oder weniger explizit Zielgerichtetheit zugeschrieben, während Emotionen in Familien bzw. in dem Bereich privater Beziehungen lokalisiert werden. Letztere gelten als Orte, wo sich Emotionen artikulieren (dürfen). Diese klassische Zweiteilung kann aber angesichts neuester Forschungsergebnisse auf keinen Fall mehr aufrechterhalten werden. Sie verkehrt sich – was das Management anlangt – genau ins Gegenteil: ManagerInnen sind emotional stärker an die Firma gebunden als an ihre Familie. Sie betrachten Familie aus einer eher versachlichten Perspektive als reinen Service- und Kinderaufzuchtsbetrieb. Das ist eines der zentralen Ergebnisse unseres Forschungsprojektes. Das Handeln und Erleben von ManagerInnen in Organisationen wird von ihnen selbst zunehmend stärker emotional besetzt. Das kann zum Teil aus dem Stellenwert des Erwerbslebens in der Gesamtbiographie erklärt werden. Bei Managerinnen kann ebenso angenommen werden, dass die Karriere meist den größten Stellenwert einnimmt, noch vor der Aufzucht von Kindern.

Dazu eine Zitatenprobe: *„Ich glaube schon, ich mein, dass ist eine Belastung, also dass es für mich eine unglaubliche Belastung wäre, wenn ich dauernd darüber nachdenke, ob ich heute zu wenig Zeit gehabt habe für meine Kinder, oder ich hab zu wenig Zeit gehabt für mein politisches Engagement heute und ich habe zu wenig Zeit gehabt für die Firma, das oder das. Vergiss es!"*

Die Begründung: Die berufliche Orientierung hat den Vorteil, dass sie – vordergründig – überschaubarer, (scheinbar) rationaler und weniger vielschichtig-verwirrend ist. Die private Sphäre zeichnet sich dagegen dadurch aus, dass komplexe Aufgaben zu erfüllen sind, über die nicht sofort Rückmeldungen wie „richtig/falsch", „Ziel erreicht/nicht erreicht" vorliegen. Dieser Bereich der Ambiguität, der nicht-nur-rationalen Entscheidungen etc. ist mit großen Unsicherheiten verbunden und wird darum zugunsten der beruflichen Karriere vernachlässigt.

Frei nach dem Motto: „Arbeiten ist einfacher als Leben", emotionalisieren ManagerInnen in bewussten oder auch unbewussten Entscheidungen den Identitätsstrang Arbeit. Gewisse Gruppen (besonders ManagerInnen) gehen darüber hinaus und erotisieren nicht nur das Verhältnis zur Organisation, sondern transferieren auch noch ihre Emotionen immer mehr vom Privat- ins Berufsleben.

Die Profession des Managens und die Organisation als Ort, an dem der größte Teil der Wachzeit verbracht wird, gewinnt – noch stärker begünstigt durch die Knappheit an Führungspositionen (die Tendenz geht in Richtung Zwei-Drittel-Gesellschaft, und damit wird auch das Erreichen einer Managementfunktion schwieriger und attraktiver) – zunehmend noch an

Erotik. Frauen/Männer-Bünde, Teambildungsmöglichkeiten, eigene Wichtigkeit, Anerkennung durch MitarbeiterInnen, aber auch die gesellschaftlich knapper verfügbaren interessanten Positionen geben eine hohe emotionale Befriedigung.

Versachlichung der Familie

Dies kann dahin führen, dass sich das soziale System Familie noch mehr als bisher zu einem „Ort der Sachlichkeit" entwickelt. Nach Abebben der heftigen Liebesbeziehung (Familienwissenschaftler haben empirisch festgestellt, dass eine solche drei bis zehn Jahre währt) und vor allem nach der geleisteten Aufzuchtsfunktion der Kindererziehung funktioniert das soziale System „Familie" nach der kalten Logik von Dienstleistungssystemen. Auffallend dabei ist, dass gegenwärtig auch die Kindererziehung schon von äußerster Sachlichkeit geprägt ist: Die Gespräche drehen sich hauptsächlich um Schulergebnisse, Verhaltenskritik an Kindern, Planungen von Wochenenden und Freizeit, ökonomische Ressourcen und Notwendigkeiten. Gerade im Umgang mit Zeit zeigt sich diese stärkere Versachlichung.

Umgang mit Zeit

Zeit ist ein limitierter Faktor und gerade da ist es interessant,

- wie der/die Einzelne mit der knappen Zeit umgeht,
- wie das Umschalten zwischen den Lebensbereichen Privat und Beruf gestaltet wird und
- welche Bereiche, welche Zeitrestriktionen als konstant bzw. als flexibel angesehen werden.

1) Umgang mit der knappen Zeit

Der Alltag der Familienmitglieder findet schon lange nicht mehr an einem gemeinsamen Ort statt. Der Zeitrhythmus wird bestimmt durch die Verfahren der verschiedenen gesellschaftlichen Institutionen, die strukturierend eingreifen (Schule, Arbeitszeitregelungen, Ladenöffnungszeiten, Fahrpläne öffentlicher Verkehrsmittel etc.). So wird die Gestaltung des Tages zu einem „Puzzle". Immer wieder müssen einzelne Bestandteile der zeitlichen und örtlichen Arrangements gesammelt und verglichen werden. Planen, Organisieren und Delegieren werden immer wichtiger. Unter diesem Gesichtspunkt wird die Familie immer mehr zum „Kleinunternehmen": „Elemente von Rationalisierung und kalkulatorischen Überlegungen ziehen ins Privatleben ein."[37] Es sind mehr und mehr Entscheidungen zu treffen und immer öfter muss ausgehandelt werden, wer wann was tut. Dabei rücken Fragen nach der Ressourcenverteilung und der Gerechtigkeit zwischen den Familienmitgliedern in den Mittelpunkt. Die Organisationstätigkeiten, die immer wichtiger werden, überlagern oft die Beziehungsaspekte. Familien werden in ihren ständigen Aushandlungsprozessen in Fragen organisatorischer Belange immer mehr zu „Orten der Sachlichkeit".

Hektik, Herumhetzen, vergessene Termine – das sind immer wiederkeh-

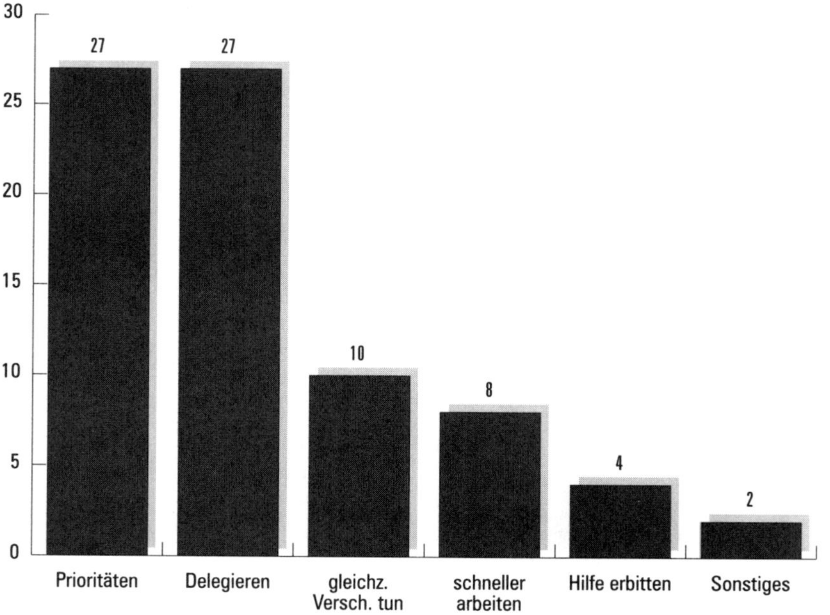

Abbildung 9: Zeittechniken im Betrieb

rende Themen in den Soziodramen der Führungskräfte gewesen, die wir hier ausgewertet haben. Uns hat interessiert, wie mit der knapper Zeit umgegangen wird, ob es Unterschiede zwischen den eingesetzten Techniken im privaten und beruflichen Bereich gibt.

Folgt man unseren Befunden, so sind die betrieblich am weitest verbreiteten Taktiken im Umgang mit knapper Zeit Delegation und das Setzen von Prioritäten, gefolgt von der „Multi-Tasking"-Technik, also gleichzeitig verschiedene Tätigkeiten zu machen, und der Beschleunigung des Arbeitstempos. Im Berufsfeld verpönt scheint das Erbitten von Hilfe (siehe Abbildung 9).

Ganz anders zeigt sich das Bild, wenn man nach den zu Hause gebräuchlichen Techniken fragt (Abbildung 10): Delegieren ist im familiären Rahmen zumindest unerwünscht oder unmöglich. Hier ist das Erbitten von Hilfe der gebräuchlichste Umgang mit Zeitnot. Schnellere Arbeit und das Setzen von Prioritäten sind ebenfalls häufig genannte Techniken.

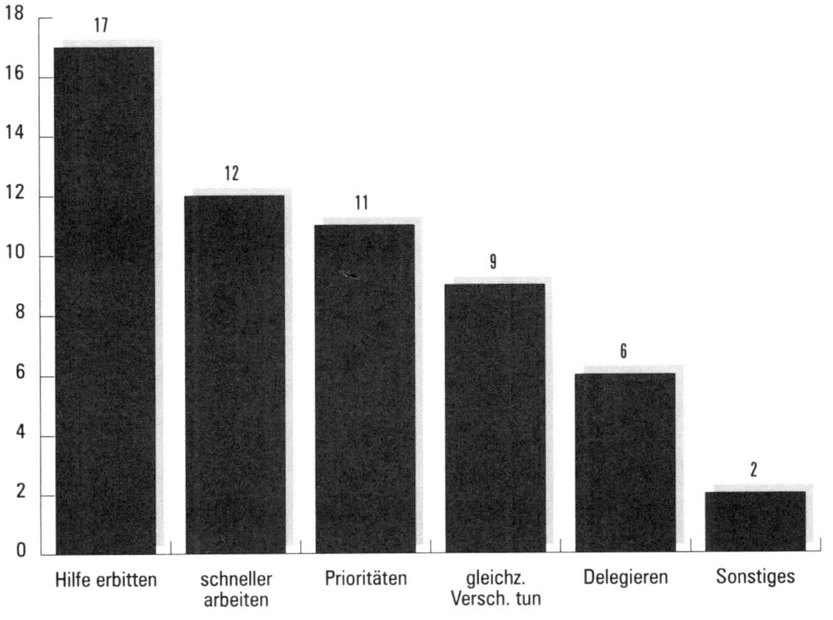

Abbildung 10: Zeittechniken zu Hause

Besonders auffällig ist die Diskrepanz beim Erbitten von Hilfe: Unsere Führungskräfte sind offenbar in ihren Organisationen nicht in der Lage, selbst bei stärkster Belastung Hilfe von anderen zu erbitten. Hier scheint es harte soziale Normen zu geben, die dies verhindern, sei es, weil dieses Verhalten Schwäche signalisieren würde, sei es, weil nur delegiert, aber nicht um Hilfe gebeten werden darf. Hilfe zu erbitten scheint inkompatibel mit hierarchischen Strukturen: Entweder kann man delegieren oder man muss eben Prioritäten setzen, schneller arbeiten oder gleichzeitig Verschiedenes tun. In der Familie, wo hierarchische Anordnungen sozial unerwünscht sind, kann man Hilfe erbitten, weil dieser Wunsch in diesem Sozialsystem anschlussfähig ist. In der Praxis kann zwischen den Formen Delegation und Hilfe erbeten nur ein geringer Unterschied sein. Es sind andere Formen der Bezeichnung und diese haben mit Zuschreibungen von Stärke und Schwäche zu tun, aber auch mit der Zuschreibung „Ich lasse mich zu Hause versorgen“. Somit ist dieser Unterschied der Bezeichnungen für das Auslagern von Arbeiten sehr einladend.

2) Umschalten auf Privat

Dem Umschalten zwischen den verschiedenen Lebensbereichen kommt eine sehr zentrale Rolle zu, und gerade in diesem Zusammenhang wird die Zeitgetriebenheit häufig thematisiert. In den Soziodramen ist das Umschalten bzw. die Problematik des Wechsels zwischen verschiedenen Lebensbereichen eine zentrale Konfliktlinie, die sich in sehr vielen szenischen Darstellungen wiedergefunden hat. Dabei wird immer wieder reklamiert, dass es kaum Möglichkeiten für eine Auszeit gibt, immer weniger Zeit zum Nachdenken. Unsere Untersuchung hat gezeigt, dass ManagerInnen die bei Weitem höchsten Entspannungswerte bei sportlichen Tätigkeiten sehen, gefolgt von Lesen. Dann folgen kulturelle Veranstaltungen (wie Oper, Theater, Konzerte) und Treffen mit Freunden. Doch bleibt für dieses Abtauchen in Gegenwelten zur Organisationswelt, besonders unter der Woche, nur sehr wenig Zeit.

3) Wer und was muss flexibel sein

Die Zeit fürs Abtauchen, für Freizeit, Hobbys und auch die Zeit für Familie und Beziehungen wird als ein höchst flexibler Faktor angesehen. Dies zeigt sich auch bei einer Übung, die wir oft in den Managementseminaren einsetzen. Dabei sollen die TeilnehmerInnen sich vorstellen, dass im ersten Fall ab jetzt der Tag eine Stunde länger dauert (also ein 25-Stunden-Tag). Sie sollen nun in der Folge entscheiden, wie sie diese zusätzliche Zeit für die drei Bereiche Beruf, Beziehungen/Familie und Hobbys verwenden würden. Im zweiten Fall ist es jeweils ein umgekehrtes Szenario: Die Tage sind ab nun eine Stunde kürzer (also 23-Stunden-Tage). Die Fragestellung in diesem Fall ist, in welchen Bereichen die TeilnehmerInnen jetzt diese Stunde einsparen würden. Diese oftmals wiederholte Übung bringt in fast allen Gruppen folgendes interessantes Ergebnis: Führungskräfte betrachten Familie und die Zeit, die sie mit ihr verbringen, als völlig flexible Variable: Will der Chef oder die Chefin noch eine Ausarbeitung, ein Konzept, dann sind die meisten ManagerInnen jederzeit bereit, das fertige Essen zu Hause, das Fußballspiel mit den Kindern etc. hintanzustellen, obwohl sie gleichzeitig diese Zeit ja in vielen Fällen als Ruhezeit bzw. Entspannung bezeichnen, während die Zeit für die Firma, für den Beruf durchwegs nicht angetastet wurde. Die Zeit für den Betrieb wird als konstant und stabil, ja geradezu als sakrosankt angesehen. Familien werden zwar als Ruhepol gesehen, aber für Ruhe- und Entspannungszeiten gibt es keine fixen Termine.

Familien als Ruhepol

Werden Top-ManagerInnen zu ihrem Familienbild gefragt, so zeigen auch andere aktuelle Studien[38], dass ein übergroßer Teil der Untersuchten von einem tradierten Bild der Familie, speziell der Rolle der Ehefrau als Idealbild ausgehen. Auch in unseren Untersuchungen war ein Teil der Untersuchten dieser Meinung. Dazu einige Anmerkungen unserer InterviewpartnerInnen:

„Bei Managern wird sich meiner Meinung nach kaum was ändern. Also die klassische Ehefrau, die das ‚Backoffice' macht, auf die ganze Infrastruktur

schaut, ein bis zwei Kinder hat. Ich könnte mir durchaus vorstellen, dass sich das beibehält."

„... Das Sprichwort, hinter jedem erfolgreichen Mann steht eine ehrgeizige Frau, das ist nicht falsch ..."

„... Ich konnte Karriere noch machen, weil sicher meine Frau, wie man so schön sagt in Wien, mitgespielt hat ... sie hat es halt hingenommen ..."

Diese Ergebnisse spiegeln die immer noch weit verbreitete Ansicht wider, dass es gerade in einem so dynamischen, fordernden Beruf wie dem Management wichtig sei, dass die Familie einen Ruhepol repräsentiert, als Ort angesehen wird, an dem man Energie auftanken kann.

Dies verdeutlichen auch Statements unserer letzten aktuellen Studie zu zukünftigen Kompetenzfeldern im Management:[39]

„... weil ich bin ein Typ, ich bin also eher der Typ, der a bisserl familiär verhaftet ist, der z.B. sagt, eine Familie ist schon auch wichtig. Des ist irgendwie der Hafen, wo man anläuft ..."

„... ich bin nach wie vor ein Verfechter sozusagen, dass man nur Kraft aus einem guten Privatleben oder einer guten Beziehung ziehen kann, weil man ansonsten viele Dinge, so wie sie heute ablaufen, nicht mehr verkraften kann."

„... wenn ich sag, meine Familie ist meine Ausgleichsmöglichkeit, dann instrumentalisiere ich sie und des hat sie eigentlich net verdient. In der Realität gebe ich zu, dass ich das schon mache."

Damit diese Kraft aus der Familie geschöpft werden kann, wird unterstellt, dass sich in diesem Bereich an den Beziehungen möglichst wenig ändert. Es wird also von der Familie Kontinuität und Stabilität gefordert. Diese Stabilität ist erwünscht, wird schlichtweg erwartet.

Anhand dieser Befunde zum Umgang von Zeit und dem Bild der Familie kristallisieren sich einige widersprüchliche Erwartungen von ManagerInnen an die Familie hier und die Firma dort heraus. Sie sind in Tabellenform zusammengefasst.

Tabelle 4: Erwartungen von Managern und Managerinnen an die Familie und das Unternehmen

Erwartungen an die Familie	an die Wirtschaftsorganisationen
Ruhe – Stabilität	Karriere – Dynamik – Vorwärtskommen
Zeit – Flexibilität bei der Veränderung der Zeitrhythmen im Ablauf	Zeit, die in der Organisation verbracht wird, eher stabil – Tendenz steigend (Überstunden)
Versorgung, Fürsorge, Sicherheit	Autonomie und Freiraum
Integration, Geborgenheit	Einsamkeit

Ein kurzes Statement[40] eines Interviewpartners verdeutlicht diese unterschiedlichen Erwartungen: „*Mein Beruf erfordert eine Karriereplanung; die wiederum ist abhängig vom Setzen von Prioritäten und klarer konsequenter Durchführung – d.h. mein ‚Berufsleben' ist ein automatischer Ablauf, wo ich keinen Raum für Phantasie finde. Die Familie, und insbesondere meine, will, dass ich flexibel, gefühlsbetont bin ... In diesem Spannungsfeld versuche ich jeden Tag, jede Minute, den einen oder anderen Herausforderungen gerecht zu werden.*"

Erfolgreiche Managerinnen und Manager streben Familien als „einwandfrei funktionierendes" Dienstleistungssystem an: „*Die klassische Familie geht mehr und mehr zurück ... ich glaube allerdings, dass diese Form der Familie sehr, sehr häufig angestrebt wird, nur dass eben die Umstände, die Lebensumstände heutzutage ein bisserl dagegensprechen.*"

Die Extremisierung der Arbeitssituation von Führungskräften wird sich jedoch in Zukunft noch weiter ändern und dies wird sich auch auf die Art der Beziehungen auswirken, wie einer der von uns Befragten treffend anmerkt: „*... dass sich durch diese veränderte Arbeitssituation halt auch Partnerschaften, Ehen und so weiter irgendwie anders gestalten.*"

Mit anderen Beziehungsformen ändern sich auch die Erwartungen bezüglich der Verfügbarkeit von ManagerInnen in der Familie. Besonders ManagerInnen, die in nichttraditionellen Partnerschaftsformen leben, sind immer mehr an Auseinandersetzung mit den anderen, Beziehungsarbeit, Aushandeln der Aufgaben gefordert, und damit geht eben auch ein wachsender Anspruch der Familie in puncto Verfügbarkeit einher.

Es ist nicht mehr nur die Versorgung gefragt, sondern auch Beziehungsarbeit. „Innere Leere", „Routinisierung", Langeweile oder fehlende Zukunftsperspektiven sind in diesen Beziehungen immer öfter Grund für Trennungen. Es fehlt also einem oder einer der Beteiligten die Anwesenheit des anderen, die Auseinandersetzung mit ihm/ihr und gerade Anwesenheit, Interaktion, Sozialität und Transparenz werden immer in einigen Formen der nichttraditionellen Lebensformen ganz besonders eingefordert.

Eine Konsequenz ist, dass immer mehr ManagerInnen Singles sind. Eine Befragte beschreibt dies so: *„Ich erlebe das bei Mitarbeitern, die zweihundert, zweihundertfünfzig Monatsstunden haben, aber ohne Überstundenpauschale, die Ersatzfamilien dort finden, die halt dann gemeinsam noch auf eine Pizza gehen ... sie sind Single zu einem hohen Anteil und das Problem ist, wie wollen die jemanden kennenlernen, wie wollen die eine Familie gründen?"*

Diese Entwicklungen können allerdings nicht ohne Rückwirkung auf die Organisation bleiben. Die Organisation/das Berufsfeld wird somit für Führungskräfte zunehmend bedeutender. ManagerInnen emotionalisieren ihr Handeln und Erleben in der Organisation von selbst insofern, als sie der Organisation emotional näher rücken, sich persönlich betroffener machen, ihr Hoffen und Planen, ihren persönlichen Erfolg und Misserfolg aus dem der Organisation bzw. des eigenen Handelns im Rahmen der Organisation ableiten. Die Organisation wird stabiler Teil der Identität von ManagerInnen und daher für diese unverzichtbarer Bestandteil des Lebens, das Rückgrat ihrer Biographie.

14 Blick in die Zukunft

Zwei zentrale Phänomene leiten unseren Blick in die Zukunft: die Vielfalt der Lebensformen im Privaten und die Veränderungen der Arbeitsstile im Beruf. Schauen wir in den privaten Bereich, auf die Lebensformen der ManagerInnen der Zukunft, so wird auch diese Gruppe nicht von dem seit Jahren beobachtbaren Trend weg von der traditionellen Familie verschont bleiben.

Wie wird die Familie im 21. Jahrhundert aussehen? Aller Voraussicht nach – jedenfalls in den Industrienationen – wird sich die Familie noch weiter in ihrer Struktur auflösen. Einerseits trägt dazu der Verlust der ethisch-religiösen Begrenzungen bei. Andererseits erlaubt die wirtschaftliche Lage eine größere Freizügigkeit. Die Menschen sind nicht so sehr aufeinander angewiesen, wie sie es im 20. Jahrhundert noch waren. Und weiters hält dadurch nur mehr der Liebeskontrakt, also die Vermutung, dass länger dauernde Beziehungen durch die Liebe allein gehalten werden können, nur mehr so lange, wie die Wegstrecke einer Beziehung halten kann. Das hat zu der Bezeichnung Lebensabschnittsgefährte geführt, also zu der Benennung einer vorübergehenden, transitorischen Beziehungsstruktur, die nun immer mehr in Mode kommt. So wird sich eine Familie auflösen, der Liebesbegriff noch bedeutender werden und für die Kinder eine komplexere Struktur vorhanden sein, in der sie sich zwischen den Beziehungen zurecht finden können und müssen.

Diese Art der Beziehungen erzwingt von den Menschen eine noch größere Mobilität. Was als eine Erfüllung der Forderungen der Industrie und der Firmen an die Menschen beginnt, wird zu einem zunehmenden logistischen Transportproblem von Massen von Menschen, die sich zum Beispiel zu den Feiertagen bewegen müssen, wenn sie der Phantasie einer kompletten Familie nachhängen. Oder auch nur den Vater oder die Mutter sehen wollen. So, wie schon am Beginn dieses Jahrhunderts jedes religiös motivierte Fest zu einem logistischen Problem verkommt, so wird selbst bei Ausbau der Straßen und Flughäfen die Masse an Menschen nicht mehr transportierbar sein.

So wird der Einzelne zwar für seine Firma immer mehr zu einer mobilen Einheit, durch seine Probleme im Privatleben wird aber immer mehr seines erworbenen Gutes verstreut, verschwendet und vernichtet. Seine innere Stabilität leidet zunehmend, mitgebrachte Modelle der Beziehung, der Partnerschaft und der Familie werden ungenau, nicht mehr anwendbar und der Einzelne orientierungslos. Die Familie als Grundzelle des bürgerlichen Staates wird zu einem nicht mehr vorhandenen Kontraktpartner, der die Anständigkeit der Mitarbeiter garantiert, die ja etwas zu verlieren haben. Wenn er aber nichts zu verlieren hat, wird er unsteuerbar. Er wird unberechenbar, weil er in einer Form der Freiheit lebt, wie man sie in der Menschheitsgeschichte noch nie gekannt hat. Auch in seinen Liebesbeziehungen wird er davon geprägt: Überall werden die Pensionsberechtigungen unabhängig von der Art des ehelichen Status werden müssen, weil sonst Millionen unversorgt bleiben würden. Die Eigenvorsorge muss steigen, weil in so einer Gesellschaft die Aufzucht von Nachkommen ernstlich gefährdet ist. Wird sie an öffentliche Stellen abgegeben, so ist die Beziehungsstruktur der Kinder so, dass sie selbst keine Kinder mehr haben wollen. Ob dann die Erzeugung von Nachkommen auch öffentliche Aufgabe wird, wird sich erst zeigen müssen und nicht zuletzt von der Perfektion des medizinischen Fortschritts abhängen.

Ob sich die Menschheit so umstellen kann oder ob die Entwicklungen in den Industrienationen zu deren Untergang beitragen, wird nicht erst seit O. Spranger[41] ernsthaft diskutiert. In seinem Buch „Der Untergang des Abendlands“ listet er Entwicklungen auf, die er als Symptome des Untergangs einer Kultur ansieht. Er leitet das vom Untergang großer Reiche, wie des Römischen Reichs, des Reichs Alexander des Großen bis hin zu Friedrich dem Großen, ab. In allen untergehenden Kulturen sieht Spranger die gleichen Symptome: Rückgang der Geburtenziffern, Zukunftsangst, Benutzung von zu viel Energie, Verweichlichung und letzten Endes Auflösung der Familie als Keimzelle des Staates. Viele dieser Symptome diagnostiziert Spranger schon am Beginn des 20. Jahrhunderts, vor dem 1. Weltkrieg. Inzwischen scheint eher jener Witzeerzähler Recht zu bekommen, der vom Zentralkomitee der Kommunistischen Partei der Sowjetunion ausgesandt wird, um den amerikanischen Kapitalismus 1950 zu untersuchen. Zurückgekommen sagt er: „Genossen, der Kapitalismus ist tot, der Kapitalismus fordert unzählige Opfer am Schlachtfeld der entfremdeten Arbeit; der Kapitalismus verschmutzt die Seen und Wälder. Aber ich sage Euch: Was für ein Tod!“

Mag sein, dass Untergänge nie so stattfinden, wie sie vorhergesagt werden. Mag auch sein, dass die Menschheit anpassungsfähiger ist und phantasiereicher, als es die verschiedenen Untergangspropheten wissen wollen.

Asimov[42] gibt bezüglich der hier aufgeworfenen Frage der Familie, aber auch des Arbeitslebens in seinem letzten Roman (den man als Vermächtnis bezeichnen könnte) „Eternity“ folgenden Ausblick: Die Familie stellt eine wandelbare, aber letzten Endes unverzichtbare Einheit dar. Es ist dem emotionalen Leben des Menschen nicht gegeben, sich weitere Assoziationen zu denken. Bereits bei einer zu großen Familie oder der Bestimmung der Familie über mehrere Linien hinweg ist der Zusammenhalt zu lose, um als „Nest“ angesehen zu werden. Ohne Nest ist der Mensch aber unfähig über längere Zeit zu leben. Er ist rückbezüglich (bezogen könnte man auch sagen), ohne Beziehung kann und will er letzten Endes nicht leben. Versuche, diese Notwendigkeit nicht zu respektieren, führen zum Untergang dessen, was wir Mensch nennen.

Daher kann man sagen: Die Orientierung der Menschen vor allem auf ihren Beruf ist in diesem Sinn nicht zeitlos. Sogar in Zeiten, in denen die Not unendlich viel größer war und auf Bergbauernhöfen die Kinder in die Fremde verkauft werden mussten (zum Beispiel: Die Schweizer Garde des Papsts), war die Familie das zentrale Anliegen der Menschen. Märchen, wie Hänsel und Gretl, in denen die Eltern sich aus Not gegen ihre Kinder entscheiden, werden als Horrormärchen erzählt. Kunstmärchen aus der Zeit von Europas Armut, wie das Mädchen mit den Schwefelhölzchen (H.-Ch. Andersen), in denen Kinder allein gelassen ihren Unterhalt selbst verdienen müssen und letzten Endes daran sterben, dass ihnen niemand etwas gibt, solche Märchen sind so unversöhnlich, dass der Psychoanalytiker Bruno Bettelheim[43] in seinem Buch „Kinder brauchen Märchen" diese Märchen als ungeeignet für Kinder angesehen hat. So zeigt sich in der Literatur und Kunst über die Zeiten hinweg, dass die alleinige oder auch nur die vorwiegende Orientierung auf den Beruf die Betroffenen immer erfolgreicher macht, aber langzeitig ärmer. Denn der Erfolg der Brutaufzucht ist letzten Endes auch der Erfolg des Genoms. Und nur durch den erfolgreichen Schutz des Genoms ist eines der Ziele des menschlichen Lebens – nach der Vertreibung aus dem Paradies – zu gewährleisten. Nämlich die Überwindung der eigenen Sterblichkeit.

Wenn im Römischen Reich ein Konsul ernannt wurde, war es die Rolle des Oberpriesters, ihm bei der Bekränzung mit dem Lorbeerkranz des regierenden Konsuls (= Pontifex maximus, der Titel des Papsts bis heute) zuzuraunen, so, dass es niemand hören konnte: „Gedenke der Stunde deines Todes!" Es gilt zu Recht als eine krankhafte Traurigkeit, wenn man ständig an den Tod denkt. Jedoch ist es nützlich, wenn man beginnt, sich oder seine Umwelt zu ernst zu nehmen. Nicht zuletzt deshalb gilt Humor als eine der wichtigsten Stressabwehrmethoden. Denkt man jedoch nie an seinen Tod und dessen Überwindung durch Familie und Kinder, so hat man ein Problem des Menschseins nicht verstanden. Insofern ist dieses Buch ein Hinweis auf die Konstanz der Familie über die Mode des Berufs hinaus. Insofern ist dieses Buch ein Hinweis, dass nur jene Spezies über sich hinausweisen kann, die bereit ist, die Mühen der Vermehrung auf sich zu nehmen.

Daher ist unsere Prognose:

1. Wir kennen sie nicht. Prognosen sind schwer, vor allem, wenn sie mit der Zukunft zu tun haben.
2. Die Mode des Berufs und des sich damit finanzierbaren, tollen Lebens ist zeitbedingt.

3. Zeiten, in denen Menschen in einem Drittel der Welt willentlich hungern, um einem Schönheitsideal nachzuhängen, mögen sich nur den Verlauf der chinesischen Mode der gebunden Füße der Frauen ansehen. Sie knebeln die Frauen, sind unter Umständen auch Jahrtausende haltbar, gehen jedoch so vorbei, wie sie gekommen sind. Ohne Erklärung, eben als Mode.
4. Die Familie scheint eine Konstante menschlichen Lebens zu sein, der Broterwerb auch. Wer die Balance zwischen den beiden außer Ordnung bringt, ist langzeitig aus der Vermehrung ausgeschlossen. Sein Genom verschwindet.
5. Diese Balance aufrechtzuerhalten ist Aufgabe jedes Lebens. Sie zu vergessen führt zu persönlicher Imbalance, wie sie sich in Krankheiten zeigt, aber auch in Leistungsabfällen, der Unfähigkeit Krisen zu meistern und sich nach Rückschlägen wieder aufzurichten.
6. Insofern ist es Aufgabe des Managements, auf diese Balance langzeitig zu achten, um die Mitarbeiter (modern: human resources) zu erhalten und zu stärken.

Doch zurück zur Gegenwart: Wie stehen die Chancen, dass diese Balance bewerkstelligt werden kann? Immer wieder ist durchgeklungen, dass ManagerInnen privat nach traditionellen Mustern, nach Kontinuität und Stabilität suchen. Das traditionelle Muster ist heute halt noch eines, aber bei Weitem nicht mehr das dominierende Lebensmuster. Es gibt daneben so viele andere Modelle, wie Nachfolge-, Patchwork- oder Ersatzfamilien, in denen in den unterschiedlichsten Formen experimentiert, improvisiert, kombiniert, gelitten und geliebt wird oder auch Paare, die sich beispielsweise in „living apart together"-Beziehungen oder Commuter-Beziehungen bewusst für eine teilweise räumlich getrennte Form des Zusammenlebens entscheiden. Im Gegensatz zu „living apart together"-Beziehungen, in denen die getrennte Form gewählt wird, weil beide ihren Freiraum haben wollen, ist die räumliche Trennung in Commuter-Beziehungen vorwiegend beruflich bedingt. Beide PartnerInnen sind stark karriereorientiert und haben nicht am gleichen Ort eine angemessene Stellung gefunden.

Aus welchem Grund auch immer diese Lebensformen gewählt werden, es lässt sich ein Trend zum „emotionalen Freestyling"[44], zu Wahl-Biographien und selbst gemachten Familien feststellen und dies ermöglicht Führungskräften, die individuelle Lebensform zu finden, die gerade am besten zu den jeweiligen Lebensumständen passt. Es zeigt aber auch, dass das Streben nach Kontinuität und Stabilität in der Familie ein Wunschtraum ist und stattdessen der Gestaltungswille und -mut jedes und jeder Einzelnen gefordert sind.

Richten wir unseren Blick auf den beruflichen Bereich, so drückt ein Interviewpartner eine Facette der sich ändernden Arbeitsanforderungen so aus: *„... Ich habe das Gefühl, dass der Druck unter dem derzeitig gearbeitet wird, nicht vergleichbar ist mit dem, den es vor zwanzig Jahren gab, und dass demgemäß die physischen Grenzen von Menschen trotzdem vorgezeichnet sind und dass möglicherweise halt ein Burnout-Syndrom, das früher Fünfzigjährige hatten, heute schon Fünfunddreißigjährige haben und früher beginnen nachzudenken, aber auch gewaltsam drauf gestoßen werden, dass sie ihre physischen Grenzen und ihre Bedürfnisse nicht permanent verleugnen können."*

Vor diesem Hintergrund sind die Wünsche nach individueller Zeiteinteilung und nach Auszeiten nur zu verständlich und werden von Führungskräften immer öfter artikuliert:

„Ich denke hier an so manche Modelle, mit denen so manche Führungskraft spekuliert, wie z. B. ein Jahr auszusteigen, mal sich ganz anderen Themen zu widmen, dass das sicherlich auch Platz greifen wird, und auch ich selbst habe mich öfter gefragt: ‚Jetzt mach ich den Job dreizehn Jahre, will ich nicht einmal ganz was anderes machen? Will ich nicht einmal ein halbes Jahr überhaupt nichts tun?' Darauf sind Unternehmen wie unseres noch überhaupt nicht vorbereitet."

„Es sollte grundsätzlich in Unternehmen so etwas wie flexiblere Arbeitszeiteinteilung unbedingt Platz greifen, es geht gar nicht mehr anders, weil die Motivation zu einem wesentlichen Teil einfach in der Selbstbestimmung der eigenen Belastungskurve liegt."

„Ob ein Manager 70 Stunden in der Woche arbeiten muss? Da bezweifle ich, dass er wirklich gut ist, und ich arbeite aber oder habe sehr starke und

lange Phasen 70 und mehr gearbeitet, aber wenn ich selbstkritisch zurückdenke, gebracht hat das nicht wirklich was …"

„Ich war immer der Meinung, dass zur Quantität der Tätigkeit auch die Qualität gehört, und das heißt, ich kann nicht zu viel arbeiten, das war immer mein Credo und das hat erstens einmal meine Ehe fast ruiniert, hat mir auch physisch nicht gar so gut getan und hat mich zur Überzeugung gebracht, jetzt seit einiger Zeit, dass ich dort ein bisserl Nachholbedarf habe und gewisse Dinge halt nicht mehr mache … Ich habe jetzt normalerweise das Wochenende für mich und für die Familie frei – das habe ich viele Jahre nicht gemacht! …"

„Ich hoffe sehr, dass es möglich ist, dass es sich in die Richtung entwickelt, dass man akzeptiert, dass also auch Manager im Prinzip fürs Unternehmen besser sind, wenn's nicht 70 Stunden in der Woche arbeiten, dass man tatsächlich von dem wegkommen muss …"

Dass es sich bei den Statements hier mehr um Wünsche als um Realitäten handelt, zeigt unsere Analyse im Umgang mit Zeit, die wir vorgestellt haben. Die Reduktion der gängigen 70-Stunden-Woche scheint allerdings ein schwieriger Prozess.

Ein erster Schritt in Richtung Reduktion der ständigen Anwesenheit im Unternehmen ist jedoch durch den unaufhaltsamen Einzug verschiedenster neuer Technologien auch in den höchsten Führungsetagen zu beobachten. Durch die Nutzung diverser neuer Medien ist Telearbeit für Führungskräfte kein Tabu mehr: *„… Ich gehe auch davon aus, dass es so was wie Telearbeit auch für den Manager geben wird, dass sich da was verändert."*

„Ich glaube, dass durch die neuen technischen Möglichkeiten generell sicherlich andere Einflüsse in die Familie gehen. Früher war es so, dass man bis spät in die Nacht im Büro gesessen ist und dann spät nach Haus kam. … Durch die Technik ist es heute möglich, dass ich, wenn ich nicht irgendwelche Termine habe, gar nicht ins Büro gehe. Ich habe zu Haus ein Büro, dort hab ich den Anschluss und dort häng ich mich ganz normal wie hier in meinem Büro ins Netz und kann alles tun und kann kommunizieren, so wie ich es jetzt auch tu. Also ich glaube, dass die zukünftigen Manager nicht nächtelang im Büro sitzen müssen, sondern die können es durchaus in der Familie machen."

Die Konsequenzen dieser Entwicklung hat ein Befragter so beschrieben:

„Homeworking, dass der Manager möglicherweise in Zukunft vielleicht den Vormittag zu Hause verbringen wird ... viele tun es ja schon, um sechs Uhr aufstehen und einmal Mails lesen oder am Abend früher nach Hause gehen und dann zu Hause die Mails aufarbeiten ... also diese Komponenten werden sich mehr verschieben, also sprich das Eindringen des Berufslebens in die Privatsphäre wird noch stärker werden."

Durch diese Veränderungen werden bisher durch räumliche Trennung gezogene Grenzen zwischen Beruf und Privat immer mehr verschwimmen, und dies stellt an die Betroffenen neue Herausforderungen: *„... Es kommt zu einer Verschmelzung zwischen eben Beruf und Privatleben. Die Grenze wird immer schwammiger. ... Es wird auf die Manager und auf die Organisation ankommen, welche Freiräume da zugelassen werden."*

Das, wofür unsere InterviewpartnerInnen emotional ausgebildet wurden, gibt es nicht mehr. Sie wurden für ein Rollenmodell, für eine Kleinfamilie ausgebildet, die in dieser Form nicht mehr existiert. Ein Modell, das vom Management, von der Firmenrealität auch letztlich zerstört bzw. sogar bekämpft wird. Denn hier wie dort sind Flexibilität und Anpassung gefordert, ebenso konstruktive Zusammenarbeit im Leben wie im Beruf.

Unsere Daten zeigen, dass die ManagerInnen immer wieder auf die Rollenklischees zurückgreifen wollen, die sie von Kind auf kennen. Aber sie greifen ins Leere. Dort, wo sie sich auskennen, dort, wo sie zu Hause sind, steht nur mehr ein Bild, ein Phantom, von der Phantasie vorgegaukelt. Aber die Realität ihres Zusammenlebens ist davon abgewichen. Und selbst wenn sie ihre Frauen in die Natur verbannen, leben diese dort selbstbewusst und selbstgestaltend und nicht etwa abwartend. Und Frauen, die oft unter Verzicht auf Familie Karriere machen, mögen Männer und Frauen zwar irritieren. Noch! Aber sie sind in Vielem die Zukunft. Denn sie leben ein Leben, das von der Idee der Arbeit bestimmt ist. Aber auch sie kennen nur Rollenbilder, die nicht mehr existieren. Denn wenn sie Kinder haben wollen, so werden sie fast automatisch Zerissene. Auch als Managerinnen können sie sich aus der Erziehungsaufgabe nicht hinwegstehlen, sie bleiben Mütter und wollen daher ihre Kinder leben, lachen und aufwachsen sehen.

Sieht man über die Enge des deutschsprachigen Europas hinaus, so erkennt man, dass sich andere Länder schon viel besser auf die veränderte

Situation eingestellt haben: Sie haben viele Kinderbetreuungseinrichtungen für die berufstätige Frau, sie verhindern, dass Arbeiten zugleich einen Verzicht auf Familie für Frauen darstellt. Sie sehen auch, dass das Leben der Frauen für ihre Familien wichtig ist, dass sie aber auch im Beruf unverzichtbar geworden sind. Akzeptiert man das, kann man auch die Rollenbilder, in denen wir alle groß geworden sind, nicht mehr als stimmig erachten. Sie verschwimmen und neue, oft individuelle Lösungen müssen gesucht – ja kreativ entworfen – werden, um die Bedürfnisse des Managements mit denen der Familien unter einen Hut zu bringen.

In unserer Studie war doch sehr auffällig: Es gab wenig Gedanken über ein neues Leben, sowohl im Beruf als auch in der Freizeit. Immer wieder begegneten uns die übernommenen Klischees, die eben nicht mehr lebbar sind. Scheidungen, Verzweiflung und Flucht in die Arbeit sind die Folge dieser Art von „Gedankenlosigkeit".

Was wäre nun zu machen? Punkt 1: Akzeptanz dieser Veränderung. Punkt 2: Die Entwicklung neuer Modelle, in denen wir unsere Kinder realiter bereits erziehen. Durch diese Veränderungen sind ManagerInnen besonders gefordert: Sie sind ideologische Leitpersonen, ihre Lösungen formen viele. Ihre Lösungen, ihre „Flexibilität" prägen letztlich auch politische Entscheidungen, die sich allen ideologischen Scheuklappen zum Trotz auf Dauer nicht ausschließlich an das klassische Familienideal allein klammern können. Da fruchten die Versuche mancher gesellschaftlicher Kräfte nichts, die Zeit zurückdrehen zu wollen.

Ohne neue Formen der Rollenaufteilung zwischen Frau und Mann geht das sicher nicht. Die Frauen sind zu einer starken gesellschaftlichen Kraft geworden, ihre intakten Chancen im Wechselspiel zwischen den Geschlechtern, ihre Gleichberechtigung im Beruf und ihre gestalterische Kraft im Management sind unverzichtbar. Neue Modelle werden darauf Rücksicht nehmen müssen oder mit dem Untergang bestraft werden. Angesichts des schrumpfenden Arbeitskräftereservoires ist es schlichtweg eine Frage der Vernunft, vorhandene Ressourcen optimal auszuschöpfen.

Gestützt auf unsere Daten können wir daher vorschlagen: Verlassen Sie die Modelle, mit denen Sie erzogen wurden. Nicht nur, dass die mechanische Schreibmaschine ihren Platz im Büro verloren hat, nicht nur, dass Sie ihren Vergaser nicht mehr selbst reparieren können, nicht nur, dass statt einer Köchin und einem Dienstmädchen nur mehr Wasch- und Geschirrspülmaschinen die einschlägigen Arbeiten erledigen, gibt es auch nicht mehr Mutti und Vati, die ihre Rollen leben können. Denn mit der dritten Technischen Revolution ist auch die Familie revolutioniert. Das mag unangenehm sein, ist eben so. Der Verdacht, dass der Computer schlecht für die Menschen sei, mag stimmen. Aber in Ihrer Firmenrealität können Sie diese Idee nur dann ausleben, wenn Sie zum Untergang bereit sind. Also gilt für alle jene, die nicht „aussteigen" oder kapitulieren wollen: Umstellung ist Pflicht. Die alten Modelle haben ausgedient und nur, weil wir noch nach ihnen gestrickt sind, werden sie keineswegs anwendbarer. Change Management zu praktizieren gilt daher auch an der Schnittstelle zwischen Beruf und Familie. Alle sind gefordert: die Frauen, die Männer und die Kinder.

Die Zukunft gehört den „lockeren" Modellen menschlicher Assoziation, die sich über neue Kommunikationswege äußern: neben Handys, E-Mails, Chatten im Internet, Bekanntschaften, ohne einander zu kennen – virtuelles Leben. Zum Berühren kommen Worte, die in einem virtuellen Äther gespeichert sind, virtuelle Lust und virtueller Kontakt werden Teil unserer Existenz.

Neue Kommunikation macht neue Konzepte nötig. Unsere Liebe findet neue Wege, vor allem in Zeiten, in denen der Werbespruch von Shell lautet: Cars love Shell. Was ist das dann noch für ein Wort? Ein Wort, das ein Leben gestalten soll? Ein Wort, das die Aufzucht der Kinder garantieren soll? Ein Wort, das Glück verspricht? Nichts von all dem. Denn dieses Wort, das in der Wende zwischen 19. und 20. Jahrhundert zum generativen Faktor der Lebensgestaltung ausgerufen wurde, ist durch die Inflation kaputt.

Das in den letzten Jahren berühmteste Buch über die Liebe „Die Kunst des Liebens" von E. Fromm[45], gibt viele Antworten. Manche sind komisch. Sie preisen eine Liebe an, die dem alten Menschen entgegenkommt. Zum Beispiel die ruhige Liebe, die auf Verständnis und auf die Akzeptanz der Unterschiede abstellt. Auf eine Liebe, in der der Rausch vorbei ist. Und solche Antworten lesen sich leicht: von den Jungen, weil sie sich vor der Gewalt der Liebe noch fürchten, und von den Alten, weil sie sich gern erinnern und weiter lieben wollen, auch wenn das Feuer ausgeraucht ist.

Unsere Antworten sind nicht so weitreichend: Was wir erreichen wollen, ist ein neues Bewusstsein über die Verbindung und die Feindschaft zwischen einer spezifischen Arbeitswelt und einem privaten Leben. Was wir zeigen wollen, sind Ergebnisse der Betroffenen selbst.

Zweckgemeinschaften und Liebesgemeinschaften, Firmentreue und Verkauf der eigenen Arbeitskraft unter Umständen, die Lebensfreude versprechen nach dem Motto „Make money and have fun", werden wichtiger.

Macht im herkömmlichen Sinn ist die Lust der alten Männer. Die neue Generation will Spaß, Lebensart, Sport und sich immer jung erhalten. Ganz so, wie es ein Teilnehmer ausdrückte: *„Zuerst kommt der Job, dann muss ich noch lernen, um am Ball zu bleiben, und dann Sport machen, um etwas für mich zu tun."* Da bleibt für die Familie nur wenig Zeit. Da hat er Recht. Was komisch ist, ist, dass er das anscheinend nicht will. Aber gibt es etwas anderes?

Unsere Empfehlung: Savoir vivre. So, wie das Leben kommt, so flexibel sollten Sie bleiben. Versprechen Sie Ihre Partner/Ihrer Partnerin nichts, was unmöglich ist. Spielen Sie nicht die Verlässlichen, wenn Ihre Loyalität gegenüber der Firma stärker ist.

Die Schwierigkeit besteht darin, dass man das nicht wertet. Man kann heute nicht mehr die klassische Familie, den klassischen Manager positiv bewerten und die Managerin abtun. Man kann auch nicht das klassische Familienbild positiv bewerten. Dann wären alle, die davon abweichen, schlecht, falsch, unwürdig. Es geht darum, Modelle lebbar zu machen, die eine gewisse Öffentlichkeit haben. Die ohne Gartenlaube leben können. Und die doch eine so große Flexibilität haben, dass sich alle darin einigermaßen wohl fühlen können. Wenn wir unsere Kinder in eine neue Zeit hinein erziehen wollen, so müssen wir ihnen mitgeben: Genieße das, wo du bist. Schau nicht zurück. Und wisse, dass alles falsch sein kann.

So kommen wir zurück: Denn das waren schon die Werte Senecas, die er als Grundlage der Kindererziehung formulierte. Anno 35 n. Chr.

15 Nachwort

Natürlich wollen wir mit diesem Buch Einblicke in ein Kapitel von ManagerInnen geben, das bisher wenig beleuchtet war. Zum einen, weil es für die Führungskräfte nicht wichtig schien: Ihre Aufgaben sind das Beherrschen von Kampftechniken, Arten der Beeinflussung von MitarbeiterInnen, Steuern von Unternehmensprozessen, Change Management, Kenntnisse bei Merger & Akquisitions, Kooperationen oder bei Strategischem Management bzw. Wissen über Aktienkurse einfache und komplizierte Buchhaltung, Finanzverwaltung, Personalmanagement mit Downsizing, Costcutting etc.

Aber, dass diese Führungskräfte auch noch eine Familie oder ein Leben außerhalb der Firma haben – das konnten sich nur „geadelte" ManagerInnen leisten, eine ..., ein Agnelli oder ein Yves Saint Laurent. Alle anderen, die in grauen und dunkel klassischen Kleidungen die Vorteile der Frequent Flyer Programme nützen und über unendlich viele Flughäfen Bescheid wissen, sie alle verschwinden als Menschen hinter der Macht, die ihnen Geld und Anerkennung bringt.

Als wir das Thema Schnittstelle Familie/Beruf in Seminaren anbieten wollten, gab es zunächst keine Käufer: Die Firmen fanden, dass sich das die Manager, die das brauchen – und das waren unter der Hand sicher die Softies, Psycherln, die Schwachen, die Angeknacksten –, es selbst zahlen sollten; die Manager fanden, dass sie das nicht brauchen und wenn, dann würden sie zu einem Psychiater gehen; und die Leiter fanden, dass es sich um ein Firmenthema handelt, das behandelt gehört, aber keiner hört ihnen zu.

So kam es, dass wir uns unseren Zweck selbst geben mussten: Für uns war das Erlebnis der Differenz, das immer zum Nachdenken anregt, spannend. Einerseits stellen sich alle ManagerInnen mit ihrer Familie vor: Sie ist der Leistungsnachweis, manche sagen sogar in archetypischer Weise, dass sie „die Kohle nur für die Familie anschleppen". Andererseits aber spricht kein Manager von Familie. Privat hat im öffentlichen Leben nichts verloren. Wieso ist es dann so wichtig? Warum spielen die Kinder eine so große Rolle? Sie sind es, die über Erfolg oder Misserfolg des Lebens entscheiden? Sie sind ja angeblich das einzige Kapital, auf dessen Verzinsung es im Leben wirklich ankommt! Und dann kommen sie nie vor ...

Also wollten wir ein Familienseminar machen, in dem die Frauen und die Kinder einmal mitreden. Wieder nichts. Keiner wollte das.

Da begann uns zu interessieren, was an diesem Familienleben fasziniert. Wie ManagerInnen privat leben, was sie tun. Wie sie darüber denken. Und es stellte sich heraus: Viele denken darüber gar nicht nach: Für sie ist Familie etwas, das funktionieren muss, etwas, was man hat, so wie ein Auto oder ein Haus. Und wenn sie kaputtgeht und irreparabel ist – auch das kann passieren –, muss man sich halt nach einer neuen Familie umsehen oder auf sie verzichten. Die PartnerInnen der ManagerInnen: die kamen allerdings nicht zu Wort. Außer sie hatten die Fronten gewechselt und waren selbst ManagerInnen geworden.

Was nützt nun all das Wissen? Einiges hat sich doch verändert. Menschen unterscheiden sich, manche wollten sich schon in die Familie einbringen (z. B. der Zerrissene), manche sogar aktiv teilnehmen. Aber alle glaubten, an den Notwendigkeiten der Wirtschaft zu scheitern. Sie verlange gerade von Führungskräften eine universelle Verfügbarkeit, die sie auch nicht ins Privatleben entlässt. Dabei wurden Möglichkeiten fürs Privatleben einfach übersehen: In der Freizeit gab es wieder Männerhobbys, Fahrten mit Abenteuern, die man in der Männergruppe erzählen kann, Erlebnisse mit gefährlichen Hobbys, die man sich nun leisten kann, und Momente, da man den Lohn für die schwere Arbeit im Jet-Set genießen kann. Wozu sonst das alles?

Angesichts solcher systematischer Lebenslügen haben auch wir ForscherInnen dazugelernt: Waren wir bisher der Meinung, dass es sich um den Unterschied der Lebensformen zwischen Profit- und Non-Profit-Organisation handelt, so sehen wir diese Differenz heute anders: Die Idee der Familie als ein Raum, in dem Emotionen ebenso investiert wie entnommen werden, ist ökonomisch. Aber selbst diese Idee erscheint dann fortschrittlich, wenn die bisher leitende Idee die ist, dass für die emotionale Versorgung durch die Familie die Entlohnung mittels der „angeschleppten Kohle" allein genügt. So verkommt die Familie zum bezahlten Dienstleistungsunternehmen, das sich von der Konstruktion der Liebesheirat als Ursache des Zusammenlebens und Kinderkriegens sehr weit entfernt hat.

Was wir aber erfragen konnten, war spannend genug: Es zeigte, dass die Entwicklung der „neuen Familie" noch sehr am Anfang steht. Alle haben davon gehört, aber viele finden, dass zuerst der Nachbar damit anfangen soll. Fast wie beim Klimaschutz: Jeder weiß, dass es nötig ist, aber keiner will anfangen.

Und so verraten wir die ManagerInnen an ihre Feinde: Wir gehen davon aus, dass sie schon von Partnerschaft gehört haben, dass sie wissen, dass Kinder manchmal auch den anderen Elternteil brauchen, dass sie wissen, dass Geburtenzahlen und Generationenvertrag eng zusammenhängen, dass sie wissen, dass Familie ein unverzichtbarer Faktor menschlicher Assoziationen ist, dass sie wissen, dass in der Familie auch ihre Beziehungsarbeit ebenso wichtig wäre wie im Betrieb, wenn nicht wichtiger – aber wir unterstellen ManagerInnen auch, dass sie das alles nicht wollen, weil sie fürchten, definitiv aus der Jäger- und Fallenstellergruppe ausgeschlossen zu werden, als Weichei, als Schwächling, als Muttersöhnchen, als Weibischer.

Dass Manager ihre Familie nicht anders sehen können, das können wir als falsch demaskieren. Dass sie sie nicht anders sehen wollen, mag zwar nicht überraschen, ist aber neu. Denn, dass die Leitbilder unserer Zeit diese Schwäche haben, sich und ihren Familien immer vorlügen zu müssen, dass sie gern würden, aber nicht können oder nicht dürfen, das ist doch neu.

Ein Manager von Norske Skog, ehemals Leykam, Bruck a. d. Mur in der Steiermark, artikulierte die gemachte Erfahrung so: *„Jetzt, wo die Norweger* *gekommen sind, sind wir auch mit einem neuen Familienbild konfrontiert. Man darf sagen, wenn man sein Kind von der Schule oder vom Kindergarten holt, und das ist keine Schande. Man kann sich sogar von einer Konferenz entschuldigen, wenn die Frau Geburtstag oder man Hochzeitstag hat. Das sind aber viele von uns noch nicht gewohnt. Die müssen sich erst daran gewöhnen!"*

Mag sein, dass dieses Buch an einer Zeitenwende erscheint. An einem Punkt, wo ManagerInnen die Familie konkretisieren und nicht mehr nur als Aufputz am Schreibtisch drapiert sehen, als ein Bild, das zu ihnen passt wie das Auto oder andere Symbole der Macht, eben als Beweis der Fertilität bzw. Zeugungsfähigkeit. Es sind vor allem die Frauen, die Neuerungen einfordern: Solange die Last der Kinderaufzucht hauptsächlich auf ihren Schultern ruht, bleiben sie karrieremäßig oder als Menschen definitiv im Nachteil.

Dieses Buch haben wir jedenfalls auch in der Hoffnung geschrieben, Änderungen zu bewirken. Änderungen werden kleine Steine ins Rollen bringen, die dann vielleicht weitere Änderungen bedeuten. Änderungen, die zunächst kleine Wellen auslösen, aber immer weitere Kreise ziehen werden. Das Ziel ist eine Welt, in der die Brutpflege nicht mehr selektiv-einseitig den Frauen aufgehalst wird, eine Welt, in der die Männer nicht mehr so viel der Jagd wegen jagen müssen, bis sie tot umfallen, und eine Änderung in der Beziehungsarbeit auch von den Männern vorausgesetzt werden kann.

16 Anhang: Projekt

Helmut Kasper, Michael Meyer, Peter J. Scheer und Angelika Schmidt

Vorbemerkung

Beim Post Graduate Management Universitätslehrgang (PGM) der Wirtschaftsuniversität Wien (WU) sind im Modul „Stress und Konfliktmanagement" Lösungsstrategien bei Stressbelastungen zwischen Familie und Beruf schon lange – seit mehr als 20 Jahren – Inhalt. Die Problematik erwies sich auch wissenschaftlich als dermaßen ergiebig, dass sie sich in einem eigenständigen Forschungsschwerpunkt ab Mitte der Neunziger Jahre an der Abteilung für „Allgemeine Betriebswirtschaftslehre/Personal, Führung und Organisation" der Wirtschaftsuniversität Wien niederschlug. Die hier veröffentlichten Forschungsergebnisse sind einerseits Teil der gesammelten Erfahrungen und Dokumentationen der letzten 20 Jahre und andererseits Teil des vom „Fonds zur Förderung der wissenschaftlichen Forschung, Wien" unterstützten Forschungsprojektes „Führungskräfte im Spannungsfeld von Familie und Beruf" (1995–1998). Es ist jedoch ein permanentes Projekt oder besser eine „nicht enden wollende Geschichte": Die Theorie- und Praxisarbeiten mit dem Erkenntnisinteresse „Familie und Beruf" beschäftigen uns weiter aktuell im PGM-Lehrgang, in Folge- und Forschungsprojekten wie beispielsweise bei der Erforschung „zukünftiger Kernkompetenzen im Management", sodass bis zur

Drucklegung des Buches weitere neue Ergebnisse in die Publikation einflossen.

Das Team des vom „Fonds zur Förderung der wissenschaftlichen Forschung“ unterstützten Forschungsprojektes bestand aus der Leitung von Universitätsprofessor Dr. Helmut Kasper, aus Frau Dr. Angelika Schmidt, die vom Entwurf des Antrages an in allen Phasen intensiv am Projekt gearbeitet hat und sich weiterhin mit dieser Thematik zentral in Forschung und Lehre auseinandersetzt, aus Universitätsprofessor Dr. Peter J. Scheer, Universitätsklinik für Kinder- und Jugendheilkunde Graz, der als Verantwortlicher im PGM für die Einheit „Stress und Konfliktmanagement“ insbesondere an der Konzeptions- und Erhebungsphase beteiligt war und zudem als Ratgeber durch seine Brille des Kinderarztes die Familien- und Kinderperspektive aus seiner Beobachtung zum Forschungsdesign kreativ beigetragen hat und aus Dr. Michael Meyer, vormals Mitarbeiter an der Abteilung für ABWL/Personal, Führung und Organisation der WU, der bei der statistischen Auswertung und der Interpretation der Ergebnisse mitarbeitete. Insbesondere die Ideen und Durchführungen der Cluster- und Pronominalanalysen gehen auf sein Konto. Mit ein Grund, ihm bei der Veröffentlichung der Forschungsschritte Design, Stichprobe, methodische Vorgehensweisen und prüfstatistische Auswertungen der Daten explizit die Referenz zu erweisen.

Bezugsrahmen

Grundlegende theoretische Annahmen des Gesamtprojektes sowie Anregungen für die Erstellung des inhaltsanalytischen Kategorienschemas basieren auf der „Theorie sozialer Systeme“.[46] Die folgende Darstellung beschränkt sich auf das zur Anwendung gelangte Kategoriensystem, das auf den drei Dimensionen von Sinn beruht:

Von der *Sachdimension* ist die Rede in Hinblick auf alle Gegenstände sinnhafter Intention in psychischen Systemen oder Themen sinnhafter Kommunikation in sozialen Systemen. Die *Sozialdimension* von Sinn betrifft das, was man jeweils als „alter ego“ annimmt, verweist auf möglicherweise unterschiedliche Auffassungsperspektiven und somit auf Konsens/Dissens. Die *Zeitdimension* wird dadurch konstituiert, dass die Differenz von Vorher und Nachher, die an allen Ereignissen unmittelbar erfahrbar ist, auf die Sonderhorizonte Vergangenheit und Zukunft bezogen wird.

Im Rahmen der Attributionstheorie werden Tendenzen der Ursachenzuschreibung ebenfalls in den drei Sinndimensionen systematisiert:

- Sachdimension (intern/extern): Wird eine beobachtete Wirkung dem System selbst (Innenhorizont) oder der Systemumwelt zugerechnet?
- Sozialdimension (ego/alter): Diese Dimension gibt Auskunft darüber, ob ein Akteur eine beobachtete Wirkung dem eigenen Handeln zurechnet oder dem Handeln anderer.
- Zeitdimension (stabil/instabil): Aus zeitlicher Perspektive stellt sich die Frage, ob auf instabile oder stabile Ursachen zugeschrieben wird.

Empirische Forschung kann nicht anders, als mit spezifischen Unterscheidungen Beobachter, in unserem Fall Manager und Managerinnen, in ihren Beobachtungen des Beruf-Familie-Konfliktes zu beobachten. Beobachtbar sind einzig und allein die Mitteilungshandlungen, in unserem Fall die Mitteilungen von Managern in Interviews. Die gewählte Methodik beobachtet demzufolge *Themen*, bezieht sich also zuvorderst auf die Sachdimension. Innerhalb dieser Mitteilungen finden sich dann sachliche Bezugnahmen auf Sachliches, Soziales und Zeitliches:

- In der *Sachdimension* werden dem Berufs- und Familienbereich zuzuordnende Themen unterschieden: Erziehung, Haushalt, Partnerschaft, Sexualität, gemeinsame Aktivitäten etc. auf der Seite der Familie, Stelle und Anforderungen, Hierarchie, Gesamtorganisation und deren Strategien bzw. Ziele etc. auf der Seite des Berufes.
- In der *Sozialdimension* werden alle jene Mitteilungen erfasst, in denen andere Akteure zum Thema werden: Eigene Erwartungen an andere, wahrgenommene Erwartungen von anderen, Zuschreibungen an andere und sich selbst, Beziehungen und Konflikte werden hier getrennt nach Berufs- und Familiensphäre kodiert.
- In der *Zeitdimension* geht es um die Thematisierung von Geschichte – Herkunftsfamilie und Familiengeschichte auf der einen, Berufskarrie-

re auf der anderen Seite – und die Thematisierung von Zeitbudgets für Beruf und Familie.

Diesem Analyseschema liegt die Annahme zugrunde, dass sich die unterschiedlichen Typen des Umganges mit dem Spannungsfeld Beruf–Familie in einer unterschiedlichen thematischen Schwerpunktsetzung im Interview manifestieren.

Methodik

Problemzentrierte Interviews und standardisierte Befragung

Zwei Erhebungsmethoden kommen in der gewählten Stichprobe zum Einsatz: eine Spielart des qualitativen Interviews – das problemzentrierte Interview – und ein standardisierter Fragebogen. Im Unterschied zu rein strukturentdeckenden Interviewmethoden wie dem narrativen oder dem Tiefeninterview fließen bei der problemzentrierten Variante durch die stärker thematische prozessuale Strukturierung Annahmen, idealerweise entlang theoretisch fundierter Dimensionen, ein. Zusätzlich zum Leitfaden wird den befragten Personen während des Interviews ein standardisierter Kurzfragebogen vorgelegt, der neben spezifischen soziodemographischen Daten auch eine Reihe von Variablen zu Einstellungen und Verhaltensweisen im Umgang mit dem Spannungsfeld Beruf–Familie erheben soll.

Bei diesen Erhebungen ist das Projektteam mit einem theoretischen Konzept ins Feld gegangen, wobei die Dominanz der Konzeptgenerierung durch den Befragten erhalten bleiben sollte. Die theoretischen Konzepte und Vorannahmen sind durch die Interviews laufend modifiziert und geprüft worden. Ein wesentliches Element aber war, dass das zugrundeliegende theoretische Konzept im Interview nicht mitgeteilt wurde, weil es einen „vorläufigen", noch zu überprüfenden Charakter hat und nicht „suggestiv" beeinflussend wirken sollte.

Trotz dieser Einschränkung ist bei der Durchführung der Interviews darauf geachtet worden, so weit wie möglich den relevanten Aspekten der Befragten Gültigkeit zu verschaffen. So blieb den Interviewenden bei der

Formulierung und der Reihenfolge der Fragen ein gewisser Spielraum erhalten. Durch das temporäre Verlassen des Leitfadens konnten zusätzlich sehr spezifische, profunde Aussagen der Befragten erhalten werden. Der vom Befragten erklärte Sachverhalt wurde auch zu einem wesentlichen Maßstab für die Gültigkeit der Interpretation.

Stichprobe

Die Stichprobenbestimmung erfolgt weitgehend nach dem Prinzip des *theoretical sampling*[47], wobei unterschiedlich strukturierte Familie-Beruf-Konstellationen die Auswahlbasis abgeben. Die Grundgesamtheit (über 600), aus der die Interviewpersonen ausgewählt worden sind, sind Absolventen und Absolventinnen des „Post Graduate Management Lehrganges der WU" der Jahre 1982–1995.

Zum einen handelt es sich dabei um Personen in oberen und in Top-Managementpositionen, also genau um Akteure jenes sozialen Feldes, auf die sich unsere Forschungsfragen an „Systemsteuerer" beziehen. Zum anderen sprachen forschungspragmatische Argumente für diese Stichprobenbasis: Verfügbarkeit von Adressen, Vertrauensverhältnis durch lange Zusammenarbeit in Lehrgangssituation und damit hohe Auskunftsbereitschaft zu emotional hochgeladenen Themenbereichen.

Dabei handelt es sich um Personen in oberen und in Top-Managementpositionen. Aus dieser Gruppe sind 30 Manager und Managerinnen derart ausgewählt worden, dass sie allesamt in Paarbeziehungen leben, großteils eigene Kinder und erwerbstätige PartnerInnen haben und sich damit in spezifischen Familienzyklusphasen befinden („junges Paar", „Paar ohne Kinder", „volles Nest I+II"). Die wenigen ManagerInnen ohne eigene Kinder wurden vor allem als Kontrastgruppe in die Stichprobe aufgenommen:

- 26 Manager und 4 Managerinnen
- im Alter zwischen 30 und 53 Jahren (Durchschnittsalter 41)
- 27 verheiratet, 2 ledig, 1 geschieden
- 24 mit eigenen Kindern, 6 kinderlos

In unserem Sample findet sich ein breites Branchenspektrum: Dienstleistungsbereich, Energieversorgung, Telekommunikation, Beratung, Tourismus sowie Nahrungsmittelsektor und chemische Industrie, Metall-, Pharma-, Papier- und Kosmetik-Industrie sowie Handel.

Datenbasis für die folgende Analyse bilden also dreißig Interviews, die jeweils bis zu 360 Minuten dauerten. Die Interviews wurden transkribiert und mit Hilfe inhaltsanalytischer und linguistischer Verfahren ausgewertet.

Analysemethoden und Ergebnisse

Die vollständig transkribierten Interviews werden in drei Schritten analysiert:

1. Inhaltsanalyse

In der theoriegeleiteten Inhaltsanalyse werden Textpassagen mit 5.307 Codes versehen. Analyseeinheit sind hier die von den Befragten formulierten Sätze, teilweise Satzteile, Wörter und Wortgruppen. Durch die Benennung und Abgrenzung bezeichnen die InterviewpartnerInnen selbst die Bedeutungseinheiten. Die Codes sind dem theoretisch abgeleiteten Kategorienschema entsprechend vergeben worden. Damit wird die Basis für eine erste Zusammenschau über die Themenverteilung gebildet.

Jede Inhaltsanalyse setzt in einem ersten Schritt an der Sachdimension an, sie unterstellt der Mitteilung Informationen, sie versucht, Themen der Kommunikation festzuhalten. Unsere erste Frage greift auf den Unterschied Familie/Beruf zurück: Welche Interviewpassagen sind thematisch der familiären oder der beruflichen Sphäre zuzurechnen? Damit wird zum einen auf Themen fokussiert, all jene Interviewpassagen, die keine Informationen (z.B. für den Textbeobachter unverständlich sind) oder aber andere Informationen (z.B. das Wetter oder die aktuelle Interviewsituation betreffen) erkennen lassen, werden ausgeschlossen.Die inhaltsanalytische Vorgehensweise ist in der folgenden Tabelle 4 zusammengestellt:

Tabelle 4: Inhaltsanalytische Fragestellungen

Unterscheidungen	Sinndimension	Inhaltsanalytische Fragen
1. Familie, Beruf vs. sonstigen Themen	Sachdimension	Was ist Thema? Wo geht es um Familie oder Beruf?
2. Familie vs. Beruf	Sachdimension	Welches Thema gehört zum familiären, welches zum beruflichen Bereich? Wie lassen sich die Themen inhaltlich einordnen?
3. Ego vs. Alter	Sozialdimension	Welche spezifische Alter kommen vor? Welche Erwartungen und welche sozialen Beziehungen werden thematisiert?
4. Vergangenheit vs. Zukunft; Familienzeit vs. Berufszeit	Zeitdimension	Welche Berufs- und Familiengeschichte wird thematisiert? Wie wird mit (knapper) Zeit umgegangen?

Der zweite Fragenkomplex (Fragen 2 bis 4) greift auf die drei Sinndimensionen zurück: Welche spezifischen beruflichen/familiären Themen werden angesprochen? Welche sozialen Beziehungen werden thematisiert? Welche zeitlichen Aspekte werden thematisiert?

Zielsetzung dieser Vorgehensweise ist es, mit Hilfe des Kategorienschemas (Tabelle 5) das umfangreiche Textmaterial der Interviews theoriegeleitet zu strukturieren. Frequenz- und Kontingenzanalysen können dann die (über die Häufigkeit und/oder Textmenge operationalisierte) Bedeutung einzelner Inhalte und den Zusammenhang zwischen unterschiedlichen Themen untersuchen. Es wird aber dadurch auch möglich, gezielt Textfragmente auszuwählen, die einer näheren quantitativen oder interpretativ-qualitativen Analyse zugeführt werden können.

Tabelle 5: Kategorienschema der inhaltsanalytischen Auswertung

I. Familie	II. Beruf	III. Sonstiges soziales Umfeld
1. Sachdimension: Um welche Themen geht es?		
1.1 Erziehung / Aufzucht 1.2 Haushalt / Hausarbeit 1.3 Sexualität / Liebe 1.4 Freizeitgestaltung / Hobbys 1.5 Rekreation („Tankstelle")	1.1 Stelle und Anforderungen 1.2 Tätigkeiten, Inhalte der Tätigkeiten 1.3 Gesamtorganisation, Unternehmen	1.1 Tätigkeiten 1.2 Werte (z.B. Gesundheit etc.) 1.3 konkrete Episoden

1.6 Wohnform 1.7 gemeinsame Aktivitäten 1.8 berufliche Tätigkeiten von Familienmitgliedern 1.8.1 aktuelle Familie 1.8.2 Herkunftsfamilie 1.9 eigener Beruf als Thema in der Familie 1.10 Versorgung (Finanzielle Absicherung) 1.11 konkrete Episoden	1.4 Hierarchie(n) / Strukturen 1.5 konkrete Episoden 1.6 Familie als Thema in der Organisation	
2. Sozialdimension: Welche sozialen Beziehungen werden angesprochen?		
2.1 Fremderwartungen von (SOLL) 2.1.1 dem/der Partner/in 2.1.2 den Kindern. 2.1.3 sonst. Familienmitgliedern 2.2 eigene Erwartungen an 2.2.1 den/die Partner/in 2.2.2 die Kinder 2.2.3 sonst. Familienmitglieder 2.2.4 an die Familie an sich 2.3 Zuschreibungen von (Fremd-) 2.3.1 dem/der Partner/in 2.3.2 den Kindern 2.3.3 sonst. Familienmitgliedern 2.4 Zuschreibungen an (Eigen-) 2.4.1 den/die Partner/in 2.4.2 die Kinder 2.4.3 sonst. Familienmitglieder 2.4.4 Selbstbild 2.5 Beziehung zu 2.5.1 dem/der Partner/in 2.5.2 den Kindern 2.5.3 sonst. Familienmitgliedern 2.6 Konflikte / Konsens	2.1 Fremderwartungen von 2.1.1 dem Vorgesetzten 2.1.2 den Untergebenen 2.1.3 sonst. Organisationsmitgliedern 2.1.4 sonst. berufsrelevanten Personen (z.B. Kunden) 2.2 eigene Erwartungen an 2.2.1 den Vorgesetzten 2.2.2 die Untergebenen 2.2.3 sonst. Organisationsmitglieder 2.2.4 sonst. berufsrelevante Personen 2.2.5 den Beruf (Wünsche) 2.3 Zuschreibungen von (Fremd-) 2.3.1 dem Vorgesetzten 2.3.2 den Untergebenen 2.3.3 sonst. Organisationsmitgliedern 2.3.4 sonst. berufsrelevante Personen 2.4 Zuschreibungen an (Eigen-) 2.4.1 den Vorgesetzten 2.4.2 die Untergebenen 2.4.3 sonst. Organisationsmitgliedern 2.4.4 sonst. berufsrelevanten Personen 2.4.5 Selbstbild 2.5 Beziehungen zu 2.5.1 den Vorgesetzten 2.5.2 den Untergebenen 2.5.3 sonst. Organisationsmitglieder 2.5.4 sonst. berufsrelevante Personen 2.6 Konflikte / Konsens	2.1 Fremderwartungen von 2.1.1 Freunden 2.1.2 sonst. Bezugspersonen 2.2 eigene Erwartungen an 2.2.1 Freunde 2.2.2 sonst. Bezugspersonen 2.3. Zuschreibungen von (Fremd-) 2.3.1 Freunden 2.3.2 sonst. Bezugspersonen 2.4 Zuschreibungen an (Eigen-) 2.4.1 Freunde 2.4.2 sonst. Bezugspersonen 2.5 Beziehungen zu 2.5.1 Freunden 2.5.2 sonst. Bezugspersonen 2.6 Konflikte/Konsens

3. Zeitdimension: Wie wird mit Zeit umgegangen? Wie kommen Vergangenheit/Gegenwart/Zukunft ins Spiel? Wie werden Zeitbudgets vergeben?		
3.1 Herkunftsfamilie 3.2 aktuelle Familie 3.3 „künftige" Familie (z.B. der Kinder etc.) 3.4 sonst. Familiengeschichte 3.5 Zeitbudgets – Umgang mit Zeit	3.1 Karriere (Stellen-Person im Zeitablauf) 3.2 Zeitbudgets und Termine	3.1 Geschichte 3.2 Zeitbudgets und Termine

Mit Hilfe dieses Kategorienschemas wurden die ersten Schritte der Auswertung durchgeführt. Bei dieser Auswertung wird auf das oben dargestellte Kategorienschema zurückgegriffen und nach der Codierung der Interviews werden die Häufigkeiten der dazu in allen 30 Interviews codierten Textpassagen dargestellt.

Tabelle 6: Häufigkeiten der Themen über alle Interviews

Nr.	Kategorie	Häufigkeit	Nr.	Kategorie	Häufigkeit
I.	Familie		II.	Beruf	
I.1	Sachdimension		II.1	Sachdimension	
I.1.1	Erziehung / Aufzucht	114	II.1.1	Stelle und Anforderungen	64
I.1.2	Haushalt / Hausarbeit	85	II.1.2	Tätigkeiten, Inhalte	268
I.1.3	Sexualität / Liebe	12	II.1.3	Gesamtorganisation	253
I.1.4	Freizeitgestaltung / Hobbys	131	II.1.4	Hierarchie(n) / Strukturen	36
I.1.5	Rekreation („Tankstelle")	37	II.1.5	konkrete Episoden	80
I.1.6	Wohnform	97	II.1.6	Familie als Thema	122
I.1.7	gemeinsame Aktivitäten	89	II.1.7	Werte/Bilder in Organisationen	17
I.1.8	berufliche Tätigkeiten				
I.1.8.1	aktuelle Familie	94			
I.1.8.2	Herkunftsfamilie	80			
I.1.9	eigener Beruf als Thema	42			
Σ	Berufe	216			
I.1.10	Versorgung	107			
I.1.11	konkrete Episoden	23			
Σ	Sachdimension	911	Σ	Sachdimension	840
I.2	Sozialdimension		II.2	Sozialdimension	
I.2.1	Fremderwartungen von		II.2.1	Fremderwartungen von	
I.2.1.1	dem/der Partner/in	20	II.2.1.1	dem Vorgesetzten	25
I.2.1.2	den Kindern	6	II.2.1.2	den Untergebenen	17
I.2.1.3	sonstigen Familienmitgliedern	17	II.2.1.3	sonst. Orgamitgliedern	4
			II.2.1.4	sonst. berufsrelevanten Pers.	3

Σ	Fremderwartungen	43	Σ	Fremderwartungen	49
I.2.2	Eigene Erwartungen an		II.2.2	eigene Erwartungen an	
I.2.2.1	den/die Partner/in	35	II.2.2.1	den Vorgesetzten	11
I.2.2.2	die Kinder	13	II.2.2.2	die Untergebenen	57
I.2.2.3	sonst. Familienmitglieder	2	II.2.2.3	sonst. Orgamitglieder	10
I.2.2.4	an die Familie an sich	95	II.2.2.4	sonst. berufsrelevante Pers.	11
			II.2.2.5	den Beruf	183
Σ	Eigenerwartungen	145	Σ	Eigenerwartungen	272
I.2.3	Zuschreibungen von		II.2.3	Zuschreibungen von	
I.2.3.1	dem/der Partner/in	11	II.2.3.1	dem Vorgesetzten	13
I.2.3.2	den Kindern	1	II.2.3.2	den Untergebenen	14
I.2.3.3	sonst. Familienmitgliedern	10	II.2.3.3	sonst. Orgamitgliedern	11
			II.2.3.4	sonst. berufsrelevanten Pers.	3
Σ	Fremdzuschreibungen	22	Σ	Fremdzuschreibungen	41
I.2.4	Zuschreibungen an		II.2.4	Zuschreibungen an	
I.2.4.1	den/die Partner/in	135	II.2.4.1	den Vorgesetzten	69
I.2.4.2	die Kinder	48	II.2.4.2	die Untergebenen	70
I.2.4.3	sonst. Familienmitglieder	79	II.2.4.3	sonst. Orgamitglieder	35
I.2.4.4	Selbstbild	277	II.2.4.4	sonst. berufsrelevante Pers.	39
			II.2.4.5	Selbstbild	333
Σ	Eigenzuschreibungen	539	Σ	Eigenzuschreibungen	546
I.2.5	Beziehung zu		II.2.5	Beziehungen zu	
I.2.5.1	dem/der Partner/in	205	II.2.5.1	den Vorgesetzten	89
I.2.5.2	den Kindern	48	II.2.5.2	den Untergebenen	263
I.2.5.3	sonst. Familienmitgliedern	86	II.2.5.3	sonst. Orgamitgliedern	47
			II.2.5.4	sonst. berufsrelevanten Pers.	34
Σ	Beziehungen	339	Σ	Beziehungen	433
I.2.6	Konflikte / Konsens	32	II.2.6	Konflikte / Konsens	12
Σ	Sozialdimension	1120	Σ	Sozialdimension	1353
I.3	Zeitdimension	II.3.	Zeitdimension		
I.3.1	Herkunftsfamilie	162	II.3.1	Karriere (Stellen-Person im Zeitablauf)	296
I.3.2	aktuelle Familie	114	II.3.2	Zeitbudgets und Termine	143
I.3.3	„künftige" Familie (z.B. der Kinder etc.)	2			
I.3.4	sonst. Familiengeschichte	38			
I.3.5	Zeitbudgets – Umgang mit Zeit	185			
Σ	Zeitdimension	501	Σ	Zeitdimension	439
Σ	Familie	2532	Σ	Beruf	2632
II.	**Sonst. soziales Umfeld**				
III.1	Sachdimension		III.2.4	Zuschreibungen an	
III.1.1	Tätigkeiten	12	III.2.4.1	Freund/inn/en	4
III.1.2	Werte (z.B. Gesundheit etc.)	52	III.2.4.2	sonst. Bezugspersonen	7
III.1.3	konkrete Episoden	9	Σ	Eigenzuschreibungen	11

Σ	Sachdimension	73
III.2	Sozialdimension	
III.2.1	Fremderwartungen von	
III.2.1.1	Freund/inn/en	0
III.2.1.2	sonst. Bezugspersonen	1
Σ	Fremderwartungen	1
III.2.2	eigene Erwartungen an	
III.2.2.1	Freund/inn/en	2
III.2.2.2	sonst. Bezugspersonen	1
Σ	Eigenerwartungen	3
III.2.3	Zuschreibungen von	
III.2.3.1	Freund/inn/en	5
III.2.3.2	sonst. Bezugspersonen	3
Σ	Fremdzuschreibungen	8
III.2.5	Beziehungen zu	
III.2.5.1	Freund/inn/en	26
III.2.5.2	sonst. Bezugspersonen	9
Σ	Beziehungen	35
III.2.6	Konflikt/Konsens	0
Σ	Sozialdimension	58
III.3.	Zeitdimension	
III.3.1	Geschichte	10
III.3.2	Zeitbudgets und Termine	2
Σ	Zeitdimension	12
Σ	sonst. soziales Umfeld	143
Σ	Gesamtzahl der Codes	5307

Die empirischen Ergebnisse sind durchwegs überraschend und decken sich nicht mit den allgemeinen – und wohl gesellschaftlich auch erwarteten – Vorstellungen. ManagerInnen sprechen lieber über ihre Arbeit als über ihre „Lieben“ daheim. Und wenn sie schon einmal von der Familie erzählen, konzentrieren sie sich auch wieder nur auf berufsbezogene Aspekte. Sie legen es auch stärker darauf an, sich in die Gedankengänge ihrer Chefs hineinzuversetzen als etwa in jene ihrer Kinder. Unter ihrem knappen Zeitbudget leidet weniger die Firma, sondern am meisten die Familie. Auch zeitlich gesehen, ist die Firma wichtiger.

Diese erste empirische Analyse über die Häufigkeiten der Themenfelder aller Interviews zeigt, dass zum Feld Beruf wesentlich mehr Kodierungen vorliegen als zum Feld Familie. Dies, obwohl im Leitfaden den beiden Bereichen die gleiche Gewichtung zuteil wurde. Daraus lässt sich die tendenzielle Dominanz der beruflichen Sphäre in der Wahrnehmung der Befragten ableiten. Themenfelder, die das sonstige Umfeld betrafen, sind aufgrund geringer Nennungen tendenziell zu vernachlässigen (vgl. Tabelle 7).

Tabelle 7: Anteile der Dimensionen innerhalb der beiden Themengruppen

	Themenbereich Familie		Themenbereich Beruf		Themenbereich sonst. soziales Umfeld	
Sachdimension	911	36 %	840	32 %	73	51 %
Sozialdimension	1120	44 %	1353	52 %	58	41 %
Zeitdimension	501	20 %	439	16 %	12	8 %
Gesamtzahl der Codierungen	2532	100 %	2632	100 %	143	100 %

Beim Vergleich der einzelnen Dimensionen des Kategorienschemas (Sach-, Sozial- und Zeitdimension) zeigt sich ein sehr differenziertes Bild. Insgesamt werden die Sachdimension und die Zeitdimension in der Familie öfter artikuliert als im Beruf, während die Sozialdimension im Bereich Beruf dominiert. Dies ist insofern kontraintuitiv, da nach landläufiger Meinung gerade das Umgekehrte zu erwarten gewesen wäre: der Beruf, ein Ort der Versachlichung – die Familie, ein Ort der Beziehungen.

Besonderheiten dieser Verteilung der Sach-, Sozial- und Zeitdimension

Die erste Auffälligkeit ist bei der Gegenüberstellung der Gesamtzahl der Themenfelder festzustellen. So ist der Bereich „Beruf“ öfter genannt als „Familie“ (2632 Codierungen gegenüber 2532). Im Leitfaden hatten beide Bereiche das gleiche Gewicht. Daraus lässt sich die tendenzielle Dominanz der beruflichen Sphäre in der Wahrnehmung der Befragten ableiten. Themenfelder, die das sonstige soziale Umfeld betrafen, wurden verhältnismäßig selten genannt (143).

Beim Vergleich der jeweiligen Dimensionen zeigt sich, dass die Sachdimension in der Familie häufiger als im Beruf (911 gegenüber 840) angesprochen wird, während die Sozialdimension im Beruf weit öfter bezeichnet wurde als im Familienkontext (1353 gegenüber 1120). Bei der Artikulation von zeitlichen Aspekten dominiert wiederum der familiäre Bereich gegenüber dem beruflichen (501 gegenüber 439).[48]

Dieses Ergebnis ist insofern interessant, da aufgrund der Funktionszuschreibungen (Beruf – Ort der Versachlichung, Familie – Ort der Beziehungen) eigentlich das gegenteilige Ergebnis zu erwarten war. Deshalb soll in der Folge die Verteilung in den einzelnen Dimensionen näher analysiert werden.

Sachdimension – Welche Themen werden angesprochen?

Innerhalb der familiären Themen ist der Umgang der Familie mit der Berufstätigkeit von Familienmitgliedern dominant (siehe Abbildung 5, Kapitel 7). Wenn von der Familie die Rede war, stand in Summe der Beruf der Partnerin bzw. bei Managerinnen des Partners bzw. die Thematisierung des eigenen Berufs in Zusammenhang mit der Familie im Vordergrund (216 Codierungen). Gefolgt wird dieser Bereich von der Art der Freizeitgestaltung (131). Erst als dritter Bereich folgt das Themenfeld „Erziehung bzw. Aufzucht der Kinder“ (114). Daran schließen Bereiche wie die finanzielle Versorgung (107) und Aspekte der Wohnform (97). Die Nennung von gemeinsamen Aktivitäten und des Umgangs mit Haushalt wurde ähnlich oft angesprochen (89 bzw. 85). Kaum erwähnt wurde das Themenfeld „Rekreation“ (37). Das absolute Schlusslicht bildet der Bereich „Liebe/Sexualität“ (12).

Familie hat offensichtlich nichts mit Liebe und Zuneigung, sondern viel mehr mit der Organisation des täglichen Lebens und der Gestaltung von Freizeit, Haushalt und Erziehung zu tun.

Bei den beruflichen Themen dominieren Beschreibungen der Arbeitsinhalte (268) und die Darstellung des Unternehmens (253). Als dritter Bereich wird dann schon Familie ein Thema in der Organisation (122). Kaum thematisiert werden Hierarchien und Strukturen der Wirtschaftsorganisationen (36), am wenigsten wird über Werte und Leitbilder (17) der Organisation gesprochen (siehe Abbildung 6, Kapitel 7).

Konkrete Episoden, die einen Lebensbereich illustrieren und dafür Aufmerksamkeit gewinnen wollen, spielen im beruflichen Bereich von ManagerInnen eine größere Rolle als im familiären Bereich (80 gegenüber 23).

Sozialdimension – Die Bedeutung von Beziehungen in Beruf und Familie

Um die Frage zwei zu beantworten, ob den ManagerInnen die Beziehung zu ihrer Familie (Ehepartner bzw. -partnerin oder Kindern) wichtiger ist oder zu ihrem Unternehmen (wie beispielsweise ihre sozialen Kontakte mit – soweit noch vorhanden – Vorgesetzten, Kollegen, Mitarbeitern), untersuchten wir, wie wichtig den Managern ihre Beziehung zu jedem dieser Bereiche ist und welche spezielle Bedeutung sie den einzelnen Gruppierungen (Partnern, Kindern, Chefs, Kollegen, Mitarbeitern) zumessen.

Dabei stellte sich heraus: Die ManagerInnen stellen ihre sozialen Beziehungen zur Familie vergleichsweise unreflektiert dar, während sie ihre sozialen Beziehungen innerhalb der Firma stärker reflektieren. Anders gesagt: Es fällt ihnen leichter, sich in die Perspektive ihrer Chefs, Kollegen und MitarbeiterInnen hineinzuversetzen als in die Sichtweise ihrer Familienangehörigen. Was den Managern seitens ihrer Familie zugeschrieben wird, scheint diese kaum zu interessieren. Vielmehr streichen die ManagerInnen den eigenen Stellenwert in der Familie noch stärker heraus als in der Firma.

Auffallend bei der Beschreibung der familiären Beziehungen ist unabhängig von der konkreten Unterdimension, dass PartnerInnen viel Aufmerksamkeit eingeräumt wird, während die Kinder eine äußerst untergeordnete Rolle spielen. Außerdem ist ein immenser Unterschied zwischen den Bezugspunkten der Erwartungen und Zuschreibungen festzustellen. So werden im Verhältnis von Fremd- und Eigenerwartungen, die Eigenerwartungen drei Mal häufiger artikuliert. Noch deutlicher zeigt sich dieser Unterschied im Verhältnis von Fremd- und Eigenzuschreibungen: Hier dominiert der eigene Bezugspunkt (22 gegenüber 539). Die Zuschreibung von Eigenschaften durch den/die Partner/in, Kinder oder sonstige Familienangehörige scheint kaum wahrgenommen zu werden, wohingegen die Zuschreibungen an die jeweiligen Bezugspersonen in der Familie zentral für die Befragten sind. Versteht man unter Reflexion das Einnehmen anderer Standpunkte und Perspektiven, so erfolgt die Darstellung sozialer Beziehungen in der Familie vergleichsweise unreflektiert.

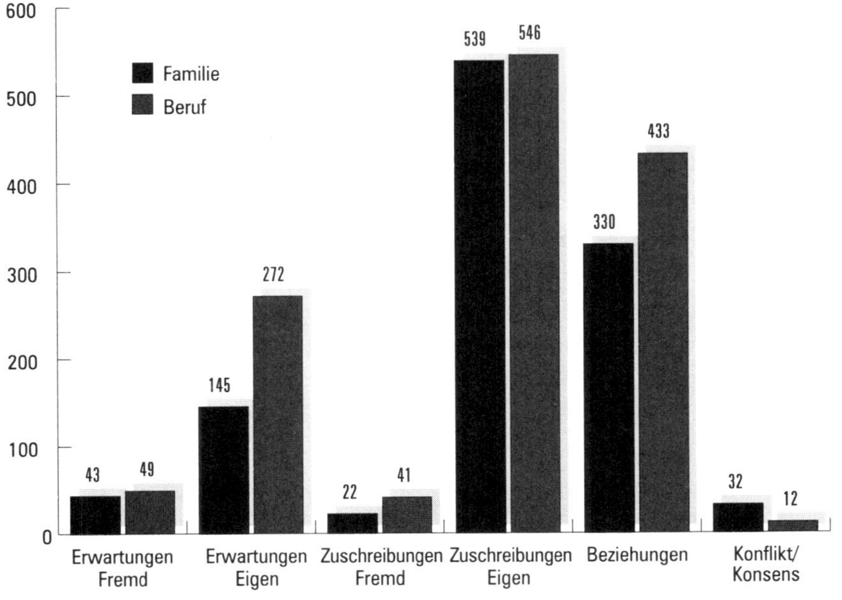

Abbildung 11: Häufigkeiten der aggregierten Themenfelder der Sozialdimension – Familie und Beruf

Im beruflichen Bereich ist der Unterschied zwischen Fremd- und Eigenzuschreibungen nicht so deutlich (41 : 546). Dies liegt möglicherweise auch darin begründet, dass die Auseinandersetzung mit den Zuschreibungen durch Vorgesetzte, Untergebene, KollegInnen bzw. sonstige berufsrelevante Personen eine Anforderung organisatorischer Mikropolitik ist.

Was die sozialen Beziehungen zum Unternehmen anlangt, scheinen die ManagerInnen großen Wert auf die Erwartungen ihrer Vorgesetzten zu legen. Obwohl die ManagerInnen die Sozialdimension öfter im beruflichen Bereich ansprechen, kehren sie die beruflichen Spannungsfelder eher unter den Tisch: Konkrete Konflikt- und Konsenssituationen werden fast drei Mal öfter im familiären Bereich angesprochen als im beruflichen (32 : 12)

Interessant in diesem Bereich ist, dass „Kinder im Abseits" gesehen werden. Was die soziale Beziehung zur eigenen Familie betrifft, fällt ein Zusammenhang deutlich auf: Während den jeweiligen PartnerInnen viel Aufmerksamkeit eingeräumt wird, spielen die Kinder eine äußerst untergeordnete Rolle. Irgendwie scheint der eigene Nachwuchs aus Sicht der Führungskräfte „im Abseits". Er wird kaum Thema!

Die Frage, ob den ManagerInnen ihre „privaten" Beziehungen wichtiger erscheinen als ihre „beruflichen", scheint eindeutig zugunsten der Letzteren entschieden: Chefs und Untergebene scheinen wesentlich wichtiger und bedeutender.

Zeitdimension – Termine drücken – besonders in der Familie

Offen ist noch die Frage nach der Zeit. Wo ist sie der eingrenzendere Faktor, in der Familie oder im Unternehmen? Unsere empirische Untersuchung gibt darauf eine klare Antwort: Termine und Zeitdruck spielen im Privatbereich eine größere Rolle als im Beruf. Der Anteil der Zeitdimension liegt beim familiären Bereich um einiges höher als im beruflichen. So bezieht sich ein Fünftel der Statements auf Zeitaspekte, die sich vor allem auf die Herkunftsfamilie und die aktuelle Familie beziehen.

Im beruflichen Bereich liegt der Gesamtanteil der Zeitdimension bei 16 % und davon wiederum widmen sich zwei Drittel dem Aspekt Karriere und nur ein Drittel dem Umgang mit Zeit.

In einem zweiten Schritt ging es in diesem Forschungsprojekt darum herauszufinden, inwiefern diese „Versachlichungsthese" für alle MangerInnen-Typen zutrifft bzw. ob sich innerhalb der untersuchten Gruppe auch andere Muster ergeben. Daher wurde eine Clusteranalyse durchgeführt.

2. Clusteranalyse

Die Clusteranalyse trägt zur Systematisierung des gesamten Samples und damit zur Beantwortung der zentralen Forschungsfrage nach unterschiedlichen Typen des Umganges mit dem Spannungsfeld Beruf–Familie bei. Als gruppenbildende Variablen sind nicht die Rohdaten der Inhaltsanalyse (83 Primärkategorien), sondern die absoluten Häufigkeiten der folgenden Metakategorien herangezogen worden:

1. Summe Sachdimension Beruf
2. Summe Sozialdimension Beruf
3. Summe Zeitdimension Beruf
4. Summe Sachdimension Familie
5. Summe Sozialdimension Familie
6. Summe Zeitdimension Familie
7. Fremderwartungen insgesamt (über beide Bereiche)
8. Eigenerwartungen insgesamt (über beide Bereiche)
9. Fremdzuschreibungen insgesamt (über beide Bereiche)
10. Beziehungsdarstellungen inkl. Konflikt/Konsens insgesamt (über beide Bereiche)

Diese Auswahl basiert auf der Überlegung, dass die Gruppierungsvariablen 1. bis 5. die differenzierte Gewichtung von Familie und Beruf im Interview wiedergeben, während es sich bei den Variablen 7. bis 10. um Maße für die im Interview dokumentierte soziale Reflexion der Befragten handelt. Bei der Fusionierung wird auf einen hierarchischen Algorithmus – WARD – zurückgegriffen, als Distanzmaß kommt die quadrierte euklidische Distanz zur Anwendung.

Wie lassen sich nun diese drei Cluster anhand der Gruppierungsvariablen beschreiben? Dazu wurden Mittelwertvergleiche vorgenommen und die Gruppenunterschiede varianzanalytisch untersucht. Dass sich die drei Gruppen dabei anhand der meisten Gruppierungsvariablen signifikant unterscheiden, überrascht nicht weiters; auffällig sind vielmehr jene Variablen, hinsichtlich derer kein systematischer Gruppenunterschied besteht:

[1] Summe Sachdimension Beruf
[2] Summe Sozialdimension Beruf

Für den Clustervergleich werden relative Häufigkeiten berechnet. Diese wiederum werden mit den relativen Häufigkeiten der Gesamtstichprobe verglichen, woraus sich folgendes Clusterprofil ergibt:

Tabelle 8: Relative Häufigkeiten der Kategorien[49]

Kategorie	Cluster 1	Cluster 2	Cluster 3
Beruf	5,58 %	3,16 %	–4,84 %
Beruf sachlich	–2,91 %	4,32 %	–1,33 %
Beruf sozial	1,07 %	1,09 %	–1,46 %
Beruf zeitlich	1,85 %	–5,40 %	2,80 %
Familie	–5,58 %	–3,16 %	4,84 %
Familie sachlich	2,67 %	–3,20 %	0,59 %
Familie sozial	–2,33 %	1,82 %	0,00 %
Familie zeitlich	–0,34 %	1,39 %	–0,59 %

Zusätzlich wird zur Charakterisierung der Cluster auf die Basiskategorien der Inhaltsanalyse und auf die Ergebnisse der standardisierten Befragung zurückgegriffen. Bei Letzteren ergaben sich zwar nur wenige, dafür aber sehr auffällige Unterschiede zwischen den Gruppen.[50]

Die drei Cluster im Überblick

Die drei Muster, mit denen die untersuchten ManagerInnen den Konflikt handhaben, lassen sich folgendermaßen umschreiben:

1. Karriere als soziales Faszinosum und Familie als sachliche Aufgabe,
2. Tradition der zwei getrennten Welten,
3. Doppelbelastung und der Druck der Aufgaben.

Eine nähere Beschreibung dieser Typen anhand der sie unterscheidenden Merkmale folgt in den nächsten Abschnitten. Vorerst wollen wir anhand zweier besonders diskriminierender Dimensionen die Unterschiede zwischen den drei Typen veranschaulichen.

Was die absolute Häufigkeit der Themen betrifft, unterscheidet sich Cluster 3 eindeutig von den beiden anderen: Die Doppelbelasteten reden mehr, und zwar sowohl über berufliche als auch über familiäre Themen.

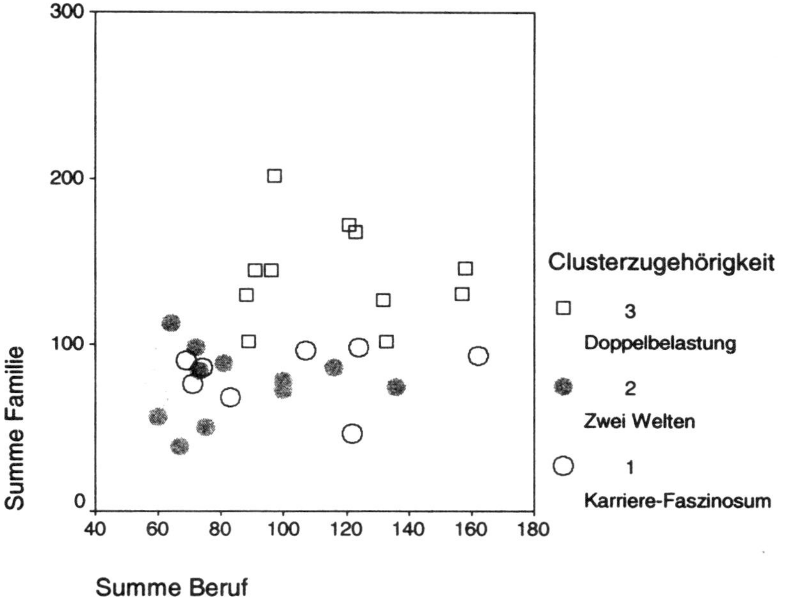

Abbildung 12: Summe der codierten Themen in den Bereichen Beruf und Familie nach Clustern

Betrachtet man hingegen die artikulierten Erwartungen (als Indikator für soziale Reflektiertheit), zeigt sich ein deutlicher Unterschied zwischen Cluster 1 und den anderen beiden (vgl. Abbildung 13): Für die tendenziell jüngeren, berufsorientierten Manager (!) dieser Gruppe hat der/die soziale andere (alter ego) in beiden Sphären einen hohen Stellenwert, zumindest als Thema im Interview.

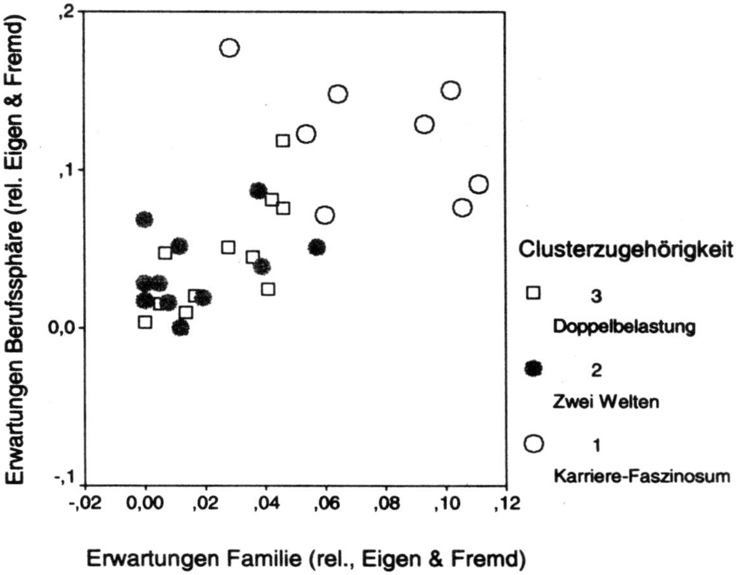

Abbildung 13: Artikulierte Erwartungen an berufliche bzw. familiäre AdressatInnen nach Clustern

3. Pronominalanalyse

Um die drei Typen des Umganges mit dem Spannungsfeld Beruf–Familie, die sich als Ergebnis der Clusteranalyse zeigten, weiter zu beschreiben, wird eine Pronominalanalyse durchgeführt. Dabei handelt es sich um eine Methode, die vor allem im Rahmen der Kritischen Diskursanalyse[51] angewendet wird, und die jene Schemata, mit denen Personen die für sie relevanten Akteure wahrnehmen, mit Hilfe der dabei verwendeten Personalpronomina rekonstruieren will. Textbasis sind hier nur jene Interviewpassagen, die im Rahmen der Inhaltsanalyse als zur Sozialdimension gehörig und entweder dem beruflichen oder dem familiären Feld zugeordnet wurden. Damit sollte die Frage beantwortet werden, ob sich der Pronominalapparat der Interviewten in Abhängigkeit davon, ob sie berufliche oder private Beziehungen beschreiben, unterscheidet.

Als Analyseeinheit wurden zunächst einzelne Worte herangezogen und deren Häufigkeiten gezählt. Basis für die Zuordnung der Wörter ist der jeweilige Wortstamm. Als Analyseeinheit fungieren damit nicht mehr thematische Sequenzen bzw. Bedeutungseinheiten, sondern Wörter. Die Forschungsfragen, die mit diesem Auswertungsschritt beantwortet werden sollen, orientieren sich an folgendem Design: Basis sind jene Interviewpassagen bzw. Textausschnitte, die im Rahmen der Inhaltsanalyse als zur Sozialdimension gehörig und entweder dem beruflichen oder dem familiären Feld zugeordnet wurden. Diese Selektion wurde durchgeführt, um auf jene Textstellen, die soziale Beziehungen betreffen, abzustellen, denn hier wurde eine höhere Frequenz und eine größere Bedeutung von Personalpronomina vorab vermutet.

Nicht zuletzt auf Basis der von Interviewten verwendeten Personalpronomina lassen sich Rückschlüsse auf deren soziale Wahrnehmungsschematismen, insbesondere auf Inklusionen („wir“) und Exklusionen („ihr“, „sie“), aber auch auf unterschiedliche „we-groups“ – welche Gruppe wird jeweils mit „wir“ angesprochen – treffen. Diese Analyse von Pronomina spielt in unterschiedlichen linguistischen und nichtlinguistischen Methoden der Textanalyse[52] eine zentrale Rolle. Der Wir-Diskurs soll beispielsweise zeigen, zu welchen Gruppen sich die SprecherInnen zugehörig sehen und von welchen sie sich abgrenzen. Die Verwendung der im einzelnen spezifizierten Untergruppen des „Wir“ kann über die Beziehung zwischen den SprecherInnen und AdressatInnen Auskunft geben. In einem seiner Analysebeispiele arbeitet Maas[53] ein Kategorienschema für das Pronominalsystem aus. Er unterscheidet dabei nach zwei Kriterien, nämlich jenem der Situationsbeteiligung zwischen Beteiligten und Nicht-Beteiligten und dem Kriterium der Individualisierung zwischen Einzelpersonen und mehreren Individuen. Die Kombination der beiden Kriterien ergibt sein Kategoriensystem.

Für die vorliegenden Texte war es für relevant erachtet worden, „wir“ näher zu spezifizieren und zwischen einem die AdressatInnen einschließenden, so genannten adressateninklusiven, und die AdressatInnen ausschließenden, exklusiven „wir“ zu unterscheiden. Außerdem wird noch die als „Pluralis majestatis“ bekannte Verwendung des „wir“ für „ich“ unterschieden. Unter paternalistischem „wir“ versteht Maas die Verwendung von

„wir“ für „du“ und „ihr“ und merkt an, dass dies häufig in der Sprache von Erwachsenen mit Kindern vorkommt. Weitere Differenzierungen innerhalb der einzelnen Kategorien gehen auf euphemistische Verwendungen von „ihr“, „sie“ (pl.) und „er/sie/es“ (sg.) für „du“ zurück. Das für die Formalanalyse verwendete Schema der Pronomina wird in der folgenden Tabelle 9 zusammengefasst.

Tabelle 9: Pronominalsystem[54]

Kategorien des Pronominalsystems		Achse der Individualisierung	
Achse der Situationsbeteiligung		einzeln a	und andere b
Beteiligt	A-Sprecher	ICH	WIR adressatenexklusiv/-inklusiv Pluralis majestatis: wir für ich paternalistisch: wir für du/ihr
	B – Angesprochener	DU	IHR euphemistisch: ihr für du (Individualisierung)
Nicht beteiligt	C	ER/SIE/ES euphemistisch: er für du Situationsbeteilig.	SIE euphemistisch: sie für du (Individualisierung und Situationsbeteiligung)

Betrachtet man die Textmenge (gemessen in Worten), die von den Interviewten den Bereichen Beruf und Familie gewidmet wurde, zeigt sich folgendes Bild:

Tabelle 10: Wortanzahl differenziert nach Themen in den drei Clustern

	Wortanzahl Sozialdimension	
	Familie	Beruf
Cluster 1: Karriere – Schlechtes Gewissen	2.365	4.234
Cluster 2: Zwei Welten	2.617	3.759
Cluster 3: Doppelt ... und Familie	4.448	4.650

Im Bereich Familie finden sich deutliche und signifikante (F-Test, a = 0,009) Unterschiede zwischen den Clustern: In Cluster 3 wird den sozialen Beziehungen in der Familie wesentlich mehr Platz eingeräumt als in Cluster 1 und 2. Keine signifikanten Unterschiede gibt es bei der Wortanzahl zum Berufsfeld.

Eine plausible Hypothese hinsichtlich der Verwendung von Pronomina lautet, dass die involvierenden Personalpronomina WIR und ICH im Familienkontext häufiger verwendet werden als im Berufskontext, während das distanzierte und indirekte MAN im Berufskontext dominiert. Diese Hypothese lässt sich in dieser generellen Form bestätigen:

Tabelle 11: Pronominalverwendung und Kontext (Crosstabs und Chi-Quadrat-Test)

Beobachtet	**WIR**	**ICH**	**MAN**	
Familie	918	4614	548	6080
Beruf	986	6438	997	8421
	1904	11052	1545	14501
Erwartet	**WIR**	**ICH**	**MAN**	
Familie	798,31	4633,90	647,79	
Beruf	1105,69	6418,10	897,21	
Abweichung	**WIR**	**ICH**	**MAN**	
Familie	119,69	–19,90	–99,79	
Beruf	–119,69	19,90	99,79	
	2,27	Chi-Quadrat		
	2,00	Freiheitsgrade		
	0,000000	sig		

WIR wird im familiären Kontext signifikant häufiger verwendet, während ICH und MAN im Berufskontext häufiger auftreten; so der Befund für die Gesamtstichprobe.

Der Zusammenhang zwischen Pronominalverwendungshäufigkeit und Kontext ist auch für alle drei Cluster hochsignifikant:[55]

- Cluster 1 verhält sich wie das Gesamtsample: WIR kommt im familiären Kontext überzufällig häufig vor, ICH und MAN im beruflichen.
- Bei Cluster 2 zeigt sich eine andere Tendenz: Hier treten WIR und ICH im familiären Kontext signifikant häufiger auf als MAN im beruflichen.

- Im Cluster 3 zeigt sich der hochsignifikante Zusammenhang wie in der Gesamtstichprobe und beim Cluster eins.

Hinsichtlich der quantitativen Pronominalverwendung stellt somit Cluster 2 einen „Ausreißer“ dar. Führungskräfte in diesem Cluster, die traditionellerweise auf Trennung der familiären und beruflichen Sphäre bedacht sind, setzen das exkludierende und eher dominierende ICH auch im familiären Kontext häufig ein.

In der Tabelle 13 (Seite 216f) sind die absoluten Häufigkeiten der Pronomina ICH, WIR und MAN zusammengefasst, und zwar differenziert nach Interviews und Cluster sowie Textsequenzen mit Familien- und solchen mit Berufsschwerpunkt. Werden diese absoluten Häufigkeiten der Pronomina ICH, WIR und MAN zusammengefasst und die Abweichungen von der erwarteten Häufigkeit angegeben, dann ergibt sich folgendes Bild:

- WIR tritt in allen drei Clustern im Familienkontext häufiger als erwartet auf. Im Berufskontext entspricht die WIR-Häufigkeit den Erwartungen, eine Ausnahme bildet hier Cluster 3, wo die Berufs-WIR-Häufigkeit wesentlich geringer ist als erwartet.
- Die ICH-Frequenz im Familienkontext liegt bei den Clustern 1 und 2 im erwarteten Bereich, im Cluster 3 ist sie deutlich geringer. Im Berufskontext verwendet Cluster 1 das ICH deutlich häufiger als erwartet.
- MAN wird von allen drei Clustern im Familienkontext seltener verwendet, als es der gesamten Worthäufigkeit entsprechen würde. Im Berufskontext hingegen wird MAN häufiger als erwartet verwendet.

Die Pronominalauszählungen lassen sich als weitere Bestätigung der Clustercharakterisierungen interpretieren:

- Für die Mitglieder des Cluster 3 – die Doppeltbelasteten – spielt die berufliche „ingroup“ im Interview eine deutlich geringere Rolle als für die beiden anderen Gruppen.
- Auch hinsichtlich der pronominalen Behandlung des Familienbereiches sticht diese Gruppe hervor: Das ICH spielt hier eine geringere Rolle als in den anderen Gruppen.
- Hinsichtlich des unpersönlichen und indirekten MAN gibt es auf den ersten Blick keine Gruppendifferenzen.

Offensichtliche Unterschiede gibt es also zwischen den Doppeltbelasteten des Cluster 3 (beide Partner voll berufstätig) und den übrigen Führungskräften: Ersteren scheint die Wir-Gruppe des Berufes nicht so wichtig, dafür wird im familiären Bereich eher das WIR denn das ICH forciert.

Diesen Befunden liegen aber noch keine systematisch-statistischen Gruppenvergleiche zugrunde. Dazu wurden in der Folge Varianzanalysen und F-Tests durchgeführt, die den relativen Anteil von ICH, WIR und MAN an der gesamten kontextspezifischen Worthäufigkeit zwischen den einzelnen Gruppen vergleichen:

Tabelle 12: Mittelwerte und Standardabweichungen der Pronominalanteile an Familien- und Berufssequenzen

		WIR-Anteil		ICH-Anteil		MAN-Anteil	
Cluster		**Familie**	**Beruf**	**Familie**	**Beruf**	**Familie**	**Beruf**
(1) Karriere –	Mittelwert	1,3849	0,7786	5,0842	5,4528	0,5036	0,8553
Schlechtes	N	8	8	8	8	8	8
Gewissen	Standardabweichung	0,5944	0,3474	0,8120	0,8233	0,4224	0,5704
(2) Zwei	Mittelwert	0,8677	0,8388	5,1262	4,8888	0,7026	0,8930
Welten	N	11	11	11	11	11	11
	Standardabweichung	0,5849	0,5063	1,2836	0,9930	0,4796	0,6434
(3) doppelt ...	Mittelwert	0,7889	0,6148	4,9323	5,0816	0,6201	0,6900
und Familie	N	11	11	11	11	11	11
	Standardabweichung	0,2641	0,2589	1,8576	1,7824	0,4034	0,4090
Insgesamt	Mittelwert	0,9767	0,7406	5,0439	5,1099	0,6193	0,8085
	N	30	30	30	30	30	30
	Standardabweichung	0,5396	0,3882	1,3874	1,2847	0,4299	0,5363

Statistisch signifikant unterscheiden sich aufgrund der Pronominalanalyse die Cluster hinsichtlich einer zentralen Variablen: der Anteil von WIR im Familienkontext (F-Test, a = 0,035). Hier dominiert überraschenderweise Cluster 1. Diese Gruppe verwendet zwar den wenigsten Gesprächsraum für die Sozialbeziehungen im Familiensystem, innerhalb dieses Themas nimmt aber der WIR-Diskurs deutlich mehr Anteil ein als in den anderen Gruppen. Erstaunlicherweise spielt also die familiäre WIR-Gruppe bei diesen karriereorientierten Männern eine wichtige Rolle.

Tabelle 13: Absolute Häufigkeiten und Abweichungen von den erwarteten Häufigkeiten der Pronomina ICH, WIR, MAN bei Textstellen, die mit Sozialdimension Beruf oder Sozialdimension Familie codiert wurden[56]

Nr.	Bezeichnung	Worte FS	Worte BS	WIR-FS-Ist	WIR-FS-Abw.	WIR-BS-Ist	WIR-BS-Abw.	ICH-FS-Ist	ICH-FS-Abw.	ICH-BS-Ist	ICH-BS-Abw.	MAN-FS-Ist	MAN-FS-Abw.	MAN-BS-Ist	MAN-BS-Abw.
	Cluster 1: PSEUDO-HARMONISCHE	18918	33874	284	123	305	16	990	53	1822	144	80	-51	279	45
1	Der Autoritäre	2723	2248	50	27	18	-1	136	2	149	38	9	-9	9	-6
2	Der Groschenzähler	1250	3185	15	5	8	-19	41	-20	127	-30	17	9	37	15
3	Der Konsequente	1486	4634	18	6	31	-8	87	14	244	15	11	1	99	67
8	Der Globetrotter	3181	6051	71	44	79	28	175	18	370	71	9	-136	31	-10
9	Der Marathonmann	2434	2890	8	-12	14	-10	133	13	144	1	18	2	22	2
10	Mein langweiliges Leben	2326	4801	30	11	46	6	116	1	276	39	1	-15	28	-5
11	Koch und Schuhputzerin	3941	8932	75	42	102	26	225	30	445	3	11	-16	44	-17
12	Der Makellose	1577	1133	17	4	7	-2	77	-1	67	11	4	-6	9	2

Nr.	Bezeichnung	Worte FS	Worte BS	WIR-FS-Ist	WIR-FS-Abw.	WIR-BS-Ist	WIR-BS-Abw.	ICH-FS-Ist	ICH-FS-Abw.	ICH-BS-Ist	ICH-BS-Abw.	MAN-FS-Ist	MAN-FS-Abw.	MAN-BS-Ist	MAN-BS-Abw.
	CLUSTER 2: KARRIERETYP	28787	41348	252	7	352	0	1418	-8	2094	46	180	-19	356	70
5	Mit uns zieht die neue Zeit	2613	5484	26	4	108	62	148	19	256	-15	9	-9	11	-26
13	Der Blasse	2303	2666	37	18	8	-14	116	2	155	23	4	-11	17	-1
16	Familie – Thema für Firma?	2338	3617	10	-9	20	-10	115	0	171	-8	30	14	78	53
18	Der Schwiegervater	3627	3487	51	21	17	-12	182	3	142	-30	33	8	70	46

19	So far – in Afrika	1418	2672	28	16	30	8	59	-11	118	-14	2	-7	16	-2
22	Der Weltreisende aus Zufall														
		1131	1878	4	-5	12	-4	33	-23	79	-14	19	12	15	2
25	Rund um die Uhr	705	1826	1	-5	22	7	55	21	59	-31	5	1	16	4
27	Der Tochtervater	2989	2922	24	-1	24	0	188	40	194	50	13	-7	9	-11
28	5 Jahre in der Nische														
		2445	7642	22	2	33	-32	135	14	467	89	20	4	53	1
29	Der Traktorfahrer	6840	4538	41	-17	19	-19	263	-75	208	-16	24	-23	19	-12
30	Der Opernfan	2378	4616	8	-12	59	20	124	7	245	17	21	5	52	21

Nr.	Bezeichnung	Worte FS	Worte BS	WIR-FS-Ist	WIR-FS-Abw.	WIR-BS-Ist	WIR-BS-Abw.	ICH-FS-Ist	ICH-FS-Abw.	ICH-BS-Ist	ICH-BS-Abw.	MAN-FS-Ist	MAN-FS-Abw.	MAN-BS-Ist	MAN-BS-Abw.
	CLUSTER 3: ZERRISSENE	48930	51153	382	-35	329	-107	2206	-218	2522	-12	288	-50	362	8
4	Der Zusteller	5344	7046	38	-7	69	9	247	-17	352	3	20	-17	50	2
6	Der Zehnkämpfer	5525	5768	37	-10	29	-20	143	-130	119	-166	8	-30	13	-26
7	Der Depressive	7640	4141	30	-35	11	-24	108	-270	65	-140	14	-38	6	-22
14	Der Pole	3018	3058	20	-5	25	-1	119	-30	159	8	20	0	21	0
15	Ein Frauenschicksal oder ist Musik eine Lösung?														
		3021	4975	34	9	47	5	211	62	323	77	24	4	37	3
17	Der Häuselbauer Hardliner														
		1593	3311	6	-7	21	-7	117	39	221	57	9	-2	23	1
20	Die Harte	5964	4807	55	5	39	2	277	-18	237	-1	81	40	46	13
21	Der Bauernbursch	3421	2746	32	3	5	-18	205	36	194	58	11	-12	6 -	13
23	Der Immobilienbuchhalter														
		5738	4811	50	2	22	-19	397	113	306	68	19	-20	28	-5
24	Schlüssel und Segel	4557	6769	55	17	39	-18	243	18	341	6	54	23	76	30
26	Der Schwimmer	3109	3721	25	-1	22	-9	139	-15	205	21	28	7	56	31

Im Gegensatz zum Cluster 1 hat in Cluster 3 der WIR-Diskurs einen verhältnismäßig geringen Anteil. Diese Gruppe verwendet zwar sehr viele Worte und viel Zeit auf die Darstellung familiärer Beziehungen, der WIR-Anteil ist aber vergleichsweise gering.

Ergebnisse der deskriptiven Daten

Einstellungen und Werthaltungen der Führungskräfte zu Rollenaufteilung und zu Beruf-Familie-Prioritäten

Mit der Frage (1) des standardisierten Fragebogens sollte die Einstellung der Befragten zu unterschiedlichen Familienmodellen erhoben werden. Dazu sollten sich die Befragten eine Gruppe von KollegInnen vorstellen, die sich miteinander über die Arbeitsaufteilung innerhalb der Familie unterhalten. Drei verschiedene Alternativen wurden vorgegeben:

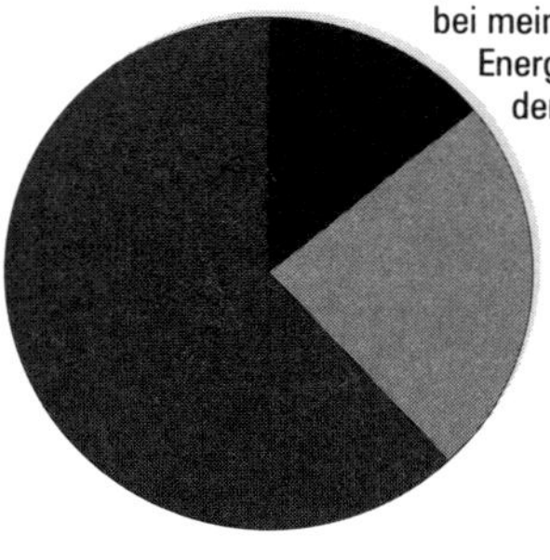

Abbildung 14: Statements zur Arbeitsaufteilung in den Familien

Dabei zeigt sich, dass dem Statement „Ruhe und Entspannung" am häufigsten, jenem der starken Familienorientierung, die sich auch in konkretem Handeln bzw. in der Vergabe von Zeit niederschlägt, am seltensten zugestimmt wird. Der Wert dieses Befundes wird insbesondere im Vergleich mit den folgenden Fragen deutlich: Durch die Befragungstaktik wird den Führungskräften hier eine Distanzierung ermöglicht. Es werden konkrete

Handlungsoptionen abgefragt, und die hinter den Antwortalternativen liegenden Wertvorstellungen offenbaren sich nicht auf den ersten Blick. Die Distanzierung über die „Kollegen" ermöglicht es etwa, die eigene Lebensform einzuordnen, ohne sich direkt deklarieren zu müssen.

Bei der zweiten Frage werden Werthaltungen mehr oder weniger direkt abgefragt. Somit stehen die Befunde zur ersten Frage in partiellem Konflikt zur zweiten Frage, bei der die Zustimmung zu einem Statement abgefragt wurde, das einer klassischen Rollenaufteilung zwischen den Geschlechtern entspricht. Das Statement lautet:

(2) „Am besten ist immer noch, wenn der Mann arbeitet und die Frau für Kinder und Haushalt sorgt."

Diese sehr deutliche Stellungnahme findet nur mehr wenige explizite AnhängerInnen in unserer Stichprobe. Mehr als die Hälfte, also 16 Personen, lehnen diese Rollenaufteilung eindeutig und klar ab. Keine einzige ist damit voll einverstanden, acht zeigen sich „eher einverstanden".

In Vergleich mit Frage (1) bleibt offen, wann die Führungskräfte welche Handlungen beitragen wollen, um Arbeit im familiären Bereich zu übernehmen. Offensichtlich befinden sich viele Befragte in der dissonanten Situation, dass sie zwar die traditionelle Rollenaufteilung ablehnen, sie aber dennoch leben.

Am Ende der standardisierten Befragung wurde den ManagerInnen eine graphische Darstellung von alternativen Partnerbeziehungen[57] vorgelegt:

(1) Partner verstehen sich als eigenständige Personen, die eine gemeinsame „Schnittmenge" an Wünschen, Erwartungen, Werten und Interessen haben. Die folgenden Skizzen zeigen mögliche Darstellungsformen dieser „Schnittmenge(n)."

Nichtdominante Partnerschaftsformen (A, D) herrschen eindeutig vor. Je neun Befragte entscheiden sich für diese beiden Formen. Es folgt – und dies scheint erklärungsbedürftig – die Gruppe, die zu dieser Frage gar keine Angabe macht! Insgesamt sechs Personen entschlagen sich einer Antwort, dabei geben fünf Personen als Familienstand „verheiratet" an.

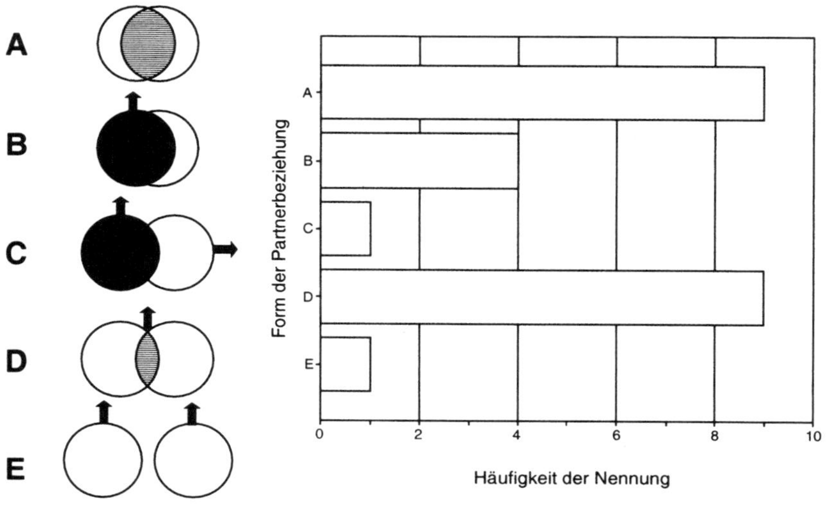

Abbildung 15: Lebensformen

Interpretation

Vergleicht man unsere bisherigen Ergebnisse mit den in der Literatur genannten Idealtypen[58], so zeigt sich, dass Letztere in ihrer reinen Form zumindest bei den von uns untersuchten ManagerInnen nicht vorkommen: Weder findet sich der reine Familienmensch, noch der ausschließlich Berufs- und Karriereorientierte, und auch Hinweise auf den Zerissenen oder den an beiden Bereichen Desinteressierten fehlen. Die Realtypen bewegen sich wohl zwischen diesen Polen, was auch Campbell Clark (2000) herausgearbeitet hat. Wie bei der Gruppe der ManagerInnen nicht anders zu erwarten war, ist bei allen Befragten eine sehr starke Berufsorientierung anzutreffen. Es zeigt sich folgendes Bild:

Cluster 2 lässt sich aufgrund der hohen Berufsorientierung und eher unterdurchschnittlichen Bedeutung der Familie am ehesten dem Karrieretyp zuordnen, wenngleich wir diesen Cluster in diesem Feld recht weit oben positionieren.

Bei Cluster 3 scheinen beide Bereiche von hoher Bedeutung zu sein.

Interessant dabei ist jedoch, dass diese Gruppe zwar viel Zeit für die Darstellung familiärer Beziehung verwendet, im Vergleich dazu der Anteil der inkludierenden Pronomina sehr gering ist und für diese Personen wenig Zeit zur Reflexion privater Beziehungen bleibt (geringer Anteil der Erwartungen). Jedenfalls zeigen ManagerInnen dieser Gruppe am ehesten das Muster der „Zerissenheit".

Cluster 1 scheint sich einer Einordnung am stärksten zu widersetzen, findet sich bei den Managern dieser Gruppe ja sowohl eine hohe Karriereorientierung als auch eine erkennbare Familienorientierung, ohne dass Merkmale der „Zerissenheit" wie bei Cluster 3 manifest werden. Gerade bei dieser Gruppe verhältnismäßig junger Manager wäre eine Beobachtung der weiteren Entwicklung aufschlussreich. Außerdem weisen unsere Befunde darauf hin, dass gerade Cluster 1 ein hohes Maß an sozialer Reflexion aufweist. Deshalb ist hier möglicherweise von einer demonstrativen, nach außen gerichteten Solidaritätsadresse an Frau und Kinder auszugehen, also von einer Rhetorik familiärer Inklusion bei gleichzeitiger Entscheidung für die Karriere und Missachtung der Erwartungen der anderen Familienmitglieder.

Reine „Familienmenschen" waren in unserem Sample erwartungsgemäß nicht zu finden. Dies legt die Annahme nahe, dass die Familie von vielen Managerinnen und Managern noch immer als Ruhepol, als Ort, an dem man/frau Energie tanken kann, angesehen wird: An dieser Lebensform und den Beziehungen sollte sich demnach möglichst wenig ändern, in dieser Hinsicht wird von der Familie „Stabilität" geradezu gefordert. Diese Stabilität ist erwünscht, wird schlichtweg vorausgesetzt, ja geradezu erwartet. Dies gilt besonders für die Karrieretypen.

Die Studie ist sicher in ihrem Aussagewert bezüglich einer Generalisierung durch die Herangehensweise und die Anzahl der Interviewten begrenzt, trotz allem wurde gerade durch diese Art der Herangehensweise und durch die Analysemethoden möglich, Muster auf der inhaltlichen und sprachlichen Ebene aufzudecken, und dies ist der hohe Innovationsgehalt.

Aufgezeigt werden konnte weiters, dass bei immer mehr Managerinnen und Managern nicht nur dem Beruf, sondern auch dem Privatleben ein hoher Stellenwert zukommt. Wie unsere Analysen gezeigt haben, herrscht insbesondere in Familien mit Berufstätigkeit beider Partner eine Dominanz der Sachzwänge. Die Folge: Es kristallisieren sich widersprüchliche Erwartungen von ManagerInnen an Familie und Firma heraus.

Eine Art Teufelskreis ist vorprogrammiert: Die Extremisierung der Arbeitssituation von Führungskräften wird sich weiter zuspitzen. Mit neuen privaten Beziehungsformen ändern sich auch die Erwartungen bezüglich der Verfügbarkeit von ManagerInnen in der Familie. Besonders ManagerInnen, die in nichttraditionellen Partnerschaftsformen leben, sind immer mehr an Auseinandersetzung mit den anderen, Beziehungsarbeit, Aushandeln der Aufgaben gefordert. Dieser Trend ist besonders bei jüngeren ManagerInnen zu beobachten: Jüngere ManagerInnen suchen mehr nach einem Kompromiss zwischen Arbeit und ihrem Privatleben. Schon Scase und Coffee (1989) kamen in ihrer Untersuchung zu dem Schluss, dass 35- bis 50-jährige ManagerInnen nicht mit all ihren Kräften nach Karriereerfolg streben, wenn dieser ausschließlich auf Kosten von persönlichen und familiären Beziehungen geht. Diese Gruppe ist mit PartnerInnen liiert, die sich durch in besonderem Maße veränderte Ansprüche an Ehe und Partnerschaft auszeichnen. Zudem lässt sich feststellen, dass jüngere, in der Regel akademisch ausgebildete Manager heute typischerweise mit hochqualifizierten Frauen in Partnerschaften leben, die wiederum Trägerinnen einer veränderten Anspruchshaltung an familiale Beziehungsstrukturen sind.[59]

Gleichzeitig ist mit dieser immer stärker artikulierten Forderung nach Beziehungsarbeit auch ein weiterer Trend erkennbar. Eine wachsende Zahl an karriereorientierten EntscheidungsträgerInnen können und wollen diese eingeforderte Beziehungsarbeit nicht leisten, und bleiben deshalb Singles. Diese Tendenz führt konsequenterweise zu einer noch stärkeren emotionalen Bindung an die Organisation und den Job. Sie rücken Organisation emotional noch näher und knüpfen an sie ihren persönlichen Erfolg oder Misserfolg. So wird die Firma zum stabilen Teil der Identität von ManagerInnen, ein unverzichtbarer Bestandteil des Lebens, das Rückgrat der Biographie. Dies ist ein Trend, der festzustellen ist.

Anmerkungen

1 Ein wesentlicher Teil der hier vorgestellten Erkenntnisse ist aus dem vom FWF geförderten Projekt P 10574-HIS „Führungskräfte im Spannungsfeld von Familie und Beruf“ entnommen.

2 Maccoby 1977

3 Sattelberger 1998, S. 145

4 siehe dazu viel ausführlicher: Kasper/Mayrhofer/Meyer 1999, S. 161ff

5 Schrempp 1997 in „Machtspiele“

6 Die folgenden Ausführungen sind sinngemäß entnommen aus: Kasper/Mayrhofer/Meyer 1998

7 Die Abbildungen 1 und 2 entstanden in Anlehnung an Morgan 1989, S. 92.

8 Weick 1985, S. 12ff

9 Die folgenden Ausführungen sind entnommen aus: Kasper/Mayrhofer/Meyer 1999, S. 198

10 siehe dazu Pietschmann 1995, S. 17–45

11 Simon 1997, S. 121f

12 dazu Born/Krüger/Lorenz-Meyer 1996

13 Schmidt 2001, S. 152

14 vgl. dazu auch Meyer 1992, Schmidt 2001

15 wie z.B. Kaufmann 1982

16 Beck-Gernsheim 1989, S. 167

17 z.B. Peuckert 1996, S. 217ff

18 z.B. Bunker et al. 1992

19 vgl. Peukert 1996, S. 92ff; Trost 1995, S. 351f

20 Luhmann 1988, S. 79f

21 Auszüge aus einer Assoziativen Problemerfassungsübung, eingesetzt in einem Managementseminar im Oktober 1995; bei dieser Übung sollen zu Stimuliworten (bei unserer Übung „Individuelle Bedürfnisse" zwischen „Familie" und „Organisation") einzelne Wörter bzw. Wortfolgen assoziiert werden, die in einem zweiten Schritt in einem Text miteinander verbunden werden.

22 Eberwein/Tholen 1993, S. 224

23 Auszüge aus der Assoziativen Problemerfassungsübung 1995

24 Scase/Coffe 1989 in Ellguth/Liebold/Trinczek 1998, S. 525

25 in Erweiterung von Schmidt 2001, S. 157

26 vgl. Kasper/Schmidt 1996

27 in Anlehnung an Kasper/Schmidt 1996, S. 7

28 nach Simon 1995, S. 162

29 siehe dazu Simon 1995, S. 162f

30 Die genaue Herleitung finden Sie in Kapitel 18.

31 Zu diesen Formen siehe auch Kapitel 4 und 5.

32 Moreno 1959

33 Schwarz 1985

34 Scheer 1982

35 Asimov 1990

36 Gerhard Schwarz (1985) hat diese Art der männlichen Assoziation in seinem Buch über die Hierarchie als göttliche, männliche Ordnung beschrieben.

37 Beck-Gernsheim 1994, S. 125

38 z.B. Eberwein/Tholen 1993, S. 224; Ellguth/Liebold/Trinczek 1998

39 Auszüge aus Interviews mit ManagerInnen und Managern, die zwischen September 2000 und Jänner 2001 geführt wurden.

40 Auszüge aus einer Assoziativen Problemerfassungsübung, die von A. Schmidt im Zuge des Forschungsprojektes „Führungskräfte im Spannungsfeld von Familie und Beruf" in einem Managementseminar im Oktober 1995 eingesetzt wurde.

41 Spranger 1972

42 Asimov 1990

43 Bettelheim 1979

44 Wie es Elisabeth Beck-Gernsheim unlängst in einem Interview bezeichnete.

45 Fromm 1971

46 Luhmann 1984, S. 112ff

47 Strauss 1987, S. 21; Lamnek 1995, S. 92ff

48 Diese Unterschiede sind hochsignifikant (Chiquadrattest, a = 0,0000).

49 an der gesamten Sozialdimension, an den Oberkategorien Beruf und Familie bzw. an der Summe Beruf-Familie) in Abweichung vom Gesamtmittel

50 siehe dazu Kasper/Meyer/Schmidt 1998

51 Wodak/Meyer 2001

52 Titscher/Wodak/Meyer/Vetter 1998

53 Maas 1984

54 nach Maas 1984, 73f

55 Alle Signifikanzniveaus der Chi-Quadrat-Tests sind höher als 99 %.

56 Der Adlerhorst wurde nachträglich ausgewertet und dem Cluster 1 zugeordnet.

57 nach Dahmen-Breiner/Dobat 1993, S. 31

58 z.B. Schmidt 2001, S. 258ff

59 Ellguth et al. 1998, S. 525

Literatur

Adams, G. A./King L. A./King, D. W. (1996): Relationsships of Job and Family Involvement, Family Social Support, and Work-Family Conflict with Job and Life Satisfaction. In: Journal of Applied Psychology, Vo. 81/4; S. 411–420.

Asimov, I. (1990): Das Ende der Ewigkeit. 17. Aufl., München.

Auer, M. (2000): Vereinbarkeitskarrieren. München.

Bartmann, M./Zierau, J. (1995): Die Vereinbarkeit von Familie und Beruf in mittelständischen Betrieben für mithelfende und mitarbeitende Familienangehörige sowie Selbständige: Ergebnisbericht. Schriftenreihe des Bundesministeriums für Familie, Senioren, Frauen und Jugend, Bd. 47, Stuttgart.

Beck-Gernsheim, E. (1989): Die Kinderfrage. Frauen zwischen Kinderwunsch und Unabhängigkeit. München.

Beck-Gernsheim, E. (1994): Auf dem Weg in die postfamiliale Familie – Von der Notgemeinschaft zur Wahlverwandtschaft. In: Beck, U./Beck-Gernsheim E. (Hrsg.): Riskante Freiheiten. Frankfurt, S. 115–138.

Bettelheim, B. (1979): Kinder brauchen Märchen. München.

Born, C./Krüger, H./Lorenz-Meyer, D. (1996): Der unentdeckte Wandel: Annäherung an das Verhältnis von Struktur und Norm im weiblichen Lebensverlauf. Berlin.

Bunker, B./Zubek, J./Valderslice, V./Rice, R. (1992): Quality of Life in Dual-Career Families: Commuting versus Single-Residence Couples. In: Journal of Marriage and the Family, Nr. 54, S. 399–407.

Busch, G./Hess-Diebäcker, D./Stein-Hilberts, M. (1988): Den Männern die Hälfte der Familie, den Frauen mehr Chancen im Beruf. Weinheim.

Campbell Clark, S. (2000): Work/Family Border Theory: A New Theory of Work/Family Balance. In: Human Relations, vol. 53, S. 747–770.

Clement U./Clement U. (2001): Doppelkarrieren. Familien- und Berufsorganisation von Dual Career Couples. In: Familiendynamik, Jg. 26/3, S. 253–274.

Dahmen-Breiner, M./Dobat R. (1993): Beruf contra Familie? Wie Unternehmen von mitarbeiterorientierter Personalarbeit profitieren. Berlin.

Diem-Wille, G./Ziegler, J. (1999): Führungskräfte als PionierInnen neuer Lebensformen? Zur Neugestaltung und Verwirklichung neuer Lebensformen von Führungskräften in Politik und Wirtschaft. In: Lutter, Ch. (Hrsg.): Frauenforschung, feministische Forschung, Gender Studies. Materialien zur Förderung von Frauen in der Wissenschaft, Band 8, Wien.

Domsch, M. E./Kleiminger, K./Ladwig, D./Strasse, C. (1994): Teilzeitarbeit für Führungskräfte. München.

Eberwein, W./Tholen, J. (1993): „What do managers really do?“ – Zum berufsbezogenen Rollenverständnis von Top-Managern in Arbeit und Familie. In: Ganter, H.-D./Schienstock, G. (Hrsg.): Unternehmensführung, Industrie- und Organisationssoziologie. Wiesbaden, S. 217–233.

Eckardstein, D. v./Kasper, H./Mayrhofer, W. (Hrsg.) (1999): Management. Theorien – Führung – Veränderung. Stuttgart.

Ellguth, P./Liebold, R./Trinczek, R. (1998): „Double Squeeze“: Manager zwischen veränderten beruflichen und privaten Anforderungen. In: Kölner Zeitschrift für Soziologie und Sozialpsychologie, Jg. 50, Nr. 50, S. 517–535.

Foley, S./Powell, G. N. (1997): Reconceptualizing Work-Family Conflict für Business/Marriage Partners: A theoretical Model. In: Journal of Small Business Management, S. 36–47.

Fromm, E. (1971): Die Kunst der Liebe. Frankfurt/Main.

Gliedner-Simon, A./Jansen, M. (1995): Kinder, Küche und Karriere: wie manage ich Familie und Beruf? Pfaffenweiler.

Goodstein, J. D. (1994): Institutional Pressures and Strategic Responsiveness: employer involvement in work-family issues. In: Academy of Management Journal, vol. 32, Nr. 2, S. 350–382.

Götz, K./Schenkenbach, C. (1999): Beruf und Familie. Führungskräfte im Konflikt der Vereinbarkeit von familiären und beruflichen Interessen. In: Götz K. (Hrsg.): Führungskultur: Die individuelle Perspektive. München, S. 107–118.

Greenhaus, J. H. (1989): Sources of Work-Family Conflict among Two-Career Couples. In. Journal of Vocational Behavior, vol. 34, S. 133–153.

Habisch, A. (Hrsg.) (1995): Familienorientierte Unternehmensstrategie. Beiträge zu einem zukunftsorientierten Programm. München.

Hammer, L./Allen, E./Grigsby, T., D. (1997): Work-Family Conflict in Dual-Earner Couples: Within-Individual and Crossover Effects of Work and Family. In: Journal of Vocational Behavior, vol. 50, S. 185–203.

Kaufmann, F. X. (1982): Staatliche Sozialpolitik und Familie. München.

Kasper, H./Mayrhofer, W./Meyer, M: (1998): Managerhandeln – nach der systemtheoretisch-konstruktivistischen Wende. In: DBW, Jg. 58, Nr. 5, S. 603–621.

Kasper, H./Mayrhofer, W./Meyer, M: (1999): Management aus systemtheoretischer Perspektive – eine Standortbestimmung. In: Eckardstein, D. v./Kasper, H./Mayrhofer, W. (Hrsg.): a.a.O., S. 161–210.

Kasper, H./Majer, Ch./Meyer, M./Schmidt, A. (1999): Das weite Land der ABWL-Forschung: Qualitätsmanagement und das Spannungsfeld Familie und Beruf. In: Schneider, W. (Hrsg.): Betriebswirtschaftliche Forschung an der Wirtschaftsuniversität Wien, Konzepte, Befunde und Ausblick. Wien, S. 123–138.

Kasper, H./Meyer, M./Schmidt, A. (1998): Führungskräfte im Spannungsfeld von Familie und Beruf. Wien, unveröffentlichter Bericht des Projektes P10574 HIS des FWF.

Kasper, H./Schmidt A. (1996): Manager im Spannungsfeld zwischen Profession und Privatleben. In: WdF-magazin Nr. 7/8, S. 4–8.

Lamnek, S. (1993): Qualitative Sozialforschung. Band 2: Methoden und Techniken. Wienheim.

Lehner, J./Innreiter, C. (1997): Der Konflikt zwischen Arbeit und Familie.

Eine Untersuchung mit kognitiven Karten. Unveröffentlichtes Arbeitspapier.
Lehr, U. (1973): Die Bedeutung der Familie im Sozialisationsprozess. Schriftenreihe des Bundesministers für Jugend, Familie und Gesundheit, Band 5, Stuttgart.
Luhmann, N. (1984): Soziale Systeme – Grundriss einer allgemeinen Theorie. Frankfurt.
Luhmann, N. (1988): Sozialsystem Familie. In: System Familie, Nr. 1, S. 75f.
Maccoby, M. (1977): Gewinner um jeden Preis. Reinbeck.
Maas, U. (1984): „Als der Geist der Gemeinschaft eine Sprache fand“. Sprache im Nationalsozialismus. Opladen.
Meyer, T. (1992): Modernisierung in der Privatheit: Differenzierungs- und Individualisierungsprozesse des familiären Zusammenlebens. Opladen.
Moreno, J. L. (1959): Gruppenpsychotherapie und Psychodrama. Stuttgart.
Morgan, G. (1989): Creative Organization Theory. Newbury Park.
Nauck, B. (1987): Erwerbstätigkeit und Familienstruktur. Eine empirische Analyse des Einflusses außerfamiliärer Ressourcen auf die Familie. München.
Notz, P. (2001): Frauen, Manager, Paare. Wer managt die Familie? München.
Peuckert, R. (1996): Familienformen im sozialen Wandel. Opladen.
Peinelt-Jordan, K. (1996): Männer zwischen Familie und Beruf, ein Anwendungsfall für die Individualisierung der Personalpolitik. München.
Pietschmann, H. (1995): Logik und Widerspruch bei Entscheidungen. In: Kasper, H. (Hrsg.): Post-Graduate-Management-Wissen. Schwerpunkte des Führungskräfteseminars der Wirtschaftsuniversität Wien. Wien, S. 17–45.
Sattelberger, T. (1998): Thesen zu Human Ressources in virtueller werdenden Organisationen. In: Freimuth, J./Meyer, A. (Hrsg.): Fraktal, fuzzy, oder darf es ein wenig virtueller sein? Personalarbeit an der Schwelle zum neuen Jahrtausend. München, S. 140–160.
Scase, R./Goffee, R. (1989): Relucant Managers. Their Work and Lifestyles. London.

Scheer, P. (1982): Zur Geschichte des weiblichen Blutes. In: Schindler, H. (Hrsg.): Ökologie der Perinatalzeit. Stuttgart.
Schmidt, A. (2001): Familie und Organisation: Systeme als Widerpart? Eine funktionale Analyse. Frankfurt/Wien.
Schubnell, H. (1973): Die Entwicklung der Erwerbstätigkeit von Frauen und Müttern und Gründe für Veränderungen dieser Entwicklung. In: Bundesminister für Jugend, Familie und Gesundheit (Hrsg.): Der Geburtenrückgang in der Bundesrepublik Deutschland, die Entwicklung der Erwerbstätigkeit von Frauen und Müttern. Schriftenreihe des Bundesministers für Jugend, Familie und Gesundheit, Band 6, Stuttgart, S. 88–115.
Schwarz, G. (1985): Die heilige Ordnung der Männer. Opladen.
Sekaran, U. (1983): Factors Influencing the Quality of Life in Dual-Career Families. In: Journal of Occupational Psychology, vol. 56, S. 161–174.
Sekaran, U. (1985): The Paths of Mental Health. In: Journal of Occupational Psychology, vol. 58/2, S. 129–137.
Sekaran, U. (1986): Dual-Career Families – Contemporary Organizational and Counseling Issues. San Francisco/London.
Simon, F. (1995): Die andere Seite der Gesundheit. Ansätze einer systemischen Krankheits- und Therapietheorie. Heidelberg.
Simon, F. (1997): Die Organisation der Selbstorganisation. Thesen zum „systemischen Management“. In: Schmitz, Chr./Heitger, B./Gester, P. W. (Hrsg.): Managerie. Systemisches Denken und Handeln im Management. 4. Jahrbuch, S. 112–128.
Simon, F. (1999): Organisationen und Familien als soziale Systeme unterschiedlichen Typs. In: Soziale Systeme, Heft 1, S. 181–200.
Stoltz-Loike, M. (1992): Dual-Career Couples: New Perspective for Counseling. Alexandrea, VA.
Spranger, O. (1972/1923): Der Untergang des Abendlandes. München.
Straumann, L. D./Hirt, M./Müller, W. R. (1996): Teilzeitarbeit in der Führung. Perspektiven für Frauen und Männer in qualifizierten Berufen. Zürich.
Strauss, A. (1987): Qualitative Analysis for Social Scientists. Cambridge.
Streich, R. K. (1994): Managerleben. Im Spannungsfeld von Arbeit, Freizeit und Familie. München.

Titscher, S./Wodak, R./Meyer, M./Vetter, E. (1998): Methoden der Textanalyse. Opladen.

Trost, J. (1995): Ehe und andere dyadische Beziehungen. In: Nauck, B. Nave-Herz, R. (Hrsg.): Familie im Brennpunkt der Wissenschaft und Forschung. Neuwied, S. 343–355.

Weick, K. (1985): Der Prozess des Organisierens. Frankfurt/Main.

Wimmer, R./Domayer, E./Oswald, M./Vater, G. (1996): Familienunternehmen – Auslaufmodell oder Erfolgstyp? Wiesbaden.

Witzel, A. (1982): Verfahren der qualitativen Sozialforschung. Frankfurt.

Autorin und Autoren

Universitätsprofessor Dr. Helmut Kasper forscht und lehrt an der Wirtschaftsuniversität Wien. Schwerpunkte sind Management und Executive Development. Er leitet den internationalen Post Graduate Management Universitätslehrgang (PGM), den mehr als 800 ManagerInnen absolviert haben, und das Master's Program „Executive Management" der Wirtschaftsuniversität Wien. Ein wesentlicher Schwerpunkt dieser Topliner-Programme ist seit mehr als 20 Jahren das Erarbeiten von Reibungsverminderung zwischen privaten und beruflichen Belastungen.

Außerdem leitete er das Forschungsprojekt „Führungskräfte im Spannungsfeld von Familie und Beruf", das vom Fonds zur Förderung der wissenschaftlichen Forschung unterstützt wurde.

Universitätsprofessor Dr. med. Peter J. Scheer ist Facharzt für Kinder-/Jugendheilkunde und Psychotherapeut an der Karl-Franzens-Universität Graz sowie Managementberater und -trainer. Er ist seit 1981 im Post Graduate Management Universitätslehrgang (PGM) für die Module Stressmanagement und Teamworkmanagement verantwortlich und ist Mitbegründer des Master's Program „Executive Management".

Dr. Angelika Schmidt ist Habilitantin an der Wirtschaftsuniversität Wien. Sie hat maßgeblich an dem Forschungsprojekt „Führungskräfte im Spannungsfeld von Familie und Beruf" mitgewirkt. Neben der Schnittstellenproblematik Privat/Beruf sind geschlechterspezifische Fragestellungen sowie neue Beschäftigungsformen und deren Konsequenzen Forschungsschwerpunkte.

Dr. Michael Meyer ist Universitätsassistent und Habilitant an der Abteilung für Verhaltenswissenschaftlich Orientiertes Management an der Wirtschaftsuniversität Wien u.a. mit den Schwerpunkten Text- und Diskursanalyse, Organisationsforschung, Beruf und Familie sowie Karriereforschung.

Big Brother is watching you

REDLINE WIRTSCHAFT
bei ueberreuter

Nicht zuletzt aufgrund der Terroranschläge in den USA ist die Diskussion um nationale Sicherheitsmaßnahmen neu entbrannt. Unter dem Deckmantel der Terrorbekämpfung sollen nun staatliche Überwachungssysteme installiert werden, mit denen auch unbescholtene Bürger und Unternehmen kontrolliert werden! Telefonate können in Zukunft problemlos abgehört und Geldflüsse länderübergreifend verfolgt und abgeglichen werden. Das Internet soll ständig mit Scannern überwacht und der gesamte e-Mail-Verkehr nach Stichworten überprüft werden. Video-, Webkameras und auch Satelliten werden jeden Einzelnen von uns auf Schritt und Tritt verfolgen. Software im Hintergrund wird die Bilder analysieren und Persönlichkeitsprofile erstellen. Kein Unternehmen und kein Bürger wird sich dieser totalen Kontrolle entziehen können …

Gerald Reischl

Unter Kontrolle

Die fatalen Folgen der staatlichen Überwachung für Wirtschaft und Gesellschaft

ca. 200 Seiten
Format 14,5 x 21
Hardcover
ISBN 3-8323-0885-7
ca. € 19,90

Gerald Reischl ist Journalist und seit 1992 Redakteur bei der Tageszeitung *Kurier*. Er ist Autor der Bücher Im *Visier der Datenjäger* und *Gefährliche Netze*.

REDLINE WIRTSCHAFT
bei ueberreuter

FISH! den Pinguin

Im Land der Pinguine hat alles seine Ordnung – und im Unternehmen haben die in den schwarzen Fracks das Sagen.
Ideenreichtum und Innovation kommen allerdings meist von Vögeln mit bunteren Federn ... Jeder kennt das Gefühl, nicht in eine Gruppe zu passen und für gute Ideen keine Anerkennung zu bekommen, wenn sie vom „business as usual" abweichen. Wie ein Pfau sich daran macht, den Pinguinen das Fliegen beizubringen, lesen Sie in dieser amüsanten und humorvollen Fabel vom Blick über die eigene Eisscholle!

176 Seiten
Format 14,5 x 21
Hardcover
ISBN 3-8323-0860-1
€ 12,90

BJ Gallagher ist Seminarleiterin und Inhaberin der Personaltrainings- und Beratungsfirma Peacock Production. **Warren Smith** ist emeritierter Psychologie-Professor und Geschäftsführer von Chrysalis, einer Managementtraining- und Beratungsfirma.

REDLINE WIRTSCHAFT
bei ueberreuter